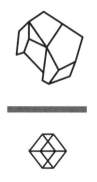

Return of the Dismal Science: Debates on Inequality between Mainstream and Heterodox Economists
by Rieu Dong-Min and Joo Sangyong

Published by Hangilsa Publishing Co., Ltd., Korea, 2015

우울한
경제학의

귀환

주류경제학자와
비주류경제학자
불평등을 이야기하다

류동민 · 주상영 지음

한길사

우울한 경제학의 귀환

주류경제학자와 비주류경제학자
불평등을 이야기하다

지은이 류동민·주상영
펴낸이 김언호

펴낸곳 (주)도서출판 한길사
등록 1976년 12월 24일 제74호
주소 10881 경기도 파주시 광인사길 37
홈페이지 www.hangilsa.co.kr
전자우편 hangilsa@hangilsa.co.kr
전화 031-955-2000~3 **팩스** 031-955-2005

부사장 박관순 **총괄이사** 김서영 **관리이사** 곽명호
영업이사 이경호 **경영담당이사** 김관영 **기획위원** 유재화
편집 백은숙 이주영 안민재 노유연 김지연 이지은 김광연
마케팅 윤민영 **관리** 이중환 문주상 이희문 김선희 원선아
디자인 창포 **출력 및 인쇄** 한영문화사 **제본** 한영제책사

제1판 제1쇄 2015년 11월 30일

값 18,000원
ISBN 978-89-356-6940-0 03320

• 이 도서의 국립중앙도서관 출판시도서목록(CIP)은 e-CIP홈페이지(http://www.nl.go.kr/ecip)와
  국가자료공동목록시스템(http://www.nl.go.kr/kolisnet)에서 이용하실 수 있습니다.
  (CIP제어번호: CIP2015016443)

경제학자를 제외한 모든 사람들이
가장 대답을 필요로 하는 물음들에 관해
아무런 말도 해줄 수 없다는 것,
바로 경제이론의 명백한 파산이다.

　－조앤 로빈슨

두 경제학자의 만남

주류경제학과 비주류경제학 사이에는 일반인이 상상하는 것보다 훨씬 더 넘기 어려운 소통의 장벽이 가로놓여 있다. 이를테면 지은이들은 대학 신입생 시절부터 친구일 뿐만 아니라 같은 경제학자의 길을 걷고 있는데도 전문적인 연구자로서 활동한 지난 20여 년 동안, 적어도 이 책을 구상하기 시작할 무렵 이전까지는 그 많은 경제 관련 세미나나 학회에서 단 한 번도 마주친 적이 없었다.

주류경제학자이면서 마르크스 경제학에도 조예가 깊었던 모리시마 미치오는 40여 년 전 당시 일본 경제학계의 현실에 대해, 한쪽은 다른 쪽을 반동이라 부르고 그 반대쪽은 상대방을 아이큐가 낮은 집단이라고 여기며 전혀 생산적인 대화가 이루어지지 않는다고 묘사한 바 있다.

이러한 현실은 지금 여기에서 여전히 유효하다. 그런데 우리의 상황이 더욱 안 좋은 것은 한국 경제학계를 압도적으로 지배하고 있는 미국 경제학이 1980년대 이후 이른바 신자유주의 시대를 거치면서 시장근본주의 성향을 훨씬 더 강화했다는 점에 기인한다. 그러는 사이에 안타깝게도 경제학자들은 보통 사람들이 경제학이

묻고 답해주리라 기대하는 문제들, 그중에서도 분배의 불평등이라
는 문제에 침묵해왔다.

서로의 전공영역에 대해 '묻지도 따지지도 않는' 불문율을 고수
하던 지은이들의 관심사가 수렴되기 시작한 것은 부쩍 어려워진
자영업자들의 처지 그리고 '삼포'니 '오포'니 하는 젊은 세대의 우
울한 전망을 깨닫고 함께 고민하면서부터였다. 영세 자영업, 비정
규직 노동, 부의 대물림 등에 관해 문제의식을 나누면서 자연스럽
게 노동소득분배율이나 임금주도 성장, 이윤율 저하 등의 주제를
얘기하게 되었다. 하나는 조금 왼쪽으로 다른 하나는 조금 오른쪽
으로 움직여 중간지점에서 만나면 의외로 많은 문제의식을 공유할
수 있다는 당연한 사실도 새삼 확인할 수 있었다. 바로 그 중간지
점에서 부족하나마 몇 가지 공동연구를 수행할 가능성도 찾아낼
수 있었다. 이 책은 그렇게 해서 만들어졌다.

무엇보다도 '이마에 땀 흘려 버는' 것만 갖고는 '은수저 물고 태
어난' 이들을 쫓아갈 수 없는 구조적 현실, 생활인이라면 누구나
알고 있으되 경제학자들만 애써 외면하는 것일지도 모르는 현실에
대해 경제학의 역사는 어떤 대답을 준비해놓고 있는지 살펴볼 필
요가 있다고 생각했다. 흔히 경제학과 커리큘럼에서 경제학설사라
는 과목이 다루는 고전적 경제학자들의 분배·성장이론과 거시경
제학에서 다루는 현대적 성장이론 사이에 놓인 간극을 메워 하나
로 꿰어보는 작업도 나름 의미가 있을 듯했다.

때마침 대중적으로 커다란 화제가 된 피케티의 『21세기 자본』은
지은이들에게도 강렬한 지적 자극을 주었다. 타성에 젖은 현대 경
제학의 정수리에 찬물을 끼얹는 듯한 압도적인 데이터와 과감한

이론에 기초한 문제제기는 그 자체만으로도 값질 뿐 아니라, 경제학의 흐름을 바꿔놓는 사건이 될 수도 있을 듯했다.

그러나 역사를 어느 뛰어난 개인의 성취로만 설명하는 것은 흔히 저지르기 쉬운 잘못이다. 그 뛰어난 개인이 출현할 수밖에 없도록 만든 구조를 놓치게 되기 때문이다. 이렇게 생각하면서 지은이들의 머릿속에는 피케티에서부터 근대 경제학의 초기로까지 거슬러 올라가는 플래시백 그리고 그로부터 다시 내려오면서 오늘의 문제를 돌이켜보는 논리 구성이 떠올랐다. 그것은 지은이들 스스로가 마땅히 밟아야 할 공부의 순서이자 자연스럽게 이 책의 서술 구조가 되었다.

한 사회에서 어느 집단이 다른 집단보다 더 많은 소득을 얻는 이유는 무엇인가, 소득분배는 시간이 지나면서 어떻게 변화하는가, 성장은 언제까지 지속될 수 있는가, 불평등은 성장에 어떤 영향을 미치는가 등이 이 책에서 다루는 주제다. 이 주제들을 다룬다는 것은 경제학이 분배와 성장에 관해 과거 200여 년 넘게 지녀온 '의식의 흐름'을 살펴보는 일일 것이다.

경제학을 처음 공부할 때 마음속에 품었던, 그러나 전문적 경제학자로서의 일상에서는 잊고 지냈던 분배와 성장의 문제를 경제학 역사의 커다란 흐름 속에서 총정리하고 되새기는 것은 매우 즐겁지만 능력에 부치는 일이기도 했다. 주요 경제학자들의 이론을 막연하게 또는 간접적으로 들어서 대강은 알고 있었으나, 직접 그들의 논문이나 책을 읽고 확인하는 과정에서 여러 가지 편견과 왜곡된 기억 때문에 잘못 알려진 것을 바로잡기도 했다. 정치적 견해와 무관하게 학문의 역사에 뚜렷한 발자취를 남긴 경제학자들의 깊이를 새삼 느끼고 그들의 업적에 겸허한 태도를 갖게 된 것도 지은이들이 개인적으로 얻은 수확이었다.

한 권의 책으로서 훌륭한 체계를 갖추려면 전체적인 논리는 물론 문체까지도 통일하는 것이 당연하겠으나 아쉽게도 그렇게 하지는 못했다. 일단은 각자의 스타일을 살리면서 각각의 장이 자기완결적이도록 서술하자는 정도로 타협할 수밖에 없었다. 그래도 전체적인 맥락과 내용에 대해서는 의견을 교환해 어느 정도 합의를 이끌어내기 위해 최선을 다했다.

1장과 2장은 류동민이, 3장과 4장 그리고 5장은 주상영이 쓴 원고를 서로 돌려 읽고 의견을 제시한 뒤 각자 책임지고 수정했다. 프롤로그와 인터미션, 에필로그는 류동민의 초고를 주상영이 첨삭해 최종적으로 완성했다.

물론 눈 밝은 독자라면 두 지은이의 관점에 미묘한 차이가 있음을 찾아낼 수 있을 것이다. 궁색한 변명이겠으나, 사회과학적 명제가 결코 절대적 진리성을 갖진 않는다는 점, 그래도 끊임없이 진실을 향해 다가가는 도정에 우리가 함께 서 있다는 점만은 너그러이 헤아려주시기 바란다.

늘 그렇듯이 많은 분의 도움을 받지 않고는 비록 보잘것없는 책이라 해도 제대로 마치기 어렵다. 인천대 이명헌 교수와 경북대 최정규 교수는 초고를 꼼꼼하게 읽고 논리적 오류를 지적해준 것은 물론 서술 방향과 편제에 관해서도 귀중한 제안을 해주었다. 두 분의 치밀함 덕에 책의 품질이 크게 개선될 수 있었다. 또 서울대학교 자유전공학부 이현서 양이 원고를 읽어주었기 때문에, 비로소 지은이들이 독자의 입장을 어림짐작이나마 할 수 있었다. 생각보다 오랜 시간이 걸린 기획과 집필을 끈기 있게 기다려준 한길사 이주영 편집자의 노력에도 감사드린다.

　수많은 경제학 대가의 이론을 설명하고 때로는 비판하는 과정에서 지은이들이 뜻하지 않게 저질렀을 실수는 앞으로 기회가 닿는 대로 수정하고자 한다. 모쪼록 분배와 성장의 문제에 관심을 갖는 독자들이 이 책을 읽고 자그마한 도움이라도 얻는다면, 지은이들의 시도가 헛된 일은 아니었다는 증거로 기쁘게 받아들이고 싶다.

2015년 가을
류동민·주상영

우울한
경제학의 귀환

2

정체상태

우리 손자 세대의
경제적 가능성

5

불평등을 넘어

평등한 성장은
가능한가

경제학 역사의 두 장면

피케티와 맨큐의 마주침

새해 첫 주, 누구나 희망과 설렘으로 맞이하는 기간이다. 미국 곳곳의 이른바 연구중심 대학에서 박사학위를 받을 젊은 경제학도들의 몸과 마음은 더 바빠진다. 회원 수만 2만여 명에 이른다는 전미경제학회American Economic Association 연례학술대회 기간을 이용해 '잡 마켓'job market이 열리기 때문이다. 몇백여 개의 논문발표 세션이 진행되는 틈틈이, 말쑥하게 차려입은 박사 후보들은 전 세계에서 모여든 대학이나 연구소 인사 담당자들과 채용 인터뷰를 갖는다. 노벨경제학상을 이미 받았거나 그에 근접한 스타 경제학자들의 발표장에는 수많은 청중이 몰려든다. 2015년도 학술대회에서 단연 주목을 받은 스타는 대서양을 건너온 프랑스 경제학자였다.

2015년 1월 3일 오전 8시, 보스턴의 셰러턴 호텔. 바로 전해 하버드 대학 출판부에서 번역된, 700쪽에 가까운 묵직한 학술서인데도 무려 50만 부 이상 팔리는 기록을 세운 『21세기 자본』Capital in the Twenty-First Century에 관해 토론하는 첫 세션이 열렸다. 회의장은 지은이인 피케티Thomas Piketty를 보기 위해 모여든 몇백 명이 넘는 사람들로 시작 전부터 이미 꽉 들어찼다.

사회는 하버드 대학의 경제학 교수인 맨큐^{Gregory Mankiw}가 맡았다. 제2차 세계대전 이후 한 세대 이상에 걸쳐 전 세계 경제학 교과서 시장을 석권한 책은 새뮤얼슨^{Paul Samuelson}의 『경제학』^{*Economics*}이었다. 바로 그 새뮤얼슨을 제치고 오래전 경제학 교과서의 새로운 표준이 된 『경제학원론』^{*Principles of Economics*}의 지은이가 맨큐다. 인세 수입만으로도 소득 상위 1% 안에 들어서였을까. 「1%를 옹호하며」^{Defending the One Percent}라는 노골적인 제목의 논문까지 쓴 그는 스스로 사회를 맡은 세션에서 「그래 $r > g$야, 그런데 그게 어때서?」^{Yes *r* > *g*, so what?}라는 논문을 발표한다. 학술논문치고는 제목부터 벌써 도발적이다.

'$r > g$'는 피케티가 자신의 책에서 '자본주의의 중심 모순'이라 부른 부등식이다. 그에 따르면, 두 차례의 세계대전과 대공황을 겪었던 예외적 기간을 빼고는 자본수익률(r)이 항상 경제성장률(g)보다 컸다. 이 사실이 의미하는 바는 명확하다. 예를 들어 경제성장률이 연간 2%인데 자본수익률은 연간 5%라면, 1인당 소득은 2%씩 증가하지만 자본, 즉 재산은 5%씩 불어난다. 얼핏 그리 커보이지 않는 차이다. 그러나 복리의 힘은 마술과도 같다. 이 3%의 차이가 25년가량 지속되면 총량의 격차는 두 배로 늘어난다. 다시 25년 뒤에는 그 두 배의 두 배, 즉 네 배가 된다. 말하자면, 내 아버지 세대의 격차는 내 아들 대에 이르러 네 배로 벌어지는 셈이다.

'이마에 땀 흘려' 돈을 버는 이보다는 '은수저를 입에 물고 태어난' 이가 훨씬 더 빠른 속도로 재산을 늘릴 수 있다. 피케티는 주류 경제학자들이 거의 쓰지 않는 '자본주의'니 '모순'이니 하는 용어까지 동원하며 에두르지 않고 냉혹한 현실로 단도직입한다.

"일해서 돈을 버는 속도로는 결코 돈이 돈을 버는 속도를 따라잡을 수 없다."

2011년 '월가를 점령하라'Occupy the Wall Street 운동의 소용돌이 속에서 학부생들에게 수업 거부까지 당했을 정도로 보수적인 맨큐가가만있을 리 없다. 그는 부자들이 재산을 그대로 가지고 있지 않고 소비한다는 점, 세금을 내느라 재산의 크기가 줄어든다는 점, 자손들에게 물려주면서 부가 분산된다는 점 등을 들어 $r > g$가 불평등의 끝없는 확산을 가져온다는 피케티의 주장을 반박한다. 맨큐가어림잡은 계산에 따르면 이 세 가지 요인으로만 부의 수익률이 7%는 줄어든다. 그렇다면 피케티의 부등식은 '$r - 7 > g$'로 수정되어야 한다. r이 기껏해야 5%를 넘기 힘든 선진국 경제에서 수정된 부등식은 당연히 성립하기 어렵다.

그러나 겉보기에 그럴듯한 이론 논쟁의 밑바닥에는 가치관 또는 세계관의 차이가 도사리고 있다. 다름 아닌 맨큐 스스로 부의 불평등 그 자체는 문제가 아니라는 자신의 견해가 "경제학이라기보다는 개인적 철학의 진술"이라 말하고 있기 때문이다.

"나는 경제적으로 성공한 사람들이 재산을 자신을 위해서가 아니라 자녀들에게 이익이 되도록 사용하는 데 이의를 제기할 만한 어떤 이유도 찾아낼 수 없다."

현학을 벗겨내고 일상 언어로 바꾸면 한층 더 알기 쉽다.

"내가 모은 돈 내 자식 물려주겠다는데 뭐가 문제인가?"

2015년 1월의 이 세션은 아마도 당분간 유례없이 중요한 의미를 지닌 것으로 평가될 것이다. 한국의 어느 경제신문은 「역사에 남을 맨큐-피케티 논쟁, 맨큐가 옳았다」라는 자극적인 제목의 사설을 실어 맨큐의 손을 들어주고자 했다. 그러나 피케티는 바로 그날 그 자리에서 맨큐에 대해 부자들은 옷이나 음식만 사는 게 아니라 정치권력이나 경제학자마저 산다고 냉소적으로 응수했다.

부자가 경제학을 사는 것일 수도, 거꾸로 경제학자가 적극적으로 부자의 이익을 옹호하는 것일 수도 있다. 어느 쪽이건 간에, '사회과학의 여왕'임을 자처하며 엄밀한 논리를 추구하기로 유명한 (악명 높은?) 경제학은 자칫 신학에 가까운 믿음의 체계로 떨어지고 만다. 실제로 미국의 진보적 경제학자 폴리Duncan Foley는 경제학의 역사를 다룬 책의 부제에 '경제신학'economic theology이라는 냉소적인 용어를 사용하기도 했다.

경제학이 끊임없이 욕망해온 물리학 수준의 객관적 과학성, 그러나 삶의 물질적 이해관계를 다룬다는 점 때문에 어쩔 수 없이 지니게 되는 이데올로기적 속성, 이 두 가지 성격을 양립시키는 것은 어쩌면 경제학에 주어진 천형天刑일지도 모른다. 피케티와 맨큐의 짧은 마주침은 그 천형에서 벗어나기가 얼마나 어려운지를 지극히 상징적으로 보여주는 장면이다.

경제학 제2의 위기

잠깐 시곗바늘을 뒤로 돌려 20세기 경제학의 역사에 기록된 또하나의 상징적인 장면으로 가보자.

1971년 12월 27일, 미국 뉴올리언스에서 열린 전미경제학회의 리처드 엘리Richard Ely 기념강연.* 연사는 영국 케임브리지 대학의 여성 경제학자 조앤 로빈슨Joan Robinson이다. 강연 제목은 '경제학

제2의 위기'였다.

중국의 문화혁명을 지지했고 마르크스 경제학에도 우호적이었던 로빈슨이 주류경제학의 한복판에서 역사적 강연을 하게 된 데는 당시 전미경제학회 회장이 제도학파의 영향을 받은 '리버럴' 갤브레이스John Galbraith였다는 배경도 작용했음 직하다. 그래서일까? 로빈슨은 "존경하는 회장님도 결국 (임기가 끝나는) 내년에는 소비자주권consumer sovereignty에 맞섰다는 불경죄 때문에 물러나게 될 것"이라고 특유의 신랄한 유머를 남겼다. 자본주의 시장경제에서 어떤 재화를 얼마나 생산하는가는 궁극적으로 소비자가 결정한다는 '소비자주권'은 로빈슨이 겨냥한 주류경제학의 핵심 개념이었다.

로빈슨이 말한 경제학 제2의 위기는 1929년 세계대공황 당시, 이른바 케인스 혁명을 가져온 제1의 위기에 뒤이은 것이었다. 첫 번째 위기는 고용을 늘리는 것, 즉 실업 극복과 관련한 문제인 반면, 두 번째 위기는 대체 무엇을 위해 고용을 해야 하는가라는 문제와 관련한 것이었다. 요컨대 첫 번째 위기는 성장, 두 번째 위기는 분배를 해결하지 못했기 때문에 생겨났다.

케인스John Maynard Keynes는 정부의 적극적인 유효수요 창출 정책으로 실업과 경기침체에서 벗어날 수 있다고 주장했다. 로빈슨은

---

* 엘리는 전미경제학회를 창립하고 회장까지 지냈으며, 이른바 제도학파 경제학의 본산이었던 매디슨 소재 위스콘신 대학 교수를 지낸 인물이다. 제도학파가 주류경제학자들의 머릿속에 희미한 기억으로조차 남아 있지 않게 된 지금도 엘리 기념강연이 특별 세션으로 열리는 까닭이다.

케인스의 제자이자 동료였으며 케임브리지 경제학을 상징하는 인물 중 하나였다. 그런 그녀가 이미 정치·경제·군사적 헤게모니를 미국에게 넘겨준 지 오래인 영국이 이제는 학문적 헤게모니마저 잃어가던 그 시절, 미국 경제학의 심장부에서 외친 것은 분배 문제에 대한 관심을 잃어가는 현대 경제학을 향해 보내는 경고였다.

로빈슨이 집중적으로 비판한 것은 한계생산성이론theory of marginal productivity이었다. 한계생산성이론은 간단히 말해 각 노동에 대한 보수는 그 노동이 사회에 기여하는 바에 따라 결정된다는 주장이다. "누구나 자신이 생산에 기여한 만큼 받아간다." 그러나 많은 경우 그러하듯이 이론이 진정으로 말하고자 하는 것은 어쩌면 그 대우 형태 속에 숨어 있을지도 모른다. "내 임금이 이것밖에 안 되는 이유는 내가 기여한 바가 겨우 그만큼이기 때문이다."

로빈슨의 신랄한 풍자는 다시금 경제학자들을 겨눈다. 한계생산성이론에서 위안을 얻던 교수들(아마도 자신들의 높은 소득은 사회에 기여한 대가라 생각하기 때문일 것이다)이 청소부의 소득에 관해 얘기할 때면 신경이 예민해진다. 누구나 알고 있는 사실, 즉 자신의 상대적 소득(타인의 소득과 비교한 소득)은 결국 자신이 지닌 협상력에 따라 결정된다는 점을 유독 경제학자들만 모르고 있다. 로빈슨의 신랄함은 자신의 사상적 고향인 케임브리지 경제학의 태두 마셜Alfred Marshall 앞에서도 멈추지 않는다. 마셜의 이론과는 달리, 재산소득은 '기다림의 대가'가 아니라 실은 훌륭한 주식중개업자를 고용한 대가에 지나지 않는다는 것이다.

지인들 사이에서 긴 담뱃대로 기억되는 애연가였던 로빈슨은 모택동 인민복을 즐겨 입을 정도로 중국공산당의 견실한 지지자였지만 마르크스주의자는 아니었다. 40여 년 전 로빈슨은 이미 60대 후반에 접어든 원로급 경제학자였다. 한편 40대에 불과한, 그러나 스물두 살에 이미 MIT 조교수를 지낸 피케티는 훨씬 더 겸손하고 덜 신랄한 태도로 로빈슨의 단순명쾌한 명제들을 또박또박 반복한다. 미국 상위 1% 고소득자들의 엄청난 보수가 과연 그들의 기여 때문인가? 물론 그렇게 믿고 싶은 잘나가는 경제학자들(한계생산성 이론에서 위안을 얻는 경제학자들이며, 맨큐는 그 대표적인 인물일 것이다!)의 정서는 이해할 만하다고 슬쩍 덧붙인다.

피케티는 한계생산성이론을 전제로 해야 아귀가 잘 들어맞는 대체탄력성이라는 개념을 거론하다가도, 궁극적으로 능력주의meritocracy가 민주주의의 필요조건이라는 점을 누차 강조하다가도 슈퍼매니저라 부르는 이들, 예를 들어 거대 기업의 전문경영인이나 월가 펀드매니저의 천문학적 소득은 그들이 지닌 막강한 협상력 때문에 얻는 것이라 지적한다.

피케티는 극단적인 능력주의 논리에 따라 슈퍼매니저들의 소득을 그들의 기여나 능력 덕이라 해석하는 것이 과연 옳은 일인지 묻는다. 이 물음을 뒤집어보면, 낮은 임금을 받는 노동자는 과연 생산에 기여한 바가 그만큼밖에 안 된다는 것일까라는 의문인 셈이다.

역사는 두 번 되풀이된다

마르크스Karl Marx는 프랑스혁명을 다룬 「루이 보나파르트의 브뤼메르 18일」이라는 글에서 다음과 같이 말했다.

헤겔은 어디에선가 역사는 두 번 반복된다고 말한 적이 있다. 그러나 그는 이렇게 덧붙이는 것을 잊었다. 처음에는 비극으로 다음에는 소극笑劇, farce으로.

2001년도 노벨경제학상 수상자인 스티글리츠Joseph Stiglitz는 주류경제학자인데도 금융자본주의의 모순을 거침없이 비판하고, "이제는 불평등에 관해 급진적으로 사고해야 할 때"라며 진보적인 주장을 펼치는 인물이다. 그는 자신의 지도교수 새뮤얼슨과 같은 인디애나 주 게리Gary 출신이다. 노벨상 홈페이지에 실린 자전自傳에서 스티글리츠는 새뮤얼슨이 자신의 추천서에 "그는 인디애나 주 게리 출신 가운데 가장 뛰어난 경제학자"라고 썼다고 회고한다. 그렇지만 인구에 회자되는, 아마도 윤색을 거쳤을 버전은 이와 다르다. "그는 인디애나 주 출신 가운데 두 번째로 뛰어난 경제학자다." 새뮤얼슨의 잘 알려진 자존심이나 연구업적을 감안하면 그럴 법도 한 얘기다.

어쨌거나 스티글리츠는 새뮤얼슨과 솔로Robert Solow가 가르치는 MIT 박사과정에 재학 중이던 1965~66년, 풀브라이트 장학금을 받아 영국 케임브리지에 머문다. 첫 학기에 스티글리츠의 튜터로 배정된 로빈슨은 물론, 칸Richard Kahn이나 스라파Pierro Sraffa 등이 케임브리지 경제학의 권위를 꿋꿋하게 지키고 있던 시절이었다.

로빈슨이 경제학 제2의 위기를 말한 것은 이른바 '자본논쟁'capital controversy을 통해 한계생산성이론에 대한 근본적 비판이 이루어진 시기의 일이다. 자본논쟁은 로빈슨을 비롯한 영국의 케임브리지 경제학자들과 새뮤얼슨, 솔로 등 미국 케임브리지(MIT와 하버드 대학이 있는 도시) 경제학자들 사이의 논쟁이라는 뜻에서 '케임브리지 논쟁'이라고도 불린다. 로빈슨의 자리에 피케티, 새뮤얼슨과 솔로의 자리에 맨큐를 갖다 놓으면, 역사가 두 번 반복된다는 헤겔의 말은 거의 들어맞는 듯하다.

그러나 새뮤얼슨이나 솔로가 넓게 보아 진보적 '리버럴'인 반면, 맨큐는 부시George W. Bush 정권에서 백악관 경제자문회의 의장을 지낸 경력이 말해주듯 그들보다 훨씬 더 오른쪽에 가 있다. 정치적으로는 오히려 새뮤얼슨이나 솔로에 가까운 스티글리츠나 또 다른 노벨경제학상 수상자인 크루그먼Paul Krugman은 피케티에게 열광하거나 적어도 그를 긍정적으로 평가했다.

그러므로 역사가 그저 되풀이되는 것이 아니라 그 두 번째는 소극이라고 마르크스가 덧붙인 말 또한 들어맞는 듯하다. 다름 아닌 MIT 조교수 출신인 피케티가 로빈슨의 자리에 서 있다는 것, 한 세대 만에 현대 경제학의 거장들이 사라진 그 맞은편에는 정치적으로 훨씬 더 오른쪽에 놓인 맨큐가 맞서고 있다는 것. 정치경제학political economy의 길을 잃고 '경제과학'economic science을 표방하면서 역설적으로 이데올로기를 강화한 현대 경제학의 소극적 상황을 보여주는 것이 아닐까?

칸은 정부지출이 그 몇 배에 해당하는 국민소득, 즉 고용 증가를 가져온다는 '승수효과'multiplier effect를 생각해낸 경제학자였다. 오늘날 거시경제학 교과서에서 승수효과는 케인스의 이론으로 소개된다. 그러나 케인스 자신이 저 유명한 『고용, 이자 및 화폐의 일반이론』The General Theory of Employment, Interest and Money(이하 『일반이론』)에서 승수이론은 칸의 것이라고 분명히 밝힌 바 있다. '케임브리지 서커스'Cambridge circus 또는 '케인스 서커스'Keynes's circus라 불리던 젊은 케인스주의자 중에는 칸과 조앤 로빈슨 그리고 그녀의 남편인 오스틴 로빈슨Austin Robinson도 있었다. 오스틴과 결혼했으면서도 칸과 불안정한 관계를 유지했다는 조앤 로빈슨의 영혼은 무척 자유로웠을지도 모른다.* 그녀의 할아버지는 '위험한 학설' 때문에 런던 대학 신학 교수직을 박탈당했고, 아버지는 제1차 세계대전 당시 정부에 맞서다가 파면당한 영국 육군 참모장이었다. 그녀도 '반역의 피'**를 이어받은 것이었을까?

68혁명 세대 활동가이자 트로츠키주의 조직의 일원이었으나 도시적 삶에 환멸을 느껴 귀농한 부모 밑에서 자라났다는 피케티,*** 그는 사회당 정권에서 문화부 장관을 지냈고 남성 편력으로 유명한 필리페티Aurélie Filippetti와 불안한 연애관계를 유지하다 그녀를 폭행한 전력으로 구설수에 오르기도 했다. 억지로 끼워 맞추는 것일까? 피케티의 개인적 이력은 자연스럽게 로빈슨을 연상하게 한다.

물론 호사가들의 가십거리보다 중요한 것은 40여 년의 간격을 두고 분배 문제를 제기하면서 주류경제이론에 맞섰다는 공통점이다. 우연이라기보다는 경제학이 처한 상황으로 말미암은 필연이었을 것이다.

---

* 실비아 나사르, 김정아 옮김, 『사람을 위한 경제학』, 반비, 2013, 524~525쪽.
** 都留重人, 『現代経済学の群像』, 岩波書店, 2006, 149쪽.
*** *Le Monde*, 2001년 9월 7일자; 김공회 외, 『왜 우리는 더 불평등해지는가』, 바다출판사, 2014, 261쪽.

나는 그렇게 믿는다

자본논쟁은 비주류경제학이 주류의 권위에 이론적으로 맞선 20세기 최후의 논쟁이었다. 이에 견줄 만한 것은 비슷한 시기에 마르크스 노동가치론의 논리적 난점을 둘러싸고 일어난 이른바 '전형논쟁'transformation controversy이다. 주류경제학은 거의 같은 시기에 한편에서는 영국의 케임브리지 경제학, 다른 한편에서는 마르크스 경제학과 별개의 전선을 형성하며 싸웠던 셈이다. 자타가 공인하는 20세기 후반 최고의 경제학자 새뮤얼슨은 두 전선 모두에서 눈부시게 활약했다. 새뮤얼슨은 1970년대 중반 이후에는 전형논쟁에서 발을 뺀다. 자본논쟁과 비교해 중요한 차이가 있다면, 이쪽 전선에서는 충분히 이겼다고 생각해서 공격을 멈추었을 따름이다.

또 하나의 전선, 즉 자본논쟁에서 새뮤얼슨은 우회적으로 패배를 인정한다. 그러나 주류가 장악한 학문 권력의 힘은 불리한 전선에서조차 여지없이 발휘되었다. 1970년대 이후 미국 케임브리지의 경제학자들은 영국 케임브리지의 논리적 공박에도 불구하고 "굳이 따지자면 네 말이 맞지만, 일단 우리가 옳다 치고……"라는 태도로 제 갈 길을 갔던 것이다.

흥미롭게도 로빈슨의 논적 중 하나인 퍼거슨Charles E. Ferguson은 자신의 저서 『신고전학파의 생산 및 분배이론』The Neoclassical Theory of Production and Distribution에서 한계생산성이론에 대해 "나는 개인적으로 믿음을 갖고 있다"I personally have the faith라고 썼다. 이를 놓칠 리 없는 로빈슨이 고작 종교적 신념을 표명하느냐며 공격했고, 그 진의를 둘러싼 논쟁이 벌어지기도 했다. 숨은 의미가 무엇이건 간에, 퍼거슨의 문장은 마치 예지몽이라도 되는 듯 40여 년 뒤 전미경제

주류경제학은 자신의 길을 걸어갔고
미국을 비롯한 여러 나라에서
소득분배는 더욱 악화되었다.
피케티의 공격도 찻잔 속의 태풍으로
머물고 말 것인가? 아니면 경제학의
물줄기를 크게 바꿔놓을 것인가?

학회에서 맨큐가 "경제학이라기보다는 개인적 철학"이라고 쓴 문장과 절묘하게 오버랩된다. 역사는 되풀이된 것이다. 그렇다면 허무하게도 경제학의 기반은 개인의 신념일 뿐일까?

로빈슨의 외침은 1970년대 말부터 시작된 신자유주의의 흐름 속에 파묻히고 말았다. 주류경제학은 자신의 길을 걸어갔고 미국을 비롯한 여러 나라에서 소득분배는 더욱 악화되었다. 피케티의 공격도 찻잔 속의 태풍으로 머물고 말 것인가? 아니면 경제학의 물줄기를 크게 바꿔놓을 것인가? 속단하기 어렵다. 1971년 그날, 로빈슨은 누구나 알고 싶어 하지만 경제학자들만 외면해온 것이 분배이론이라 말했다. 어쨌거나 이제 경제학자들도 이 문제를 더 이상 외면하기 힘들 것이라는 점만은 분명해졌다.

우울한 과학의 귀환

칼라일Thomas Carlyle은 당대의 경제학을 '우울한 과학'dismal science이라 불렀다. 흔히 식량자원보다 급속하게 증가하는 인구로 말미암은 암울한 미래를 그린 맬서스Thomas Robert Malthus의 이론을 가리킨 것이라 알려져 있다. 칼라일이 맬서스의 인구론을 우울하다고 묘사한 것은 맞지만, 정확하게 '우울한 과학'이라는 표현을 쓴 것은 서인도제도의 흑인노예 문제를 언급하면서였다. 수요·공급의 논리에만 맡겨두면서 노예제도의 도입에 반대한 경제학자들을 비웃기 위한 것이었다고 한다. 인간이 인간을 노예로 지배하는 체제에 아무런 문제의식을 갖지 못했던 것은 위대한 사상가로서도 뛰어넘을 수 없었던 시대적 한계일 것이다. 그 한계를 접어주고 생각하자면, 칼라일이 지적한 우울함의 실체는 결국 모든 것이 수요·

공급의 논리로 굴러가게 마련이라는 냉담한 주장밖에 하지 못하는 경제학의 어리석음이었던 셈이다.

『국부론』의 저자 스미스^{Adam Smith}를 시작으로 주로 영국에서 발전한 경제학의 흐름을 고전학파^{classical school}라 부른다. 고전학파 시대에 경제학은 정치경제학이라 불렸다. 칼라일이 말한 우울한 과학은 바로 이 시대의 정치경제학이었다. 정치경제학은 성장과 분배이론에 기초해 자본주의의 장기 동학^{long-run dynamics}, 즉 시간이 지나면서 자본주의 체제가 어떻게 변화해갈 것인지를 분석하고자 했다. '정치경제학자'들은 대부분 이윤율이 저하하고 성장이 멎는 암울한 미래를 예견했다. '우울한 과학'이 맬서스의 이론을 가리키는 말로 해석되는 것도 그 때문이다.

그런데 1870년대 이후 등장한 신고전학파^{neo-classical school}는 개별 경제주체의 미시적 행동에 초점을 맞춘다. 정치경제학이라는 이름도 경제학으로 바뀐다. 1890년에 출간된 마셜의 책 제목이 『정치경제학원리』가 아니라 『경제학원리』^{Principles of Economics}라는 사실이 이를 상징한다. 신고전학파의 경제학은 고전학파 정치경제학이 장기 동학에 가졌던 관심을 잃게 된다. 물론 해로드^{Roy Harrod}나 도마^{Evsey Domar}, 솔로로 이어지는 성장이론은 일정 정도 고전학파적 전통 위에 놓여 있는 것이지만, 그 전개 과정에서 '우울함'을 버리고 '과학'을 취하는 쪽으로 나아갔다. 칼라일이 지적했던 또 다른 '우울함', 즉 시장 논리로만 현실을 재단하는 경향은 더욱 강화되었다는 것이 역설이라면 역설이었다.

피케티는 소득분배와 자본수익률 등 몇 가지 기초적인 거시경제변수 사이의 단순한 관계에 근거해 현실적 함의를 지닌 강력한 장기 분석을 제시한다. 이 점에서, 그의 분석에 동의하건 동의하지 않건 간에, 피케티는 리카도$^{David Ricardo}$나 마르크스 등이 추구했던 장기 동학의 연장선상에 놓여 있다. 바로 '우울한 과학의 귀환'이다.

　로빈슨과 피케티의 역사적 에피소드가 주는 데자뷔(기시감)는 어디에서 오는 것일까? 경제학이 분배와 성장이라는 문제를 대하는 태도가 40여 년이 지나서도 크게 변하지 않았기 때문일 것이다. 도대체 경제는 어떻게 성장하며 그 과정에서 분배는 어떻게 변화하는가? 스미스가 이미 1776년에 『국부론』에서 던졌던 물음에 어떤 식으로든 대답하지 않는다면, 경제학은 제아무리 복잡한 고등 수학이나 통계학 기법으로 치장하더라도 결국엔 지적 유희, 더 나쁘게는 물질적 이익을 둘러싼 신념의 표명에 지나지 않게 되고 만다. 그러므로 분배와 성장이론의 역사를 추적하는 것은 지식의 고고학이라는 차원을 넘어서서 '지금 여기' 불평등의 문제를 이해하기 위해 꼭 필요하다. 우리가 굳이 '우울한' 경제학의 역사를 되새겨보려는 까닭이다.

1

분배에 관한
몇 가지 이론

능력인가
협상력인가

누구나 먹고사는 문제, 즉 경제 문제를 어떤 방식으로든 해결해야 한다. 그렇다면 진부한 표현이지만 경제는 경제학자에게만 맡겨두기에는 너무 중요한 문제가 아닌가. 그런데 보통 사람들이 경제에 관해 알고 싶어 하는 것은 어떻게 하면 부자가 될 수 있는가, 아니면 적어도 물질적인 결핍으로부터 자유로운 삶을 살 수 있는가이다. 현실에 넘쳐나는 재테크 정보는 바로 이러한 궁금증, 많은 경우 절박한 욕망을 겨냥하고 있다.

그러므로 근대적 의미의 경제학이 시작되었을 때, 경제학자라고 불릴 만한 이들이 이러한 문제에 관심을 기울인 것은 당연한 일이었다. 물론 특정 개인을 위한 자산관리 매니저가 아닌 한, 경제학자들은 개인의 부보다는 사회 전체의 부가 어떻게 만들어지는지를 연구해야 했다. 좀더 근본적으로 도대체 무엇이 부인지, 즉 부의 정의부터 밝혀내야 했다.

개인의 삶에서처럼 그저 많이 벌고 적게 쓰기만 하면 사회도 부유해질 것이라는 단순한 생각에서 벗어났을 때 비로소 본격적인 경제학은 시작되었다. 그 최초의 인물이 스미스다. 흔히 『국부론』으로 줄여 부르는 그의 저작의 원래 제목은 『국가의 부의 원인 및 성질에 관한 연구』 An Inquiry into the Nature and Causes of the Wealth of Nations다.

스미스보다 반세기쯤 뒤에 등장한 리카도나 맬서스, 그들보다 한 세대 아래인 밀 John Stuart Mill, 독일 출신이나 밀과 같은 시기 같은 런던에 살았던 마르크스에 이르기까지 고전학파 시대의 경제학자들은 사회의 부가 어떻게 생산되며 분배되는지, 그리고 시간이 지나면서 그 생산과 분배는 어떻게 변화하는지에 주로 관심을 가졌다.

한편 산업혁명을 거치면서 이미 자본주의 경제가 성립했으므로 재화나 서비스는 본질적으로 시장에서 거래되는 상품의 형태를 띠고 있었다. 따라서 상품의 시장가격이 어떻게 결정되고 변화하는지를 설명하는 이론이 필요한데, 그것이 바로 가치론이다.

가치론에 입각해 분배와 성장을 설명하는 것, 즉 가치론·분배론·성장론이라는 고전학파 정치경제학의 세 영역이 이렇게 확립되었다. 그런데 가치론은 가격이 어떻게 결정되는지 정교하게 설명하는 것 못지않게, 그에 기초해서 사회계급들 사이의 소득분배를 설명하거나 장기적으로 경제의 모습이 어떻게 변화할지를 추적하는 분석도구의 성격을 지니고 있었다. 고전학파 정치경제학의 핵심은 어디까지나 분배와 성장의 변화를 설명하는 데 놓여 있었다.

쉽게 짐작할 수 있듯이, 분배와 성장에는 수많은 요인이 영향을 미친다. 상품을 만드는 기술의 상태는 어떠하며 현재의 기술은 앞으로 어떻게 변화할지, 그 기술이 다양한 사람들의 집단*에 어떻게 영향을 미치는지, 반대로 사람들의 집단은 기술에 어떻게 작용하는지, 사람들은 벌어들인 소득을 얼마나 저축하고 소비하는지, 인구증가율은 얼마나 되는지 등을 고려해야 하는 것이다.

이러한 요인들을 한꺼번에 고려하기는 너무 어렵기 때문에, 경제학자들은 그중에서 중요하다고 생각하는 요인들만 추려내고 나머지는 과감하게 단순화하는 방법을 쓴다. 경제 모형을 만드는 것이

---

* 고전학파 경제학자들은 개인이 아니라 계급(class)이라는 집단이 경제활동의 기본 단위라고 보았다. 계급은 재화의 생산과 관련해 같은 지위에 놓여 있는 사람들의 집단이다. 고전학파 경제학자들이 사회를 구성하는 기본 계급이라 생각한 것은 자본가, 노동자 그리고 지주였다.

다. 고전학파 시대의 경제학자들도 이러한 작업을 하고자 했다. 비록 현대 경제학자들이 즐겨 사용하는 고도의 수학적 기법은 갖추지 못했으나, 그들은 시간이 지나면서 경제체제가 어떻게 변화해 가는지를 탐구하고자 했다. 이른바 장기 동학이라 부르는 문제다.

1870년대 이후 성립한 신고전학파 경제학에서 분배와 성장에 관한 장기 동학은 뒷전으로 밀려난다. 가치론, 정확하게 말하면 정태적 가격결정이론이 전면에 나서게 되었기 때문이다.

오늘날의 경제원론이나 미시경제학 교과서의 설명방식은 본질적으로 신고전학파 이론의 틀을 벗어나지 않는다. 소득분배를 설명하기 위해 한계생산성이론을 동원하지만, 신고전학파의 분배이론은 가격이론에 종속되어 있다. 소득은 기본적으로 생산요소의 가격이 결정되는 과정에서 일종의 부산물로 결정된다. 누구나 생산에 필요한 요소, 예를 들어 노동이나 자본, 토지 등을 제공하고 그 대가로 소득을 얻는 것이니, 해당 생산요소의 가격이 어떻게 결정되는지를 설명하면 소득분배도 설명할 수 있다는 논리다.

그런데 생산요소는 그것을 이용해서 생산물을 만들기 위해 필요한 것이다. 즉, 생산요소의 가격결정은 생산물의 가격결정에 의존할 수밖에 없다. 따라서 신고전학파의 소득분배이론은 결국에는 일반적인 상품의 가격결정을 설명하는 문제로 귀착된다. 바로 이러한 의미에서 분배이론은 가격이론의 하위 범주가 된다.* 맞고 틀리고를 떠나 신고전학파가 생각하는 이론 사이의 위계는 고전학파

---

* 미시경제학을 가격이론이라고도 부르는 까닭이다. 한편 고전학파와 달리, 신고전학파 경제학은 가치론이라는 명칭을 사용하지 않는다.

와 달라지는 것이다.

　로빈슨은 1956년에 출간한 『자본축적론』*The Accumulation of Capital*의 「서문」 첫 단락에서, 고전학파에서 신고전학파로 분배이론이 이와 같이 전환된 데는 순수하게 기술적이고 지적인 이유뿐만 아니라 뿌리 깊은 정치적 이유도 있다고 지적한다. 경제학에서 도대체 정치적 이유가 무엇을 말하는지 이해하기 어려울 수도 있을 것이다. 사회과학이 사회에 관한 '이야기'narrative라는 점을 마음에 새길 필요가 있다. 사회에서 일어나는 문제를 나름의 일관성 있는 논리로 설명하는 이야기를 만드는 것이 사회과학이라면, 경제학도 예외일 수 없다. 매클로스키Deirdre McCloskey는 한술 더 떠 경제학을 아예 레토릭rhetoric, 즉 수사학이라 규정한다. 그 정도까지는 아니더라도 경제학은 가치와 분배, 성장이라는 문제를 논리정합적인 이야기로 풀어내는 학문이다. 어떤 이야기냐에 따라 기존의 사회경제 질서를 옹호할 수도 있고 부정할 수도 있다.

　모든 교란요인을 통제한 환경에서 실험을 통해 진리를 입증할 수 있는 것이 아니라면, 결국 어떤 이야기를 선택하는가는 경제학자 개인의 정치적 견해에서 자유로울 수 없다. 지금부터 살펴볼 분배에 관한 이론들은 때로는 매우 기술적인 문제를 다루고 있지만, 단지 그것에 그치지 않고 궁극적으로는 로빈슨이 말한 정치적 문제를 함축하고 있다.

분배와 기술변화, 성장은
서로 독립적인 문제가 아니다.
식당의 메뉴판처럼 자본집약적이거나
노동집약적인 기술의 목록이 정리되어 있고
시장 여건에 따라 그중에서 가장
유리한 기술을 골라 쓰면 되는 것이 아니다.

자본을 어떻게 측정할 것인가
자본논쟁

자본논쟁에서 영국 케임브리지 경제학자들은 주류경제학인 신고전학파의 분배이론이 지닌 논리적 약점을 정조준했다. 신고전학파 이론에서는 기계 등의 생산수단과 노동력을 결합해 재화를 생산하는 과정을 수학적 관계로 표현하고, 그에 기초해 생산에 참가한 이들이 얼마만큼씩 분배받는지 역시 수학적 관계로 나타낸다. 자본논쟁이 파고든 것은 바로 이러한 수학적 관계가 엄밀하게 성립할 수 있는가라는 문제였다.

그러나 더욱 근본적으로는 경제를 바라보는 고전학파적 관점과 신고전학파적 관점의 대결이었다. 즉, 신고전학파의 관점처럼 자원의 희소성과 합리적 선택 그리고 수요와 공급의 균형이라는 틀이 아니라 자본주의 경제는 끊임없이 재생산되어야 한다는 것, 그 과정에서 발생하는 잉여가 바로 이윤이라는 것을 주장했다. 고전학파와 마르크스가 중시한 객관적 관점을 복원하려는 시도이자, 그 뒤 경제학이 실제로 전개된 과정을 감안하면 신고전학파에 대한 최후의 저항이었던 셈이다.

상품에 의한 상품생산

자본논쟁의 싹은 이미 1950년대에 로빈슨이 쓴 논문에서부터 움트고 있었다. 그녀의 배후에는 이탈리아 출신의 케임브리지 경제학자인 스라파가 있었다. 스라파는 과작寡作으로 유명한 인물이었다. 그가 남긴 몇만 장에 이르는 연구메모는 케임브리지의 트리니티 칼리지에 보관되어 있다. 그러나 영어 논문으로는 1926년 케인스가 편집장을 맡고 있던 『이코노믹 저널』에 실린 「경쟁적 조건 하에서의 수확의 법칙」The Laws of Returns under Competitive Conditions(이 논문은 원래 이탈리아어로 발표했던 논문을 바탕으로 한 것이다)과 1932년 케인스의 의뢰를 받아 작성해 같은 저널에 실린 「하이에크 박사의 화폐와 자본이론」Dr. Hayek on Money and Capital 정도만 알려져 있다.

스라파가 "논문을 쓰든가 도태되든가"publish or perish라는 말이 통용되는 미국식 대학 시스템에서 교수 생활을 했더라면 정년보장을 받지 못한 채 이리저리 옮겨 다녀야 했을 것이다. 다행스럽게도 그는 평생 케임브리지 대학 마셜 도서관에서 사서로 일했으니 굳이 논문 출판 수에 신경 쓸 필요는 없었다.

스라파는 『옥중수고』로 유명한 이탈리아의 공산주의자 그람시Antonio Gramsci의 절친한 후원자이기도 했다. 또한 케인스의 초청으로 찾아간 케임브리지에서 평생에 걸쳐 리카도의 전집을 편찬하는 일을 했다. 그가 케인스 서커스의 일원으로서 로빈슨 등과도 긴밀한 연구협력관계를 맺었음은 두말할 나위도 없다. 스라파가 오랜 숙성 기간을 거쳐 예순이 넘은 나이에 케임브리지 대학 출판부에서 출간한 유일한 저서 『상품에 의한 상품생산: 경제이론 비판 서론』*Production of Commodities by Means of Commodities: Prelude to a Critique of Economic Theory*은 겨우 100쪽 남짓한 분량으로 주류경제학의 근본을 뒤흔들 어버렸다.

책 제목에서 알 수 있듯이, 스라파는 '상품에 의한 상품생산'이 라는 틀로 자본주의 경제시스템을 분석한다. 자동차 한 대를 만들 기 위해 수만 개의 부품이 필요하듯, 어떤 상품을 생산하기 위해서 는 여러 다른 상품이 필요하다. 모든 상품은 때로는 촘촘하게 때로 는 성기게 얽혀 있다. 자동차를 만드는 데는 철판이 필요하고 철판 을 만드는 데는 철강이 필요하다. 그러므로 자동차 생산 조건은 철 판의 생산 조건에 직접적으로 영향을 받으며, 철강 생산 조건과는 한 다리 건너 간접적으로, 그러나 긴밀하게 연결된다. 당연한 듯 들리는 이 얘기는 신고전학파의 분배이론에 대한 결정적인 공격의 이론적 기초가 된다.

순환논법에서 벗어나기

스라파 자신이 직접 자본논쟁에 참여하지는 않았다. 그렇지만 로빈슨이나 가레냐니*Pierangelo Garegnani* 등 영국 케임브리지 경제학 자들이 제기한 쟁점들은『상품에 의한 상품생산』의 성취에 기대고 있다. "자본을 어떻게 측정할 것인가"*How to measure capital*는 자본논 쟁을 통해 이미 고전의 지위에 오른 질문이다.

우리는 일상생활에서 자본이라는 말을 자주 사용한다. 보통 사 람들이 쓰는 의미는 순우리말로 '밑천' 정도일 것이다. 경제학에서 는 좀더 엄밀하게 재화의 생산에 생산요소로 투입되는 재화, 즉 자 본재라는 의미로 사용한다. 기업이 가지고 있는 생산설비는 자본이지만 기업주가 가지고 있는 주거용 부동산은 자본이 아니다.* 물론 기업이 밑천으로 가지고 있는 돈은 당장에는 생산요소가 아니더라도 언제든 자본으로 이용될 준비를 갖추고 있는 잠재적 자본이라고 할 수 있다.

미국의 어느 보수적인 법관이 "무엇이 포르노그래피인가"라는 질문에 "내가 보면 안다"고 대답했다는 일화가 있듯이, 어느 사회에서 자본 역할을 할 수 있는 돈의 크기는 굳이 객관적으로 규정하지 않아도 대부분의 생활인은 "보면 안다." 물가수준을 비롯한 여러 가지 경제상황을 감안할 때, 어느 정도의 돈이 있어야 공장을 마련하고 기계를 사고 노동자를 고용해서 생산을 할 수 있는지 짐작할 수 있기 때문이다. 결국 우리는 일상적으로 자본을 한 뭉치의 돈으로 바꿔 생각한다.

그렇다면, 자본을 측정한다는 것은 도대체 무슨 의미일까? 이미 돈으로 측정하고 있지 않은가? 1,000만 원짜리 공작기계 한 대와 100만 원짜리 컴퓨터 한 대를 자본으로 사용하는 공장이 있다. 이 공장에서 사용하는 자본의 크기를 그냥 1,100만 원이라고 하면 안되는 것일까? 결론부터 얘기하면, 안 된다. 물론 전제가 있다. 신고전학파의 분배이론, 즉 한계생산성이론을 견지하는 한에는 안 된다. 순환논법에 빠지기 때문이다.

먼저 미시경제학 교과서에 등장하는 생산함수production function에

---

* 이 지점에서 피케티와 다른 경제학자들은 결정적으로 다르다. 피케티는 "시장에서 소유되고 교환될 수 있는 모든 비인적 자산"(피케티, 2014, 46쪽)을 자본이라 정의하기 때문이다. 따라서 주거용 부동산도 자본이 된다.

관해 알아야 한다. 신고전학파 경제이론에서는 상품의 생산을 노동과 자본이라는 두 가지 생산요소가 기술적으로 결합되는 과정으로 묘사한다. 누구나 인정할 법한 얘기다. 문제는 생산함수라는 개념을 쓰면서부터 일어난다.

함수는 어떤 집합의 원소 하나에 일정한 규칙에 따라 다른 집합의 원소 하나가 대응하는 관계다. 사람과 사람 사이의 관계도, 예를 들어 각자에게 각자의 어머니를 대응시키는 관계는 함수다. 경제 현상의 상당수는 함수로 나타낼 수 있다. 즉, 어떤 경제변수의 값이 주어질 때 그에 대응하는 다른 경제변수의 값이 하나만 주어지는 관계인 것이다. 내가 1시간 동안 열심히 일하면 종이 20장으로 종이학 20마리를 접을 수 있다고 하자. 노동 1시간과 종이 20장이라는 변숫값에는 종이학 20마리라는 변숫값이 일대일로 대응한다. 이 관계가 바로 종이학의 생산함수인 것이다.

물론 실제 상품생산은 종이학 접기처럼 단순하지 않다. 무엇보다 생산에 필요한 요소가 훨씬 더 많다. 당장 종이학 접기에 가위 하나만 이용해도 얘기가 복잡해진다. 내 노동을 제외한 나머지 생산요소, 즉 가위 하나와 종이 20장을 하나로 뭉뚱그려 '자본'이라 부른다. 한계생산성은 여러 가지 자본을 하나의 크기로 측정할 수 있다는 것을 전제로 한다. 여러 가지 비노동 투입요소를 함께 사용하더라도 자본이라는 단일한 실체가 얼마나 늘거나 줄었는지 계산할 수 있다는 뜻이다. '가위 하나에 종이 20장'은 '가위 둘에 종이 10장'보다 얼마나 많거나 적은 것인지 하나의 숫자로 나타내서 비교할 수 있다는 뜻이기도 하다. 자본의 크기를 선뜻 가위와 종이의 가격으로 측정할 수는 없다. 한계생산성이론에서는 모든 생산요소가 얻는 보수는 그 요소가 생산에 기여한 바에 따라 결정된다고 설명하기 때문이다.

한계생산성이론에 따르면, 노동자는 자신의 노동이 생산에 기여한 만큼의 임금을 노동소득으로 받는다. 자본의 소유자, 즉 자본가는 자신의 자본이 생산에 기여한 만큼 자본소득을 받아간다. '기여한 만큼'을 엄밀하게 정의하는 개념이 한계생산성이다. 자본의 한계생산성은 자본 한 단위를 증가시킬 때 그로 말미암아 늘어나는 생산량을 가리킨다. 거꾸로 현재 투입되어 있는 자본 중에서 한 단위를 뺄 때 줄어드는 생산량으로 정의할 수도 있다. 종이학 접기에 필요한 자본이 종이뿐일 때는 자본의 물량이 20장에서 21장으로 느는 경우를 생각하면 되겠지만, 자본이 여러 가지 이질적인 상품으로 구성된 경우에는 그렇게 말하기 어려워진다.

이제 왜 순환논법에 빠지는지를 알 수 있다. 신고전학파 이론에 따르면, 자본의 가격은 자본의 한계생산성에 따라 결정된다. 한계생산성을 측정하기 위해서는 먼저 자본의 물량을 측정해야 하고, 그 물량이 증가할 때 생산물이 얼마나 증가하는지를 측정할 수 있어야 한다. 이를테면 자본이 한 단위 증가할 때 생산량이 10개 증가한다면, 그 자본의 소유자에게는 생산물 10개만큼이 분배된다. 그다음에야 비로소 자본의 가격을 알 수 있다. 그런데 자본을 가격으로 측정한다면, 자본이 몇 단위인지를 알기 위해 아직 결정도 안 된 자본의 가격을 이용하는 셈이다. 가격을 설명하기 위해 바로 그 설명해야 할 가격을 이용하는 것, 전형적인 순환논법이다.

로빈슨이 "이윤율은 '자본의 한계생산성'에 따라 결정된다는 아이디어에는 아무런 의미도 없다"고 말한 까닭이 바로 여기에 있다.

이윤율은 자본의 가격을 말한다.* 그렇다면 "이윤율은 '자본의 한계생산성'에 따라 결정된다"는 명제를 풀어써 보면 "자본의 가격은 자본의 가격에 따라 결정된다"는 동어반복이 되고 만다.

자본이 비싸지면 자본을 덜 쓸까

어떤 상품을 만드는 방법, 즉 생산기술이 하나만 있을 리는 없다. 앞에서 예로 든 종이학 접기처럼 간단한 경우조차도 그렇다. 종이만 밀어 넣으면 자동으로 접어주는 기계가 발명될 수도 있다. 생산기술 중에는 상대적으로 자본을 많이 쓰는 기술도 있고 노동을 많이 쓰는 기술도 있다. 직관적으로 생각해보면 기계를 이용해서 종이학을 접는 것은 가위만 이용하는 경우보다 자본을 더 많이 쓰는 기술이다.

노동, 즉 사람의 일손을 점점 줄이고 기계에 더 많이 의존하는 것은 특히 산업혁명 이래로 일반화된 기술발전의 경향이다. 물론 그 반대 방향으로 생산기술이 변화하는 경우가 없진 않다. 무엇보다도 노동의 가격인 임금이 오르면, 기업은 상대적으로 비싸진 노동을 줄이고 그 대신 상대적으로 저렴해진 자본을 더 많이 쓰려 할 것이다.

---

* 이 말이 얼핏 이상하게 들릴 수도 있을 것이다. 예를 들어 이윤율이 10%라고 하자. 만약 10억 원의 자본을 생산에 묶어두고 있다면, 그것은 그 10%에 해당하는 1억 원의 이윤을 얻을 수 있는 기회를 포기한다는 뜻이기도 하다. 즉 자본 10억 원의 기회비용은 1억 원이다. 일반적으로 어떤 재화나 서비스의 가격은 그 기회비용을 나타낸다고 할 수 있다. 그러므로 자본의 가격은 이윤율이라고도 할 수 있다.

신고전학파 생산함수는 이렇게 생산요소 사이의 대체가능성이라는 개념을 전제로 한다. 특히 학부 수준의 미시경제학 교과서에서는 아주 미세한 정도로 자본과 노동을 대체할 수 있다고 가정한다. 예를 들어 종이학 접기에 들어가는 노동시간을 1시간에서 59분 59초로 줄이거나 종이를 10장에서 10장과 100분의 1 정도로 늘리는 것이 가능해야 한다.* 물론 조금만 생각해보아도 생산기술은 그렇게 바뀌지 않는다. 더구나 흔히 볼 수 있는 기술변화는 예를 들어 가위를 쓰고 손으로 접던 종이학을 아예 가위 대신 기계를 이용해 접는 것이다. 더 이상 가위는 필요하지 않을 뿐만 아니라, 종이학을 정교하게 접을 수 있는 손재주를 갖춘 노동자도 필요하지 않다. 말하자면 노동과 자본 모두 성격이 통째로 변해버리는 경우가 일반적이다.

어쨌거나 생산요소의 가격이 변할 때 그로 말미암아 생산요소가 대체되는 정도를 파악하기 위한 개념이 신고전학파 경제학에서 말하는 대체탄력성elasticity of substitution이다. 대체탄력성이 크다는 것은 임금이 조금만 올라도 많은 양의 노동을 자본으로 바꿀 수 있다는

----

* 생산함수가 수학적으로 미분가능해야 하기 때문이다. 어떤 함수가 미분가능하려면 일단 연속함수여야 한다. 그래프로 나타내면 끊기는 부분 없이 이어져야 한다. 실은 연속이기만 해서도 안 되고, 그래프로 나타내면 뾰족하게 튀어나오는 부분 없이 매끄러운 형태를 가져야 한다. 뾰족한 점에서는 변화율이 하나로 정해지지 않기 때문이다. 변화율이 하나로 정해지지 않는다는 것은 경제학적으로는 생산요소의 한계생산성을 정의할 수 없다는 것을 의미한다. 한계생산성 자체를 정의하지 못하면, 교과서의 서술이 순조롭지 않을 것임을 쉽게 짐작할 수 있다.

것을 말한다. 엄밀하지는 않으나 알기 쉽게 설명하면, 임금이 1% 오를 때 노동의 고용을 1% 줄인다면, 대체탄력성은 1이 된다. 핵심적인 역량을 갖춘 노동력이라면 임금이 어지간히 올라도 기계나 컴퓨터로 대체하기 쉽지 않을 것이고, 그 경우 대체탄력성은 아주 작을 것이다.

여담이지만, 스미스는 『국부론』에서 분업이 발전할 때 노동생산성이 올라가는 이유 중 하나로 생산도구의 발명이 그만큼 쉬워진다는 점을 꼽았다. 분업이 세밀하게 이루어지면 노동자들이 수행하는 작업 하나하나는 매우 단순해지기 때문에, 그것을 대신할 생산도구나 기계를 만들기도 쉬워진다. 따라서 노동을 자본으로 대체하는 것도 그만큼 쉬워진다.

스미스가 예로 든 핀 공장으로 설명해보면 알기 쉽다. 쇠를 달구어 일정한 크기로 자르고 한쪽 끝을 뾰족하게 갈고 다른 쪽 끝에는 머리를 만들어 붙이는 등 여러 가지 작업을 한꺼번에 하는 기계나 도구를 만들기보다는 그중에 한 가지 동작, 이를테면 일정한 크기로 자르기만 하는 일을 대신하는 기계나 도구를 발명하기가 훨씬 더 쉬울 것이다.

자본을 측정할 수 있는가라는 물음에 긍정적으로 답할 수 없다면, 직관적으로 그럴듯해 보이는 생산요소의 대체가능성에 관해 엄밀한 논리를 갖추어 설명하기가 곤란해진다. 애초에 도대체 어떤 기술이 자본을 많이 쓰는 기술인지, 덜 쓰는 기술인지를 알아낼 도리가 없기 때문이다. 엄청난 규모의 생산설비를 사용하는 제철소나 자동차공장 같은 경우 별다른 기계를 사용하지 않는 가족 단위의 소규모 농업에 비해 자본을 많이 쓴다는 것은 누구나 느낄 수 있다. 그러나 객관적 측정가능성을 염두에 두는 순간, 이러한 인상 비평만으로는 부족함을 알게 된다. 예의 보수적인 법관처럼 "내가 보면 안다"고 말할 수는 없는 노릇이기 때문이다. 자본논쟁에서 제기한 문제를 밀고 나가면, '노동이 비싸지면 자본을 더 쓰게 된다'는 문장이 도대체 참인지 거짓인지조차 알 수 없는 상황에 빠지고 만다.

기술재전환의 가능성

스라파가 제시한 '상품에 의한 상품생산'이라는 이론은 신고전학파의 한계생산성이론에 대한 중요한, 어쩌면 치명적인 공격을 담고 있다. 그것은 근본적으로 우리가 경제를 어떤 식으로 이해할 것인가에 대한 철학적 접근의 차이로까지 이어진다. 스라파의 이론이 제시한 비판 중 하나가 기술재전환reswitching이라는 문제다.

『상품에 의한 상품생산』에서 스라파는 '날짜 붙은 노동'dated labor 이라는 특유의 개념을 이용해 이 문제를 다루었다. 자동차를 만드는 데 철판이 필요하다고 하자. 그런데 철판을 만들기 위해서는 철강이 필요하고, 철강은 다시 철이 있어야 만들 수 있다. 그렇다면 시간을 거슬러 올라가 철에서 시작해 철강-철판-자동차로 이어지는 생산의 흐름을 생각할 수 있다. 글자 그대로 '상품에 의한 상품생산'인 것이다.

만약 각 상품을 만드는 데 1년씩 걸린다면, 올해 만드는 자동차를 위해서는 작년에 만든 철판, 재작년에 만든 철강, 다시 그 전해에 만든 철이 필요하다. 이것을 노동의 흐름으로도 바꿔 생각해볼 수 있다. 즉, 자동차는 결국 3년 전에 철을 만든 노동, 2년 전에 철강을 만든 노동, 1년 전에 철판을 만든 노동 그리고 올해 자동차를 만드는 노동의 합계로 이루어지는 것이다. 각각의 노동에는 날짜가 붙어 있는 셈이다.

그런데 과거의 노동을 지금의 가치로 계산하려면 그동안 흐른 시간에 해당하는 만큼 이자를 붙여주어야 할 것이다. 만약 작년도 철판 만드는 노동을 100이라는 숫자로 표현한다면, 올해 그것은 100에다 (1+이자율)을 곱해준 크기로 계산해야 한다. 물론 복리계산의 원리에 따라 더 먼 과거의 노동일수록 더 큰 숫자를 곱해야 한다. 철강 만드는 노동은 2년 전에 이루어졌으니 (1+이자율)의 제곱을 곱해야 하며, 3년 전의 철 만드는 노동에는 그 세제곱을 곱해야 한다. 이자율이 달라지면 지금 시점에서 계산한 날짜 붙은 노동량의 합계도 당연히 달라진다.

그런데 노동을 투입하는 기간의 구조가 달라지면, 이자율의 크기에 따라 날짜 붙은 노동량이 달라질 것임을 짐작할 수 있다. 예를 들어 어떤 경우에는 아주 먼 과거에 노동을 투입하고 나서 한동안 노동을 필요로 하지 않다가 현재에 가까운 시점에서 다시 많은 양의 노동을 투입할 수도 있다. 한편 다른 경우에는 과거의 한 시점에 노동을 집중적으로 투입하고 나머지 기간에는 노동이 필요하지 않을 수도 있다. 이와 같은 두 가지 경우만 비교하더라도 노동의 기간별 배분방식과 이자율의 크기에 따라 날짜 붙은 노동량이 크게 달라질 수 있다.

만기가 3년인 정기예금을 드는 경우를 상상해보자. 이 예금은 매년 1월 1일에 딱 한 번씩만 불입할 수 있다고 하자. 이자는 당연히 복리로 붙고 여러분의 목표는 만기가 되었을 때 손안에 들어오는 원리금의 합계를 크게 만드는 데 있다.

먼저 A라는 경우, 첫해에 1,000만 원을 예금하고 둘째 해에는 한 푼도 예금하지 않다가 마지막 해에 3,000만 원을 예금한다고 하자. 3년에 걸쳐 원금 4,000만 원을 불입한 것이다. 한편, B라는 경우에는 둘째 해에만 3,500만 원을 예금한다고 해보자. 이 경우 당연히 원금으로는 A보다 500만 원이나 적은 돈을 불입한 것이다.

얼핏 생각하면 당연히 A가 B에 비해 원리금 합계가 많을 것 같지만, 이자율 수준에 따라 결과는 달라진다. 만약 이자율이 10%라면, A의 원리금 합계는 4,631만 원으로 B의 4,235만 원보다 크다.* 그런데 이자율이 50%일 때는 두 경우의 원리금 합계가 7,875만 원으로 똑같아진다. 이자율이 50%를 넘어서는 순간 원리금 합계는 역전된다. 이자율이 55%라면, A의 경우는 약 8,378만 원이지만 B는 약 8,409만 원이 된다. 그런데 이자율이 더 올라가서 100% 수준에 이르면, 두 경우의 원리금 합계는 1억 4,000만 원으로 다시 같아진다. 그리고 이자율이 100%를 넘어서는 순간 또 한 번 역전이 일어난다. 예를 들어 이자율이 110%면, A의 원리금 합계는 1억 5,561만 원으로 B의 1억 5,435만 원보다 커진다.

이자율이 50%에서 100% 사이일 때, 원금이 더 적은 B의 원리금 합계가 더 큰 이유는 이자율이 꽤 높아서 둘째 해에 불입한

---

* A의 원리금을 계산하는 식은 다음과 같다. 이자율이 10%, 즉 0.1 이므로 첫해에 불입한 1,000만 원은 3년이 지나면 $1,000 \times (1+0.1)^3$만 원이 되고, 마지막 해에 불입한 3,000만 원은 $3,000 \times (1+0.1)$만 원이 된다. 그러므로 원리금 합계는 $1,000 \times (1+0.1)^3 + 3,000 \times (1+0.1) = 4,631$만 원이다.

3,500만 원에 매우 많은 이자가 붙었기 때문이다. A의 경우 원금은 더 많은데도 마지막 해에 너무 많은 예금을 했기 때문에 기간이 짧아서 상대적으로 이자가 덜 붙은 것이다. 그런데 이자율이 더 올라 100%를 넘는 수준에서는 A의 경우 첫해에 예금한 1,000만 원에 붙는 이자가 워낙 커서 두 경우 사이의 대소관계가 다시 역전된다.

이제 경우 A와 B의 원리금 합계를 A와 B라는 두 가지 기술의 생산비용이라는 문제로 바꿔 생각해보자. 즉, 원리금 합계가 크다는 것을 비용이 더 많이 든다는 뜻으로 해석하는 것이다. 비용을 절약하려는 자본가는 이자율이 낮은 수준(예를 들어 10%)에서는 기술 B를 선택하다가 이자율이 높은 수준(예를 들어 55%)에서는 기술 A를 선택할 것이다. 이자율이 더 높아져서 100%를 넘어서면 다시 기술 B를 선택하게 된다.

결국 이 예화가 말해주는 것은 이자율의 변화와 기술을 선택하는 방향 사이에 일관성을 갖춘 관계가 성립하지 않는다는 사실이다. 기술 B가 기술 A보다 자본집약적인 기술, 즉 (노동보다) 상대적으로 자본을 많이 쓰는 기술이라 하자. 신고전학파 이론에 따르면, 지금보다 이자율이 오를 때 기술변화는 항상 B에서 A 쪽으로만 일어나야 한다. B는 자본을 많이 쓰는 기술이므로 자본의 보수에 해당하는 이자율이 오르면 그만큼 비용이 더 많이 들 것이기 때문이다. 그런데 이자율이 어느 수준을 넘어서서 더 오르다 보면, 이번에는 거꾸로 기술 A에서 기술 B로 돌아가는 경우가 생길 수 있다. 과거에 노동을 투입한 기간의 구조에 따라 어떤 경우에는 이자율이 오르면서 기술 A가 오히려 더 자본집약적인 기술이 되어버

기술의 재전환가능성이
의미하는 바는 명확하다.
자본의 가격인 이자율이 비싸지면
자본을 덜 사용하는 기술을 선택한다는
교과서적 설명이 성립하지 않는다는 뜻이다.

리기 때문이다. 이러한 현상이 바로 기술재전환이다.

그렇다고 치자(as if…)

기술의 재전환가능성이 의미하는 바는 명확하다. 자본의 가격인 이자율이 비싸지면 자본을 덜 사용하는 기술을 선택한다는 교과서적 설명이 성립하지 않는다는 뜻이다. 그런데 자본의 가격이 비싸진다는 것은 자본의 소유자가 더 많이 가져간다는 것, 즉 분배에 변화가 생긴다는 뜻이다. 그렇다면 분배에 변화가 생길 때, 어떤 기술이 자본집약적인가 아닌가라는 특성 자체가 변해버리는 것이다. 이것은 기술의 특성 그 자체를 분배의 변화와 독립적으로 묘사할 수 없다는 뜻이다. 애초에 분배의 변화를 전혀 고려하지 않고 물량 사이의 기술적인 관계로 설정한 생산함수라는 개념만으로는 현실을 제대로 설명할 수 없다는 뜻이기도 하다. 이렇게 되면 놀랍게도 대학 신입생들이 배우는 경제원론 교과서의 생산이론은 그 출발점에서부터 근거를 잃고 만다.

자본논쟁은 영국 케임브리지 측이 논리적으로는 승리한 것으로 평가된다. 미국 케임브리지 측, 즉 신고전학파 경제학의 대응은 기술재전환은 매우 특수한 경우에만 일어나는 현상이므로 무시해도 된다거나, 아니면 문제가 발생하지 않도록 하는 특수한 조건을 도입하는 것이었다. 그러나 아무리 가능성이 희박하다 하더라도 어쨌거나 틀린 것은 틀린 것이다.

그런데도 아직 대부분의 경제학 교과서에서는 마치 논리적으로 아무런 문제가 없는 것처럼("as if…") 설명하고 있다. 일종의 교육적 설명장치heuristic로 이용하는 것이다. 교과서를 넘어서는 전문적인 경제학자들의 논의, 예를 들어 1980년대에 등장한 내생적 성장 이론에서도 여전히 집계적 생산함수$^{\text{aggregate production function}}$나 한계 생산성 개념을 이용한다. 집계적 생산함수는 한술 더 떠 경제 전체에 존재하는 모든 자본재를 하나의 자본으로 묶어서 나타낸다. 말하자면 한국 경제에 존재하는 모든 자본재를 합쳐서 하나의 양으로 표현할 수 있다고 가정하는 셈이다.

모든 사회과학적 논의, 아니 인간의 언어 자체가 그러하듯, 어떤 대상을 한 치의 오차도 없이 정확하게 묘사하는 것은 원초적으로 불가능하다. 때로는 어느 정도 부정확함을 남겨두더라도 서로 이해할 수 있는 말로 유용한 분석 결과를 얻어내는 것이 필요할 수도 있다. 자본논쟁을 선두에서 이끌었던 로빈슨조차도 말년에는 기술재전환의 가능성에만 집착하는 것은 의미가 없다고 주장했다. 그렇다고 해서 그녀가 자본논쟁 자체가 무의미하다고 주장하는 것은 아니다. 근본적인 비판은 소득분배와 기술진보, 나아가 경제성장이 결합하는 영역을 겨냥한다.

신고전학파 경제학은 분배 문제를 가격결정 문제로 바꿔 생각한다. 더구나 그 가격은 순수하게 기술적인 관계로 결정된다고 생각한다. 따라서 적어도 이론적으로는 생산에 참가한 사람들끼리 분배몫을 둘러싸고 대립하거나 갈등할 이유가 없다. 마치 햄버거 하나의 열량이 얼마인지 계산하듯이 각자의 분배몫이 정확하게 계산될 것이기 때문이다.

하지만 분배와 기술변화, 성장은 서로 독립적인 문제가 아니다. 식당의 메뉴판처럼 자본집약적이거나 노동집약적인 기술의 목록이 정리되어 있고 시장 여건에 따라 그중에서 가장 유리한 기술을 골라 쓰면 되는 것이 아니다. 임금이 오르면 노동자의 고용을 조금씩 줄이면서 기계로 대체하고, 반대로 기계가 비싸지면 노동으로 조금씩 대체할 수 있는 것도 아니다. 노동과 자본이 각각 생산에 기여한 만큼을 객관적으로 측정해 그에 따라 보수를 주는 것도 아니다. 결국 신고전학파 경제학과 그에 반대하는 경제학 사이에는 분배와 성장을 바라보는 관점 자체에 화해할 수 없는 차이가 있는 셈이다.

이윤을 보는 두 가지 관점

이쯤에서 도대체 이윤의 본질이 무엇인가 생각해볼 필요가 있다. 스라파가 잇고 있는 고전학파적 전통에서는 이윤이란 사회 전체의 잉여생산물surplus product이다. 어떤 경제체제가 유지되기 위해서는 상품의 생산에 필요한 상품, 즉 생산수단으로 사용해 없어진 만큼을 모두 보충하고도 남는 생산물이 있어야 한다. 1년 동안 기껏 생산한 결과가 생산수단으로 사용한 만큼도 만들어내지 못한다면 아무런 의미가 없기 때문이다.

경제체제를 제대로 유지하려면 예를 들어 쌀 90톤을 들여 100톤을 생산해낼 수 있어야 한다. 이때 총생산물인 쌀 100톤에서 생산에 사용한 쌀 90톤을 제외한 나머지 10톤이 바로 이 경제의 순생산물이다. 자본소유자에게는 이 중에서 노동자에게 지불하는 임금을 제외한 나머지가 이윤이다. 그러므로 여기에서 이윤은 공제deduction로 정의되는 셈이다. 순생산물은 그 사회를 구성하는 여러 집단, 흔히 계급이라 불리는 노동자·자본가·지주에게 분배된다.

이러한 분배 과정은 조화롭기만 한 것이 아니라 끊임없는 이해

관계의 대립에 기초하고 있다. 당연히 생산물의 분배는 객관적인 기술 수준에 따라 정해지는 고정된 비율이 아니라, 분배를 둘러싼 사람들의 힘 관계에 따라 결정된다. 좀 온건하게 말하면 협상력이 고 강하게 표현하면 계급투쟁이다. 생산물을 어떻게 분배하는가에 따라 그 사회의 성장도 영향을 받는다. 아니, 애초에 어떤 기술이 선택되는가도 협상력이나 계급투쟁으로 결정된다. 더구나 잉여에 초점을 맞춤으로써 경제이론의 관심은 자연스럽게 경제체제의 성장으로 향한다.

이러한 관점은 오늘날 경제학 교과서의 주류를 이루는 신고전학파 경제학이 이윤을 바라보는 관점과는 근본적으로 다르다. 신고전학파의 견해를 다시 한 번 되풀이하면, 각 생산요소의 보수는 그 요소가 생산에 기여한 바, 즉 한계생산성에 따라 결정되고 한계생산성은 생산기술에 따라 객관적으로 결정된다. 이때 생산요소 사이의 대체가능성을 전제하지 않으면 생산요소에 귀속되는 분배몫을 확정할 수 없다.* 이윤은 자본의 가격에 해당하므로 자본의 한계생산성에 따라 결정된다. 신고전학파 경제학에서 이윤과 이자가 잘 구분되지 않는 것도 이 때문이다. 자본의 소유자는 자본이 생산에 기여한 만큼 가져가는 것이니, 이윤이나 이자나 다를 바가 없다. 세속의 장사꾼이라면 가장 알고 싶어 할 이윤에 대한 설명을 경제학 교과서에서 찾아보기가 어려운 까닭이기도 하다.

---

* Joan Robinson and John Eatwell, *An Introduction to Modern Economics*, Maidenhead: McGraw Hill, 1974, p.118.

능력에 따라 일하고 일한 만큼 분배받는다
한계생산성이론

전근대사회에서 근대사회로의 이행은 '신분에서 계약으로'라는 말로 표현하기도 한다. 적어도 이론적으로나 공식적으로 그 누구도 출신성분 때문에 태어나면서부터 이룰 수 있는 것에 한계를 지우지는 않기 때문이다. 근대사회가 얻어낸 성과 또는 근대사회가 기초하고 있는 원칙인 능력주의는 결코 무시할 수 없는 인류의 성취라 할 수 있다. 물론 누군가는 우리 모두 능력주의 때문에 평생 유전자와 부질없는 싸움을 벌이게 된다고 냉소적으로 말하기도 했다. 능력주의라는 전제를 받아들이더라도 더 중요한 문제는 능력이 무엇인지를 정의하는 것이라는 반론도 충분히 가능하다. 현실에서는 아예 이러이러한 것을 능력이라 부르자며 판을 짤 수 있는 힘 그 자체가 오히려 더 중요한 능력이기 때문이다.

그러나 핏줄로 상징되는 출신성분에 상관없이 누구나 노력하면 능력을 쌓을 수 있고 그렇게 쌓은 능력에 따라 대우받는다는 원칙, 그 원칙이 관철되리라는 믿음은 여전히 중요하다. 한편 어떤 사회가 먹고사는 문제도 제대로 해결하지 못한다면 장기적으로 지속되기 힘들다. 이른바 물질적 재생산이 이루어져야 한다. 그러나 먹고

사는 문제가 어느 정도 해결되더라도, 어느 사회건 참을 만한 수준의 공평성을 달성하고 있다는 믿음이 일반적으로 받아들여져야만 비로소 유지될 수 있다. 사회체제의 재생산을 위해서는 이데올로기도 중요하다. 능력주의가 근대사회를 지탱하는 한 축이라면, 한계생산성이론은 그 축을 지지하기에 마침맞은 이데올로기인 셈이다.

신고전학파가 주류이기 때문에 그 분배이론은 한계생산성이론일 수밖에 없다고 주장하기는 힘들다. 거꾸로 한계생산성이론이 옳기 때문에 신고전학파가 주류경제학이 되었다고 말할 수도 없다. 분배이론은 신고전학파의 핵을 이루는 이론이라 보기 어렵기 때문이다. 그렇지만 주류경제학과 한계생산성이론이 서로 잘 어울리는 짝임에는 틀림이 없다.

한계생산성이론과 능력주의

능력주의가 관철되는 사회는 조화로운 사회다. 물론 어쩔 수 없이 능력이 뒤처지는 사람과 뛰어난 사람 사이에 격차는 있겠지만, 자신의 능력 외에 다른 그 무엇을 탓할 수는 없을 것이기 때문이다. 자본주의 경제 그리고 그것을 정당화하는 당대의 경제학에 대해 매우 비판적이었던 마르크스조차 추상적인 표현으로나마 일종의 능력주의를 주장한 바 있다. 그는 1875년에 쓴 「고타 강령 비판」이라는 글에서 "능력에 따라 일하고 일한 만큼 분배받는" 것을 이상적인 사회의 낮은 단계에서 적용되는 원칙으로 내세웠다.*

---

* 그 높은 단계에서의 원칙은 "능력에 따라 일하고 필요에 따라 분

그러므로 능력주의 자체를 자본주의 체제를 정당화하기 위한 왜곡된 이데올로기라는 식으로 비판하는 것은 지나치다. "그렇다면 너는 능력주의에 반대한다는 것인가?" 하고 묻는다면 쉽사리 답할 수 없을 것이다. 결국 능력주의의 구체적인 내용이 문제될 따름이다.

한계생산성이론은 생산에 참가하는 모든 사람은 자신이 제공한 생산요소가 노동이건 기계이건 간에 생산에 기여한 만큼 보상받는다는 이론이다.* 비유하자면 각자 한두 가지씩 싸온 먹을거리를 펼쳐놓고 각자의 방식으로 기여하면서 즐기는 포트럭 파티인 셈이다. 그렇게만 된다면야 세상은 얼마나 정겹고 조화로운 모습이겠는가?

한계생산성이론이 20세기 전반부에 집중적으로 발전한 것은 신고전학파의 체계화라는 경제학의 역사와 관련이 있지만, 사회주의나 다른 어떤 형태의 비자본주의적 체제를 꿈꾸는 이들에 대한 논리적 비판이라는 정치적 의미를 무시할 수 없다. 자본주의가 부익부 빈익빈이라는 논리적·정서적 비판에 대해서는, 여전히 한계생산성이론 같은 모종의 능력주의만큼 효과적인 반박도 없을 것이기 때문이다.

배받는"것이다. 마르크스주의자들은 흔히 낮은 단계를 사회주의, 높은 단계를 공산주의로 구분하기도 한다.

* 전통적으로 생산요소는 노동·자본·토지라는 세 가지 범주로 분류한다. 토지는 비단 땅만이 아니라 광물 등의 천연자원도 포함하는 개념이다. 신고전학파 생산함수에서는 보통 토지를 생략하고 노동과 자본을 두 가지 생산요소로 간주한다.

플로인가 스톡인가

여기에서 잠깐 한계생산성이론의 기본 발상을 살펴보자. 수문을 닫고 물을 가득 채웠을 때 저장하는 물의 양으로 댐의 크기를 나타낼 수 있다. 장마철에 비가 너무 많이 오면 수문을 열어 물을 방출한다. 이때 물이 1초에 얼마만큼씩 흘러나오는가를 기준으로 댐의 크기를 나타낼 수도 있다. 한 시점에서 댐에 갇혀 있는 양을 스톡 stock 으로, 일정한 시간 동안 흘러나오는 양을 플로flow라 부르기로 하자. 스톡이란 어딘가에 쌓여 있는 양을 의미하며 플로라는 개념과 짝을 이룬다. 플로는 '흘러나온다'는 뜻이니, 일정한 기간에 걸쳐 측정하는 양을 가리킨다.

누군가가 3억 원짜리 아파트를 재산으로 가지고 있다고 하자. 이때 3억 원이라는 금액은 일정 기간에 걸쳐 흘러나오는 양이 아니라 어떤 시점에서 측정한 아파트의 시가를 가리킨다. 한 시점에서 측정한 자본의 양이라는 의미로 경제학자들이 자주 쓰는 자본스톡이라는 용어도 마찬가지다. 그런데 이 아파트를 임대하면 월세로 120만 원을 받는다고 하자. 즉 한 달마다 120만 원의 임대소득이 생기는 것이다. 이렇게 일정 기간(월세의 경우, 한 달)에 걸쳐 흘러나오는 소득은 플로가 된다.

그런데 생산요소의 양을 어떻게 측정할 것인가와 그 생산요소가 상품의 생산에 얼마나 기여했는가는 서로 다른 두 가지 문제다. 자본의 경우에도 실제로 생산에 사용하는 자본의 양과 그 자본이 생산에 기여하는 양은 서로 다를 수 있다. 1870년대에 신고전학파를 탄생시킨 핵심 인물 중 하나인 프랑스의 경제학자 왈라스Léon Walras 는 1874년에 펴낸 『순수정치경제학요론』Eléments d'économie politique pure

에서 스톡에 해당하는 것을 자본이라 부르고 플로에 해당하는 것은 자본서비스라 불렀다. 같은 논리로 토지와 토지서비스, 노동과 노동서비스라는 말도 사용했다. 왈라스에게 상품은 이미 상품들에 의해 생산되는 것(즉, 스라파가 말하는 '상품에 의한 상품생산')이 아니라, 자본재에서 흘러나오는 서비스에 의해 생산되는 것이다. 그러므로 이윤율 또한 상품생산에 투입되는 상품들의 스톡에 대한 이윤의 비율이라는 고전학파적 이미지는 사라지며, 플로로 흘러나오는 자본서비스에 대한 대가로서의 의미를 지니게 된다.

왈라스는 교사이자 아마추어 경제학자인 아버지 오귀스트 왈라스[Auguste Walras]의 영향을 받아 젊은 시절부터 토지의 사유화에 반대한 것으로 유명하다. 신고전학파의 창시자 격이지만 그가 지닌 사회철학은 의외로 진보적이었다. 『고전학파와 신고전학파의 일반균형이론』이라는 책의 지은이들은 왈라스의 삶을 마르크스의 삶에 비유하고 있을 정도다.* 마르크스는 자유주의적인 변호사 아버지와 나중에 장인이 된 베스트팔렌 남작의 영향을 받았다. 그는 위험한 사상의 소유자였기 때문에 대학에 자리를 얻지 못하고 떠돌아야 했다. 왈라스도 아버지의 설득으로 경제학의 길로 들어섰으며, 아마도 그가 사회정의에 관해 지닌 생각 때문에 모국 프랑스에서 자리 잡지 못하고 스위스 대학으로 가야 했다.

사실 왈라스는 오늘날의 미시경제학 교과서에서 보는 것 같은 형태의 한계생산성이론을 주장하지는 않았다. 그러나 그는 경제이

---

* V. Walsh and H. Gram, *Classical and Neoclassical Theories of General Equilibrium*, New York and Oxford: Oxford University Press, 1980, pp.143~144.

론에 수학의 미분 개념을 적극적으로 활용함으로써 흔히 한계혁명 Marginal Revolution이라 부르는 시대를 열었다. 한계생산성이론이 체계적으로 만들어지는 것은 훨씬 나중의 일이지만, 어쨌거나 왈라스처럼 생각하면 자본이건 노동이건 토지건 간에 각각 생산에 기여한 서비스만큼만 대가를 받아가는 것이 정당한 원칙이 된다.

그러므로 플로의 이미지는 각자 생산요소를 가져와서 일정한 기간에 그 요소가 기여한 만큼을 대가로 가져가는 이미지와 겹친다. 아무것도 내놓지 않은 이는 참가할 수 없다. 자신이 기여한 것 이상을 가져가서는 안 되며 가져갈 수도 없다. 물론 노동의 경우, 노동을 가지고 있는 것과 노동서비스를 제공한 것은 같은 사람, 즉 노동자다. 반면 자본이나 토지의 경우, 서비스는 물物이 제공하지만 그 대가를 가져가는 것은 사람, 즉 자본가나 지주라는 중요한 차이가 있다.

생산자와 블랙박스

신고전학파 생산함수에서 인간은 노동(L)으로, 기계는 자본(K)으로 표현한다. 노동(L)과 자본(K)의 값이 주어지면 그에 대응하는 생산량(Q)이 결정된다. 생산함수가 나타내는 것은 결국 생산기술의 상태다. 특히 L, K, Q 모두 물량으로 정의하기 때문에, 그들 사이의 관계는 공학적이고 기술적이다. 예를 들어 노동자 2명이 기계 2대를 가지고 일해서 책상 2개를 만든다면, 책상의 생산함수는 $L=2$, $K=2$일 때 $Q=2$라는 수학적 관계로 표현된다. 만약 더 뛰어난 기술이 있어서 똑같은 노동자 2명이 기계 2대로 일해서 책상을 3개 만들어낸다면, 그 기술은 $L=2$, $K=2$일 때 $Q=3$이라는 관계로 나타낼 수 있다. 즉, 기술이 발전하면 똑같은 노동과 자본을 이용하더라도 생산량이 늘어난다.*

노동과 자본의 결합비율, 즉 $\frac{K}{L}$의 값은 생산기술의 상태를 표현하는 기본적인 방법이다. 산업용 로봇이나 자동생산라인 등을 이용하는 기술이라면 이 비율은 매우 높아질 것이고, 생산기술이 덜 기계화되고 덜 자동화되어 사람 손에 의존한다면 이 비율은 매우 낮아질 것이다. 그렇다면 이 $\frac{K}{L}$, 즉 노동과 자본의 결합비율을 결정하는 것은 누구인가? 경제학 교과서에 등장하는 '생산자이론'의 '생산자'다.

'생산자'는 노동(L)과 자본(K)의 가격이 주어질 때, 비용이 가장 적게 드는 L과 K의 결합방법, 즉 생산기술을 선택한다. 만약 인건비가 싼 사회라면 '생산자'는 노동(L)을 많이 사용하는 기술을 선택할 것이므로 $\frac{K}{L}$의 분모가 커지면서 전체 분수값은 작아진다. 반대로 임금이 올라서 노동자를 고용하는 비용이 많이 들게 되면, '생산자'는 노동(L)을 덜 쓰고 자본(K)을 더 많이 쓰는 기술로 옮아갈 것이므로 $\frac{K}{L}$가 커진다. 간단하게 설명하기 위한 교과서 버전

---

* 예를 들어 경제학자들이 흔히 이용하는 콥-더글러스(Cobb-Douglas) 생산함수는 다음과 같은 형태를 갖는다.

$$Q = AL^{\alpha}K^{1-\alpha} \quad (단, A > 0, 0 < \alpha < 1)$$

A와 α의 값이 얼마인지 주어질 때, 노동(L)과 자본(K)의 양만 대입하면 생산량(Q)이 결정되어 나온다. 이 생산함수는 생산요소 사이의 대체탄력성이 정확하게 1이라는 특성을 갖는다. 즉, 임금이 1% 오르면 노동 고용량은 정확하게 1% 줄어드는 것이다.

에 따르면, '생산자'는 선택할 수 있는 여러 기술의 목록을 손에 쥐고서 그중 가장 비용이 적게 드는 기술을 골라내는 것이다.

그렇다면 이 '생산자'는 도대체 누구일까? 기업을 의미하는 것이라 생각할 수 있겠으나, 다양한 이해관계자로 이루어진 기업을 단일한 실체로 간주하는 데는 어려움이 따른다. 우리가 일상적으로 사용하는 생산자라는 말은 어쨌건 실제로 생산에 참가해서 일하는 그 누군가를 가리킨다. 한편 마르크스주의자들은 '직접생산자'direct producer라는 말을 즐겨 쓰는데, 자본주의 사회에서는 노동자를 가리킨다.

러시아의 혁명가 레닌이 즐겨 인용했다는 "일하지 않는 자, 먹지도 마라"라는 『성경』 구절에서 "일하지 않는 자"는 자본가를 가리킨다. 자본가는 '직접생산자'가 아니라고 보기 때문이다. 그런데 노동자는 생산함수에서는 노동, 즉 플로만 떼서 L이라는 기호로 들어가 있을 뿐만 아니라, '생산자'가 비용 조건에 따라 얼마나 쓸지 선택하는 대상이 된다. 그러므로 경제학 교과서에서 '생산자'는 직접생산자가 아니라 생산기술을 선택하는 권한을 가진 자본가를 가리키는 셈이다.

이것을 신고전학파 경제학에서는 직접생산자를 무시한다거나 자본가적 관점에 입각해 노동자를 하나의 생산요소로만 간주하고 있다는 식으로 손쉽게 비판해서는 안 된다. 자본가의 소유물인 자본(K) 또한 생산함수 안에 노동(L)과 똑같은 방식으로 들어가 있기 때문이다. 굳이 구분하자면, 자본을 대는 자본가가 있고 생산과정에서 조정coordination 역할을 하는 기업가entrepreneur가 있는 것이다.

이러한 생산함수는 노동과 자본을 결합해 생산물을 만들어내는 과정이 사람들 사이의 갈등에서 자유로운, 독립적으로 정의되는 기술적·공학적 관계라는 점을 강조한다. 흔히 생산기술을 블랙박스처럼 취급한다고 말하는 것도 이 때문이다. 블랙박스 안에 무엇이 들어 있는지 알 수 없듯이, 노동과 자본이 결합해 생산 과정 안으로 들어가면 경제학자가 직접 연구할 수 없는 기술적이고 공학적인 과정을 거쳐 생산물이 나오는 것으로 여긴다는 뜻이다.

생산물은 남김없이 배분되는가

존 베이츠 클라크 메달은 전미경제학회가 40세 미만의 경제학자 중에서 연구업적이 뛰어난 이에게 수여하는 상이다. 누군가 이 메달을 받았다는 것은 오래 살아 있기만 한다면 언젠가는 노벨경제학상을 받을 확률이 상당히 높다는 뜻이기도 하다. 메달 이름의 유래가 된 클라크John Bates Clark는 신고전학파 경제학의 역사에서 매우 중요한 인물이다.

사실 한계생산성이론에 대해서는 많은 비판을 할 수 있다. 무엇보다도 피케티가 지적한 것처럼 어느 노동자의 한계생산성이 그의 이마 위에 써 붙여져 있는 것은 아니기 때문에 과연 객관적으로 측정할 수 있는 것인가라는 의문이 제기된다.

수많은 이가 한데 모여 또는 공간적으로 떨어져 있더라도 네트워크를 이루어 생산한 결과물에 그중 한 명이나 일부가 기여한 바가 얼마인지를 어떻게 측정할 수 있는가? 누군가는 자신의 기여를 실제보다 과장해서 주장할 수도 있다. 만약 그가 조직 안에서 권력을 지닌 이라면, 다른 이들은 쉽게 아니라고 말하기 어려울 것이

수많은 이가 한데 모여 또는
공간적으로 떨어져 있더라도 네트워크를
이루어 생산한 결과물에 그중
한 명이나 일부가 기여한 바가 얼마인지를
어떻게 측정할 수 있는가?

다. 바꿔 말하면 권력이 없는 이들은 자신의 기여를 제대로 주장하기 어렵다는 뜻이기도 하다. 언제나 힘 있는 자의 말은 위에서 아래로 흐르고, 힘없는 이의 말은 갈 길을 찾지 못하고 허공으로 흩어지는 법이다.

기술변화의 성격에 관해서도 다시 한 번 생각해볼 필요가 있다. 한계생산성이론을 순수한 형태로 적용할 수 있는 가장 단순한 상황은 똑같은 기계를 하나씩 추가하는 것이다. 예를 들어 노동자 10명이 컴퓨터 1대를 이용하다가 똑같은 사양의 컴퓨터를 둘, 셋, 넷 하는 식으로 늘려가면, 컴퓨터 하나를 추가할 때의 생산량, 즉 컴퓨터의 한계생산성을 쉽게 측정할 수 있다. 예의 맨손으로 종이학 접기와 별반 다르지 않다.

그러나 대부분의 기술진보는 기존의 컴퓨터를 성능이 높은 새로운 컴퓨터로 교체한다든가, 아니면 아예 다른 방식의 기계를 도입한다든가 하는 식으로 이루어진다. 그렇다면 한계생산성이론을 적용하기 위해서는 자본논쟁이 제기했던 자본량을 측정하는 문제를 피해 갈 도리가 없는 것이다.

이러한 문제를 일단 제쳐두더라도, 한계생산성이론이 갖는 조화로운 이미지를 완결 짓기 위해서는 해결해야 할 중요한 문제가 하나 있다. 생산에 참가한 모든 사람이 자신이 기여한 만큼 대가를 가져갔을 때, 생산물이 남거나 모자라지는 않을까라는 물음에 "그렇지 않다!"고 답할 수 있어야 한다는 것이다.

만약 생산물이 모자란다면 누군가는 기여한 것 이상으로 가져갔다는 뜻일 테고, 바꿔 말하면 다른 누군가는 자신의 몫만큼 가져가지 못했다는 뜻이기도 하다. 반대로 모두들 자신이 기여한 만큼 가져갔는데도 생산물이 남았다면 행복할까? 명확하게 내 것도 아니지만 그렇다고 다른 누구의 것도 아닌 재물이 머리 위로 떨어질 때 사람들은 오히려 불행해진다. 아니 행불행을 떠나 남은 재물을 누가 가져가야 할지를 놓고 다투게 된다. 문제는 그 다툼을 마무리지을 수 있는 객관적인 기준이 없다는 사실이다.

클라크가 또 다른 경제학자 윅스티드[Philip Wicksteed*]와 함께 해명하고자 했던 문제가 바로 이것이다. 클라크는 1899년에 출간한 『부의 분배』[The Distribution of Wealth]라는 책에서 자유로운 경쟁하에서는 "노동에게는 노동이 만든 것, 자본에게는 자본이 만든 것 그리고 기업가에게는 조정 기능[coordination function]이 만든 것이 주어진다"고 썼다. 두 경제학자의 이름이 나란히 붙은 클라크-윅스티드 정리는 "각 생산요소가 한계생산물만큼 분배받을 때, 생산물은 남거나 모자람 없이 소진되는가"라는 이른바 완전배분 문제[exhaustion problem]를 다룬다.

완전배분 문제의 결론은 "특정한 조건하에서만 그렇다"는 것이다. 그 특정한 조건 중 하나는 시장이 독점이나 과점처럼 경쟁을

---

* 윅스티드는 영국의 유니테리언 교회 목사이자 고전문학 연구자였다. 35세 무렵부터 개인적으로 수학 가정교사까지 고용하면서 경제학을 공부하기 시작했다. 1884년에는 한계효용이론에 입각해 마르크스의 『자본론』을 비판하는 학술논문을 쓰기도 했다. 윅스티드가 경제학에 관심을 갖게 된 것은 조지(Henry George)의 『진보와 빈곤』(Progress and Poverty, 1879)을 접하면서부터였다고 한다(井上, 2014, 385~386쪽). 토지공개념을 강조한 조지의 책은 당시 젊은이들에게 많은 영향을 주었다고 하는데, 클라크가 주요 논적으로 삼았던 것도 조지였다는 점에서 퍽 흥미롭다.

제한하는 상태가 아니어야 한다는 것이다. 그리고 다른 하나는 생산함수가 1차 동차여야 한다는 것이다. '1차 동차'라는 것은 생산요소의 양을 늘릴 때 생산량도 정확히 그 배수만큼 늘어나는 성질이다. 즉, 노동(L)과 자본(K)의 양을 똑같이 두 배 늘린다면, 생산량도 정확하게 두 배 늘어나야 한다. 노동자 2명이 기계 2대로 책상을 2개 만들었다면, 생산규모를 두 배 늘려 노동자 4명이 기계 4대를 가지고 일하면 책상은 더도 덜도 아닌 4개를 생산해야 한다. 즉, $L = 2$, $K = 2$일 때 $Q = 2$라면 $L = 4$, $K = 4$일 때는 $Q = 4$인 것이다.

클라크-윅스티드 정리의 의미를 직관적으로 설명해보자. 우선 컴퓨터를 만드는 공장에서 일정량의 자본을 투자한 자본소유자와 10명의 노동자가 생산물인 컴퓨터 100대를 각각 50대씩 배분받았다고 해보자. 그리고 이러한 배분은 한계생산성이론에 딱 맞게 이루어져 각각의 생산요소가 컴퓨터 생산에 기여한 만큼 가져간 것이라 해보자. 실은 기여 자체를 객관적으로 측정할 수 없다고 한계생산성이론을 근본적으로 비판하는 견지에서 보면, 이것조차 확실한 얘기는 아님에 주의하자! 어쨌거나 자본량도 두 배로 늘리고 노동자의 고용도 두 배인 20명으로 늘렸을 때 컴퓨터의 생산량이 정확하게 두 배 늘어난다면, 바로 생산함수가 1차 동차인 경우가 된다. 이 경우에는 추가로 늘어난 자본의 소유자도 추가로 고용된 노동자도 늘어난 생산물, 즉 컴퓨터를 예전의 비율대로 100대씩 가져가면 될 것이다.

그런데 만약 컴퓨터를 두 배보다 더 많은 250대 생산한다면 어떻게 배분할 것인가? 또는 반대로 컴퓨터를 두 배에 못 미치는

150대 생산한다면 어떻게 배분할 것인가? 기존의 방식대로 가져가면 컴퓨터가 남거나 모자라게 된다. 그러므로 애초에 한계생산성이론에 따라 분배했다 해도, 그것을 그대로 유지하려면 생산함수가 1차 동차이지 않으면 안 된다.

얼핏 생각하면 생산함수가 당연히 1차 동차일 듯도 하지만 반드시 그런 것은 아니다. 노동자 한 명이 가위 하나를 들고 종이학을 접고 있는 그 옆에 비슷한 실력을 지닌 다른 노동자가 가위 하나를 들고 와서 앉아 묵묵히 자신의 일을 하는 단순한 경우라면 1차 동차가 될 것이다. 그런데 현실적으로는 생산규모가 커지면서 협력의 이익 때문에 생산량이 더 큰 비율로 늘 수도 있고, 반대로 관리나 조직의 문제 때문에 생산량이 많이 늘지 않을 수도 있다. 물론이때도 생산이 1차 동차로 이루어지느냐 아니냐가 결정적인 문제라기보다는 한계생산성이론이 논리적으로 앞뒤가 들어맞기 위해서는 일정한 조건이 필요하다는 점이 중요하다. 현실에서는 한계생산성이론이 들어맞지 않을 수 있는 또 하나의 논리적 난관이 존재하는 것이다.

실증적 명제인가 규범적 명제인가

실증적 명제란 현실의 상태를 객관적으로 묘사하는 것을 말한다. 한편 규범적 명제는 마땅히 그러해야 하는 상태를 가리킨다. 전자가 '이러이러하다'는 의미라면 후자는 '이러이러해야 한다'는 의미다. 그래서 각각을 흔히 독일어의 'sein'(영어로는 be)과 'sollen'(영어로는 shall)이라는 단어로 상징하기도 한다. 지구가 하루에 한 번 도는 것은 'sein'의 영역이지 'sollen'의 영역은 아니다. 지구가 하루에 한 번 돌아야 마땅한 이유가 있진 않기 때문이다. 이처럼 'sollen'의 영역에는 관찰자의 가치판단이 들어가는 반면, 'sein'의 영역에는 가치판단이 개재할 여지가 없다.

그렇다면 한계생산성이론은 실증적 명제일까 규범적 명제일까? 자본주의 시장경제에서 각자가 생산에 기여한 만큼 가져간다는 객관적 현실을 설명하는 이론이라면 그것은 실증적 명제다. 그렇지만 클라크-윅스티드 정리에서처럼 특정한 조건하에서만 성립한다거나, 현실에서는 자유로운 경쟁이 보장되지 않는 독과점 등의 문제가 존재한다는 점을 상기하면, 한계생산성이론은 규범적 명제인 듯도 하다.

실제로 대부분 경제학자의 머릿속에서도 비슷한 일이 일어난다. 학생 시절에 생산요소의 가격은 그 한계생산성에 따라 결정된다는 이론을 배우고 난 뒤, 전문적인 경제학자가 되고 나서는 각자의 세부 전공영역에서 매우 좁고도 복잡한 기술적 문제에 매달리는 것이 보통이다. 그러므로 모든 주류경제학자가 한계생산성이론을 실증적 명제로 생각하는지 아니면 규범적 명제로 생각하는지조차 분명하지 않다.

여전히 경제학 교과서에서 소비자의 결정(사과 하나를 더 먹을지 배 하나를 더 먹을지)은 각자의 주관적 만족도를 나타내는 효용함수에서 논리적으로 도출되는 행동으로 설명한다. 효용함수의 최댓값을 정확하게 찾아내는 미분기계로서의 소비자(함수의 최댓값을 찾아내기 위해서는 미분을 할 줄 알아야 한다!), 그것이 바로 경제학에서 말하는 '호모 이코노미쿠스'Homo Economicus다.

새뮤얼슨은 이미 20세기 전반에, 신고전학파 경제학에서 말하는 효용함수가 존재하지 않더라도 시장에서 관찰되는 소비자들의 행동이 일정한 논리만 충족한다면 마치 효용함수가 있어서 그에 기초해 행동하는 것처럼 설명할 수 있다는 이론을 제시했다. 이른바 현시선호이론顯示選好理論, theory of revealed preference이다. 그렇다면 한계생산성이론에 대해서도 똑같이 말할 수 있는 것일까? 굳이 한계생산성을 정확하게 재지 않더라도, 사람들이 한계생산성이론에 따라 행동하는 것처럼 설명하면 되는 것일까?

신고전학파의 교과서 체계를 완성했다고 할 수 있는 마셜이 『경제학원리』에서 한계생산성이론을 묘사하는 방법도 이런 것이었다. 오스트리아 출신의 경제학자 매클럽Fritz Machlup은 더 과감하게 "클라크가 한계생산성에 관해 한 말은 다 잊어라!"라고까지 말한다. 한계생산성이론의 창시자들이 무엇을 의도했건 간에 이미 그것은 생산요소의 가격을 결정하는 이론이 아니라는 것이다.

한계생산성이론이 말하는 바는 그저 이윤극대화를 추구하는 기업가라면 생산요소의 가격과 한계생산성이 일치하지 않도록 기술을 선택해서는 목적을 달성할 수 없다는 것일 따름이다. 물론 이러한 설명은 동어반복 또는 순환논법의 혐의를 벗기 어렵다. 기업가는 이윤극대화를 위해서는 한계생산성이론에 맞게 행동해야 한다. 왜냐하면 한계생산성이론을 따르지 않으면 이윤극대화에 실패하기 때문이다! 이는 동어반복이다. 노동의 한계생산성이 임금을 결정하는 것이 아니라 거꾸로 임금이 노동의 한계생산성을 결정한다! 이번에는 순환논법이다.

매클럽의 말은 마치 의회에서 '신의 존재를 믿느냐'는, 정치적으로 미묘해 답하기 어려운 질문을 받자 자신은 신이 존재한다고 믿는 것처럼 산다고 대답했다는 어느 이스라엘 총리의 일화를 연상하게 만든다. "나는 그렇게 믿는다"고 말했던 퍼거슨이 신의 존재를 믿었다면, 매클럽은 존재한다고 믿는 것처럼 행동한 셈이다. 그런데 매클럽처럼 생각하면, 한계생산성이론은 또 다른 의미에서 규범적 명제가 되는 것은 아닐까? 즉, 분배가 능력주의 원칙에 따라 이루어져야 한다는 의미에서 규범이 아니라, 이윤극대화를 추구하는 기업가라면 한계생산성이론에 따라 움직일 수밖에 없다는 의미에서 규범인 것이다.

능력주의와 민주주의 그리고 이데올로기

능력주의가 민주주의의 필요조건인 까닭은 능력주의 원칙이 심각하게 무너질 때 힘 있는 이가 힘없는 이의 의사를 무시하고 자신의 이익을 위해 사회를 움직여나갈 수 있기 때문이다. 더 근본적으로는 대다수의 사회 구성원이 사회에서 능력주의의 원칙이 관철되지 않는다고 생각하는 순간 사회체제 그 자체가 유지되기 어려워진다. 마치 노예가 노예됨을 받아들이지 않는 순간 더없이 단단해 보이던 노예제 사회가 균열을 일으키게 되는 것과도 같다.

한계생산성이론이 하나의 이데올로기로서 성립하는 것은 그 의도야 어쨌건 간에 궁극적으로는 자유로운 시장에서의 분배를 정당화하는 역할을 하기 때문이다. 더 중요하게는 한계생산성에 따른 분배가 인간의 의지나 힘과 무관한 기술적인 과정으로 이루어지는 자연적 법칙이 되기 때문이다.

그러므로 한계생산성이론으로 정확하게 소득분배를 설명할 수 없다 하더라도 그것을 하나의 행동원리로 받아들이면서 분배 문제를 물음의 대상에서 제외하는 태도는 결국엔 기존의 체제에서 이루어지는 분배상태를 사후적으로 정당화하는 기능을 갖는다. 소득분배가 마땅히 자연적 법칙에 따라 결정된다고 보는 것, 말하자면 한계생산성이론을 규범적 의미로 이해하는 태도야 두말할 나위도 없을 것이다.

피케티가 부자들은 경제학자마저도 살 수 있다고 말한 지점, 로빈슨이 한계생산성이론의 등장에는 기술적이고 지적인 이유뿐만 아니라 해묵은 정치적 이유도 있다고 말한 지점이 바로 여기다. 객관성·중립성을 표방하면서 실상은 지배계급의 이익을 옹호한다는 의미에서 알튀세르Louis Althusser가 '이데올로기적 국가장치'ideological state apparatus라 부른 개념도 비슷한 역할을 한다. 능력주의가 민주주의의 필요조건이면서 때에 따라서는 현실을 합리화하는 이데올로기가 될 수도 있는 아슬아슬함이 바로 여기에 있다. 분배이론으로서의 한계생산성이론도 이와 같은 아슬아슬함 위에 서 있다.

자본논쟁을 넘어

이질적인 자본재들을 집계해 하나의 양으로 나타낼 수 없다는 것을 자본논쟁이 증명했다면, 자본을 K라는 하나의 변수로 표현하는 방식은 완전히 포기해야 할까? 물론 이질적 자본재 하나하나를 모두 다른 자본으로 보아, 수학적으로 말하자면 실수real number가 아니라 벡터로 나타내는 방법도 생각해볼 수 있다. 예를 들어 공작기계 한 대와 컴퓨터 한 대를 무리하게 합치려 할 것이 아니라 (공작기계 1, 컴퓨터 1)처럼 나타내는 것이다.

실제로 왈라스가 생각한 자본의 개념도 이에 가까웠다. 공작기계에서 흘러나오는 자본서비스, 컴퓨터에서 흘러나오는 자본서비스 하는 식으로 본 것이다. 물론 이 경우 고전학파적인 이윤율 개념, 즉 생산에 선대*한 상품 스톡 전체에 대한 수익의 비율이라는 개념은 더 이상 적용할 수 없다.

그런데 장기간에 걸친 경제 전체의 성장을 생각하는 경우 어떤 식으로든 집계적 자본(K), 전체 노동(L), 둘 사이의 비율$\left(\dfrac{K}{L}\right)$ 등에 관해 얘기하지 않을 수 없다. 로빈슨조차 『자본축적론』에서 '실질자본비율'real-capital ratio이라는 개념을 이용해 생산수단으로 사용하는 자본과 노동 사이의 비율을 자본축적과 경제성장 과정을 설명하는 데 이용했다.**

분배가 어떻게 결정된다고 설명하건 간에, 진지한 경제학자라면 인구증가와 기술진보 등에 따라 경제가 성장하면서 어떻게 변화해가는가라는 장기 동학의 문제를 다룰 수밖에 없다. 자본을 측정하는 문제를 어떻게 처리하면서 장기적인 분배와 성장에 관한 이론을 구축할 것인가는 경제학의 중요한 과제가 된다.

---

* 생산이 끝난 뒤에 생산물을 팔아서 투자비용을 충당하고도 남는 것이 이윤이다. 투자를 하는 시점에서 보면 이윤은 미래에 발생한다. 그러므로 미리 지불한다는 의미에서 선대(先貸, advance)라는 표현을 사용한다. 마르크스는 노동자에게 지불하는 임금조차도 자본으로서 선대하는 것이라 보았다.

** 이 비율은 스라파의 '날짜 붙은 노동'처럼 생산수단인 자본에 투입한 과거의 노동을 복리로 계산함으로써 전체 크기를 측정한다. 물론 신고전학파적인 한계생산성이론이나 생산요소 사이의 매끄러운 대체가능성을 전제로 하지는 않는다.

자본은 물物이 아니라 사회관계다
마르크스의 착취이론

　마르크스는 1867년에 출간한 『자본론』*Das Kapital* 제1권*의 부제를 '정치경제학비판'이라 붙였다. 여기에서 정치경제학은 당대의 지배적인 경제학, 즉 고전학파의 경제이론을 가리킨다. 마르크스는 고전학파 경제학에 대해 단호하게 비판적인 견지를 취했지만, 이후의 신고전학파와 비교하면 적어도 고전학파적 전통의 연장선상에 놓여 있었다. 스라파나 로빈슨이 마르크스에 친화적인 태도를 보이는 것도 그 때문이다. 고전학파적 전통의 핵심은 잉여접근법surplus approach이다. 경제체제의 재생산, 잉여의 분배를 둘러싼 계급 간 대립과 갈등, 그에 따른 기술변화와 경제성장 등을 중요하게 생각하는 것이다.

———

* 마르크스는 원래 『자본론』을 총 네 권으로 쓰려 계획했으나, 생전에는 제1권만 출간할 수 있었다. 그가 남긴 방대한 양의 원고는 친구인 엥겔스(Friedrich Engels)가 정리해 1885년에 제2권, 1894년에 제3권을 출간한다. 원래 마르크스가 제4권으로 기획한 것은 경제학설의 역사에 관한 내용이었는데, 20세기 초 독일의 사회주의자인 카우츠키(Karl Kautsky)가 『잉여가치학설사』(*Theorien über den Mehrwert*) 세 권으로 정리한다.

'우울한 과학'의 합리적 핵심도 여기에 있다. 마르크스에게 자본은 물物이 아니라 사회적 관계였다. 단순히 일정 규모를 넘는 돈이 모여 있다고 해서 자본은 아닌 것이다. 자본은 '과정 중에 있는 가치'value in process 또는 '스스로를 증식하는 가치'로서, 그가 즐겨 쓰는 비유를 들면, 피를 빨아먹는 흡혈귀처럼 살아 있는 노동과의 관계를 통해서만 가치증식이라는 생명력을 부여받는다. 이로써 이윤은 자본가계급이 노동자계급을 착취exploitation한 것임을 논증하는 일이 『자본론』, 특히 제1권의 중요한 과제가 된다.

이윤은 착취다: 노동력과 노동

그렇다면 마르크스는 왜 그리고 어떤 방식으로 이윤이 착취라고 논증할까? 물론 이 '논증'이 정말로 누구나 설득당할 수 있는 논증이었다면 경제학의 역사, 적어도 이윤이론의 역사는 마르크스에게서 끝났을 것이다. 그렇지만 다시금 경제학이 그 밑바닥에서는 가치판단을 배제할 수 없다는 것, 심지어는 개인적 철학이나 신념의 문제로 귀착된다는 것을 생각하면, 마르크스의 논증으로 경제학이 마무리되지 않았으리라고 당연히 짐작할 수 있다.

어쨌거나 마르크스 이론의 핵심적인 절차는 노동력labor power과 노동labor을 구분하는 것이었다. 말장난 같지만, 어렵고 복잡한 철학적 논의로 악명 높은 프랑스의 마르크스주의자 알튀세르도 이것이야말로 마르크스와 리카도를 단절시키는 질적인 특징이라고까지 주장한 바 있다.

노동력은 노동자가 일할 수 있는 육체적·정신적 능력을 가리키고, 노동은 그 노동력을 지출하는 행위를 가리킨다. 시장에서 상품으로 거래되는 것은 노동이 아니라 노동력이다. 바로 여기에 노예제 사회와 자본주의 사회의 다른 점이 있다. 노예는 주인의 소유물이고 '말하는 생산도구'에 지나지 않지만, 노동자는 적어도 고용계약을 맺는 순간에는 자본가를 상대로 거래하는 어엿한 계약당사자인 것이다.

마르크스는 착취를 논증하기 위해 고용계약 단계에서는 사기나 협박, 횡령 등이 존재하지 않는다고 보았다. 노동력은 정상적인 가격을 모두 지불받고 고용되는 것이다. 정상적인 가격은 노동력이라는 상품을 유지하는 데 드는 비용을 의미한다. 임금이 '그때그때 한 일의 대가'가 아니라 노동자의 생활비라는 생각은 고전학파 경제학자들이 공유한 것이었다. 차이가 있다면, 마르크스는 그것을 노동력의 가치라는 개념을 통해 명확하게 표현했다는 사실이다.

마르크스는 리카도를 계승해 상품의 가격은 궁극적으로는 그 상품을 생산하는 데 사회적으로 필요한 노동량, 즉 노동가치에 따라 결정된다는 이론을 주장했다. 노동력도 상품이므로 그 가격인 임금도 노동력을 생산하는 데 사회적으로 필요한 노동량에 따라 결정되어야 한다.

그런데 노동력은 그 소유자인 인간, 즉 노동자와 분리할 수 없기 때문에, 노동력의 생산이라는 개념은 노동력의 유지(또는 재생산)라는 개념으로 바뀐다. 노동자가 먹고살면서 자신이 일할 수 있는 능력을 유지하기 위해서는 여러 가지 상품을 구입해야 한다. 이 상품 바구니의 가치를 계산하면, 그것이 바로 노동력의 가치라는 논리다.

노동자가 소비하는 상품 바구니 안에는 항상 일정한 양과 종류의 상품만 들어 있진 않다. 마르크스는 이 상품 바구니가 "역사적·도덕적moral 요인"의 영향을 받는다고 말함으로써 조잡한 형태의 임금생존비설에서 벗어나고자 했다. '도덕적'이라는 번역어는 오해를 불러일으킬 소지가 있다. 사회가 발전하고 경제가 성장하면서 노동자들이 먹고사는 데 필요하다고 간주되는 상품의 종류도 많아지고 양도 늘어난다는 의미로 이해하면 된다. 예를 들어 1970년대 한국의 노동자에게 자동차는 필수적인 소비라고 보기 어려웠지만 지금은 그렇지 않다. 물론 경제가 성장한다고 해서 저절로 그렇게 되는 것은 아니다. 노동자뿐만 아니라 사회 전체의 의식이 변해야 한다는 의미에서 '도덕적'이라는 말을 쓰는 것이다.

문제는 그다음부터다. 착취는 '관계자 외 출입금지'라 써 붙여진 생산의 장소에서 일어난다. 노동력의 가치가 4시간이라고 해서 노동자가 딱 4시간만 일하고 마는 것은 아니다. 자본가의 지휘·통제 아래에서 일하는 노동자는 5시간을 일할 수도, 6시간을 일할 수도 있다. 4시간을 넘어서는 차이에 해당하는 생산물은 자본가의 몫이 된다. 그것이 자본주의 시장경제의 원칙이다. 착취라는 무시무시한 단어를 쓴다고 해서, 마치 으슥한 골목길에서 복면강도가 흉기를 들이대고 뭔가를 빼앗아가는 이미지를 떠올리면 곤란하다.

여기에서 다시 스톡과 플로의 구분을 기억해낼 필요가 있다. 댐의 크기와 수문에 관한 비유를 떠올려도 좋다. 노동력은 노동자가 몸에 지니고 있는 스톡이다. 이 스톡을 통째로 떼서 팔 수 있으면 좋으련만 그것은 불가능하다. 결국 노동력을 판매한, 즉 취업한 노동자는 매일 아침 자본가가 지정하는 장소에 출근해 시키는 일을 해야 한다. 이때 노동이 플로로 흘러나온다.

노동력이라는 스톡에서 노동이라는
플로를 얼마나 많이 끌어낼 수 있는가,
이를 둘러싼 자본가와 노동자의 대립이
이윤이 얼마나 생기는가를 결정한다.

기계와의 차이는 무엇일까? 기계는 수명이 5년이라면, 평균적으로 5년 사용한 뒤에는 새것으로 바꾸어야 한다. 그러나 노동자는 다르다. 6시간 일할 것을 8시간 일한다고 해서 스톡으로 가지고 있는 노동력이 닳아서 없어지지는 않는다. 그러므로 스톡과 플로 사이에 기계적인 비례관계는 성립하지 않게 된다. 댐에 가득 찬 물이 수문 밖으로 다 흘러나오면 댐이 말라버리는 것이 아니다.

이윤이 착취라는 마르크스의 명제 또는 그 논증의 핵심은 바로 여기에 있다. 노동력이라는 스톡에서 노동이라는 플로를 얼마나 많이 끌어낼 수 있는가, 이를 둘러싼 자본가와 노동자의 대립이 이윤이 얼마나 생기는가를 결정한다. 그러므로 객관적 논증이라는 모양새를 취하고 있어도, 마르크스에게 분배란 결국 계급투쟁, 좀 더 온건하게 표현하면 협상력의 산물이다. 『자본론』제1권에서 그는 다음과 같이 말한다.

> 따라서 여기에는 하나의 이율배반이 일어나고 있다. 즉, 쌍방이 모두 동등하게 상품교환의 법칙에 의하여 보증되고 있는 권리와 권리가 서로 대립하고 있다. 동등한 권리와 권리가 서로 맞서 있을 때는 힘이 문제를 해결한다.*

노동력의 가치 그 자체가 계급 대립의 산물이다. 바로 "역사적·도덕적 요인"이다. 그다음으로 노동력 가치를 넘어서서 생산하는가 여부 또한 과연 자본가가 노동자를 더 일하도록 만드는 힘이 있

---

* 칼 마르크스, 김수행 옮김, 『자본론』제1권, 비봉출판사, 1990, 298쪽.

는가에 따라 결정된다. 채플린의 영화 「모던 타임즈」의 고전적인 장면들이 그것을 잘 보여준다. 노동자의 작업 시간과 속도를 어떻게 통제하는가는 자본주의하에서 대부분의 기술혁신을 좌우한 동기였다고 해도 과언은 아니다. 그러므로 마르크스의 분배이론은 한계생산성이론과는 달리 기술적이고 공학적인 과정으로 결정되지 않는다. 이렇게 보면 스라파도 마르크스와 같은 편에 서게 된다.

아주 도식적으로 말하자면, 한계생산성이론은 생산함수라고 부르는 기술적인 과정으로 분배가 결정되어버리지만 마르크스의 이론에서는 노동자와 자본가의 계급적 대립, 말하자면 사람들 사이의 힘 관계로 분배가 결정된다. 분배되는 몫의 크기에 어떤 정해진 법칙이란 없는 것이다!

물론 고전학파 경제학에서는 노동자의 임금이 생계비 수준에서 고정된다고 본다. 맬서스의 인구법칙에 따라 인구가 어느 수준 이상으로 증가하면 노동자들 사이의 경쟁 때문에 임금이 떨어진다고 생각하기 때문이다. 마르크스는 맬서스의 인구법칙을 강하게 비판했지만, 다른 이유에서 노동자의 임금이 그리 많이 오를 것으로 생각하지는 않았다. 노동력 가치라는 개념을 말하지만, 노동자가 노동력 가치만큼 받아야 마땅하다는 얘기는 아니다. 마르크스의 의도는 오히려 노동자가 노동력 가치에 해당하는 임금을 받는데도 착취가 발생한다는 것을 보이는 데 있었다.

관리자의 이윤극대화 노동: 조직이 착취한다?

마르크스의 이윤이론, 즉 착취이론은 다른 각도에서 설명할 수도 있다. 실제로 마르크스가 『자본론』의 다른 곳에서 설명하고 있는 방식이기도 하다. 마르크스는 흔히 오해하는 것과는 달리 이미 젊은 시절 엥겔스와 함께 쓴 「공산당 선언」에서부터 자본주의 사회가 가져온 비약적인 생산력 증가를 강조했다. 분업에 기초한 협업으로 사회 전체의 생산력이 엄청나게 증가한다는 것은 일찍이 스미스가 『국부론』의 서두를 핀 공장의 분업에 관한 에피소드로 시작하면서 지적한 바 있다.

그런데 마르크스에 따르면 자본주의 사회에서는 마치 자본의 효과 때문에 사회 전체의 생산력이 증대되는 것처럼 나타난다. 자본가는 생산수단을 마련하고 노동자를 불러 모아 생산 과정을 조직한다. 예를 들어 별다른 분업을 하지 않더라도 노동자들이 따로따로 일하지 않고 그저 한군데 모여 일하는 것만으로도 생산량이 늘어난다. 마르크스는 그 이유 중 하나로 노동자들의 '경쟁적인 혈기'가 효율성을 높인다는 점을 들었다. 물론 분업을 체계적으로 조직하면 생산량은 더욱 증대될 것이다.

그렇다면 그렇게 증대된 생산량은 누구의 것이 될까? 자본주의 사회에서 생산물을 처분하는 권한은 자본가에게 주어져 있다. 자본가는 노동자들이 모여 일할 수 있도록 판을 벌여놓았으니 추가로 생산된 생산물에 대해 권리를 주장하는 것을 당연하게 받아들인다. 마르크스는 이를 "사회적 생산력의 자본의 생산력으로의 전환"이라 불렀다. 이때 '전환'이란 실제로 그렇게 바뀐다는 뜻이 아니라 사람들의 머릿속에서 일어나는 생각의 전환, 즉 그것을 당연하게 여기게 되는 것을 가리킨다. 사회 전체, 즉 노동자 전체가 생산한 것인데도 마치 자본이 잉여를 낳는 어떤 신비한 힘을 가지고 있는 듯이 생각하는 것이다.

마르크스가 자본가가 생산에 기여한 바가 전혀 없다고 주장하는 것은 아니다. 마르크스는 마치 오케스트라의 지휘자처럼 모든 사회적 생산에는 조직과 지휘의 역할이 반드시 필요하며 생산적이라고까지 주장한다. 그러나 계급 적대에 기초한 사회에서는 이러한 생산적인 역할에 비해 지휘·감독 노동이 차지하는 비중이 더 커진다고 덧붙인다.

정리해보면, 노동자들이 협력하기 때문에 생산량은 늘어난다. 자본가도 지휘나 감독 등을 통해 일정 부분 기여한다. 그렇지만 자본가는 자신의 생산적 기여를 넘어서는 부분도 가져가는데 그것이 바로 착취가 된다. 한계생산성이론을 극단적인 형태로 주장했던 클라크와 비교해본다면, 기업가에게는 조정 역할이 만들어낸 것을 초과하는 몫이 돌아가며 바로 그 부분이 마르크스가 말하는 '착취'인 것이다.

이렇게 보면 뜻밖에도 마르크스 착취이론과 한계생산성이론의 차이는 자본가나 기업가가 생산에 기여한 만큼만 가져가느냐 그렇지 않느냐라는 간단한 문제로 귀착된다. 마르크스가 이윤이 착취라고 주장하는 근거는 결국 자본가가 가지고 있는 힘 때문에 기여한 것보다 더 많이 가져갈 수 있으며, 자본주의 사회에서는 그것을 당연하게 받아들인다는 데 있다.

여기에서 프랑스의 마르크스 경제학자인 뒤메닐Gérard Duménil과 레비Dominique Lévy가 주장하는 관리직 가설을 살펴보자. 이들은 자본가계급과 노동자계급이라는 마르크스주의의 전통적인 계급 구분에 포함되지 않는 제3의 계급으로 관리자cadre 계급을 설정한다. 관리자는 "구상과 결정의 직무를 수행하는 임금소득자 중 상위 분파"로 정의된다. 한국식으로 번안하자면 재벌 그룹의 고위 경영자(단 오너나 그 가족은 아니다! 그들은 원래부터 자본의 소유자이기 때문이다)나 고위 경제관료, 어쩌면 이른바 엘리트 경제학자까지도 합친 개념이다.

관리직은 이윤극대화 노동을 수행하고 그 대가로 자본에게서 막대한 보수를 얻는다. 뒤메닐과 레비에 따르면 제2차 세계대전 이후 이른바 케인스주의적 타협은 관리직 상층과 민중이 결합한 좌파 버전의 관리자본주의였던 반면, 신자유주의는 관리직 상층과 자본가가 결합한 우파 버전의 관리자본주의다. 이들은 심지어 소련 같은 사회주의 사회도 국가기구의 관료와 엘리트가 지배하는 관리자본주의의 한 형태였던 것으로 이해한다.

관리직 상층은 피케티가 말하는 슈퍼매니저에 해당한다. 미국식 능력주의, 이른바 아메리칸드림의 표현이라고도 할 수 있는 슈퍼매니저 현상은 한국에서는 이를테면 수십억 원의 연봉을 받으면서 때로는 재벌 오너의 권리를 지키기 위해 어떤 개인적 희생도 마다하지 않는 '전문경영인'의 모습으로 바뀌어 나타난다. 비록 맥락은 다르지만 관리직 상층과 자본가의 정치적 동맹이 무엇을 의미하는지 짐작해볼 수 있을 것이다.

슈퍼매니저의 소득을 과연 한계생산성이론으로 설명할 수 있는가라는 피케티의 의문은 이렇게 마르크스주의적 견지에서는 사회적 생산력의 자본의 생산력으로의 전환 그리고 그 몫 나눠주기라는 착취의 문제로 이해되고 있는 것이다. 말하자면 슈퍼매니저가 천문학적 소득을 얻는 것은 그만큼 생산에 기여했기 때문이 아니다. 그들이 가지고 있는 힘 때문에 더 많이 가져가는 것에 지나지 않는다. 그 힘을 협상력이라고 표현하건 계급투쟁이라고 표현하건 간에 본질은 변하지 않는 것이다.

새뮤얼슨 : 로빈슨 = 마르크스 : 새뮤얼슨?

마르크스는 자본을 측정하는 문제를 어떻게 처리했을까? 물론 19세기를 살았던 마르크스로서는 당연히 알지 못한 자본논쟁에 대한 답변을 마르크스에게서 찾아낼 수는 없는 노릇이다. 그렇지만 애초에 스라파가 『상품에 의한 상품생산』을 쓴 것도 리카도가 평생에 걸쳐 몰두했던 '불변의 가치척도'invariable measure of value*를 나름의 방식으로 제시하는 것이었고, 마르크스 또한 리카도의 문제를 자신이 해결했다고 믿었기 때문에 이 문제는 어찌 보면 경제학의 역사 전체를 관통하고 있다.

마르크스는 리카도가 제시한 노동가치론을 수정해 체계화했다. 노동가치론에 따르면, 어떤 상품의 가치는 그 상품을 생산하는 데 사회적으로 필요한 노동량에 따라 결정된다. 예를 들어 노동자가 일정량의 철판을 가지고 10시간 동안 일하면 자동차 한 대를 만들 수 있다고 하자. 일단 노동자의 노동 10시간은 자동차의 가치를 구성하는 것으로 계산된다. 철판은 지금 당장은 아니지만, 그 이전에 누군가의 노동으로 만들어졌을 것이다. 그러므로 일정량의 철판을 만드는 데 필요한 노동량을 계산해서 자동차의 가치에 합쳐야 한다. 철판은 철강으로 만들어야 하니, 철강 만드는 데 들어가는 노

---

* 리카도는 상품의 가치를 측정하기 위해서는 스스로는 절대로 크
  기가 변하지 않는 객관적인 척도가 있어야 한다고 생각했다. 이것
  이 불변의 가치척도라는 유명한 개념이다.

동량도 계산해야 할 것이다. 이런 식으로 소급해서 들어가면, 자동차를 만드는 데 사회적으로 필요한 노동량은 다음과 같이 계산할 수 있다.

자동차 ← 철판+자동차 만드는 노동 ← (철강+철판 만드는 노동)+자동차 만드는 노동 ← (철+철강 만드는 노동)+철판 만드는 노동+자동차 만드는 노동 ← ……

이 예는 앞서 스라파의 '상품에 의한 상품생산'에서도 나온 것이다. 가장 중요한 차이는 스라파의 '날짜 붙은 노동'과 달리, 마르크스는 모든 노동을 현재의 시점에서 평가한 다음 이자율 계산 없이 곧바로 더해주고 있다는 점이다. 즉, 실제로 철판이나 철강을 만드는 데 노동이 얼마나 들어갔는가가 아니라 지금 이 순간부터 철판과 철강을 만들려면 얼마의 노동이 필요한가를 계산해주는 것이다. 마르크스가 이렇게 한 까닭은 현재의 기술 수준을 반영하기 위해서다. 만약 철판 만드는 기술이 빠른 속도로 발전했다면, 과거에는 10시간의 노동이 필요하던 것이 현재는 5시간밖에 필요하지 않게 된다. 이때 철판의 가치는 10시간이 아니라 5시간으로 계산해야 한다는 것이 마르크스의 생각이다.

마르크스는 생산요소로 사용하는 자본과 노동이 서로 결합하는 비율을 '자본의 유기적 구성'organic composition of capital*이라 불렀다.

---

* 마르크스는 '자본의 기술적 구성'(technical composition of capital)이라는 개념도 사용했다. 신고전학파의 생산함수에서처럼 노동과 자본을 물량으로 파악해서 비교하는 것인데, 이 개념만으

마르크스는 노동자가
노동력 가치를 넘어서 노동하게 되고
자본가가 그 부분을 착취한다고 생각했다.
바로 그 부분이 잉여가치가 된다.

그런데 그는 노동력만이 스톡과 플로 사이에 일정한 비례관계가 성립하지 않는다고 보았다. 노동력은 상황에 따라 더 많은 노동으로 지출될 수도 있고 더 적은 노동으로 지출될 수도 있다. 똑같은 노동자가 똑같은 임금을 받고 하루에 7시간 일할 수도 있고 8시간 일할 수도 있는 것이다. 또는 시간이 같더라도 쉬엄쉬엄 일할 수도 있고 엄청나게 센 강도로 일할 수도 있다. 자본가로서는 똑같은 임금을 지불하더라도 시킬 수 있는 일의 양이 달라지는 셈이다. 그래서 마르크스는 노동력을 고용하는 데 선대한 자본을 가변자본 variable capital이라 불렀다. 그 크기가 가변적이라는 뜻이다.

마르크스는 노동자가 노동력 가치를 넘어서 노동하게 되고 자본가가 그 부분을 착취한다고 생각했다. 바로 그 부분이 잉여가치 surplus value가 된다. 노동력 가치에 대한 잉여가치의 비율을 잉여가치율 또는 착취율이라 부른다. 이 비율이 크다는 것은 자본가가 노동자에게서 더 많이 빼앗아갔다는 것을 뜻한다. 굳이 마르크스처럼 착취라는 개념을 사용하지 않더라도, 이것은 임금에 대한 이윤의 비율과 대략적으로 일치한다. 즉 잉여가치율이 높을수록 이윤이 임금에 비해 커진다.

반면 기계나 원료 등에 지출한 자본은 크기가 변하지 않는다. 5시간의 가치를 가진 기계라면 무슨 수를 쓰더라도 5시간만큼의 가치만 나올 뿐이다. 그래서 마르크스는 생산수단에 선대한 자본을 불변자본constant capital이라 불렀다.

로는 자본논쟁에서 제기한 자본을 어떻게 측정할 것인가라는 문제를 피해갈 수 없다.

결국 자본의 유기적 구성은 가변자본에 대한 불변자본의 비율을 의미한다. 불변자본을 C, 가변자본을 V라 하면 자본의 유기적 구성은 $\frac{C}{V}$인데, 이것은 말하자면 가격이 아니라 가치로 측정한 $\frac{K}{L}$라고 할 수 있다.

K를 생산에 사용하는 기계의 물리적인 양으로 보는가, 아니면 그 기계가 일정한 기간에 생산 과정에서 제공하는 서비스로 보는가라는 문제가 있기는 하다. 예를 들어 수명이 5년인 기계를 1년 동안 생산에 사용할 때, K를 그 기계 자체로 보는가 아니면 기계의 1년 치 사용분으로 보느냐라는 문제인 것이다.

분석의 편의를 위해 이러한 문제는 일단 고려하지 않는다 하더라도 중요한 차이가 하나 더 있다. 마르크스는 노동자의 노동시간 중에서 자신의 노동력 가치에 해당하는 몫을 필요노동, 그 몫을 넘어 자본가가 착취하는 부분을 잉여노동이라 불렀다. 필요노동과 잉여노동을 합치면 전체 노동량이 되는 것이다. 그런데 신고전학파 생산함수에서 말하는 노동(L)은 플로로 지출되는 노동량 전체를 가리킨다. 따라서 마르크스가 말하는 가변자본(V), 즉 노동자에게 임금으로 지불한 노동력 가치와 잉여가치(S), 즉 노동자가 자본가에게 착취당하는 몫을 합한 것이다. 그러므로 정확하게 표현하면 신고전학파의 $\frac{K}{L}$에 대응하는 마르크스 비율은 $\frac{C}{V}$가 아니라 $\frac{C}{V+S}$이어야 한다.

한편 이윤율(r)을 나타내는 마르크스 비율은 투하한 자본 총량 ($C+V$)에 대한 잉여가치(S)의 비율이다. 즉 $r = \frac{S}{C+V}$가 된다. 그런데 여기에서 분모와 분자를 똑같이 V로 나누고 정리하면 $r = \frac{S/V}{C/V+1}$이다. 그러므로 이윤율(r)은 자본의 유기적 구성(C/V)

과 잉여가치율 또는 착취율(S/V)이라는 두 가지 요인에 따라 결정된다. C/V가 커지면 r은 작아지고, S/V가 커지면 반대로 r도 커진다.

　가치와 가격이 어떻게 다르며 둘 사이에 어떤 논리적 관계가 성립하는지를 깔끔하게 설명할 수 있다면, 마르크스는 자본을 어떻게 측정할 것인가라는 문제에서 벗어날 수 있을 것이다. 그래서 가치가 어떻게 가격으로 전형되는가, 즉 형태가 바뀌는가는 마르크스 경제학에서 매우 중요한 문제이며, 마르크스가 남겨놓은 방대한 원고를 기초로 친구인 엥겔스가 출간한 『자본론』 제3권의 핵심 주제이기도 했다.

　엥겔스는 마르크스가 죽은 뒤 1885년에 간행한 『자본론』 제2권 「서문」에서 마르크스가 가치와 가격의 관계를 이미 훌륭하게 해명해놓았으니 맞혀보라는 식의 자신만만한 태도를 취했다. 흔히 "엥겔스의 현상논문 경연"Engels' prize essay competition이라 불리는 에피소드의 시발점이다. 그러나 그로부터 한참 뒤인 1894년에야 출간된 『자본론』 제3권은 논란을 잠재우지 못하고 오히려 논쟁에 불을 붙였다. 전형논쟁이라 불리는 기나긴 논쟁의 시작이었다.

　단속적이기는 하지만 거의 한 세기에 걸쳐 진행된 전형논쟁은 마침내 20세기 후반 최고의 주류경제학자라 할 수 있는 새뮤얼슨까지 참가하게 만든다. 새뮤얼슨이 전형논쟁에 참가한 것은 물론 이론적 흥미를 느꼈기 때문이겠지만 반전운동 등에 영향받은 미국 경제학계 일각의 급진화 경향에 대항하는 정치적 의미도 무시할 수 없다.*

　결론부터 말하면, 마르크스의 해법은 새뮤얼슨에게 철저하게 비판받았다. 마치 로빈슨이 신고전학파의 자본개념을 신랄하게 비판했던 것같이, 새뮤얼슨은 마르크스 경제학을 비판한 것이다. 새뮤얼슨은 1970년대 초반을 전후해 마르크스 경제학에 관한 논문을 집중적으로 쓰는데, 자신을 안데르센의 동화 「벌거벗은 임금님」의 어린이에 비유하는 등 현란한 문체로 일관되게 비판한다. 1971년 유명학술지인 『경제학 문헌 저널』*Journal of Economic Literature*에 발표한 논문에서 새뮤얼슨은 특유의 냉소적인 어조로 다음과 같이 썼다.

> 두 개의 서로 대안적이고 일치하지 않는 체계를 생각해보라. 하나를 먼저 써라. 이제 지우개로 그걸 지운 다음 다른 하나를 채워 넣어라. 보라Voila! 전형 알고리즘은 완성된 것이다.

이 인용문이 말하고자 하는 것은 가격과 별개로 가치라는 개념을 이용하는 마르크스의 방법이 무의미하다는 사실이다. 똑같은

---

* 마르크스 경제학을 중심으로 한 비주류경제학 연구자들의 모임인 급진정치경제학자동맹(Union for Radical Political Economists, URPE)이 결성된 것은 1968년의 일이다. 반전운동과 저항문화의 세례를 받은 젊은 학생들이 대학원에 진학하거나 독자적인 연구모임에 참가해 마르크스 경제학을 공부하기 시작했다. 그러나 주류 경제학계가 이들을 배제하려는 정치적 공격도 만만치 않았다. 예를 들어 URPE의 일원이었으며 10여 년 동안 하버드 대학에서 조교수로 근무했던 볼스(Samuel Bowles)는, 갤브레이스는 물론 노벨경제학상 수상자인 레온티예프(Wassily Leontief)나 애로(Kenneth Arrow) 등의 지원에도 불구하고 정년을 보장받지 못한다. 볼스는 다른 네 명의 비주류경제학자와 함께 패키지 딜(package deal)을 통해 애머스트 소재 매사추세츠 주립대학으로 옮겨 급진정치경제학의 근거지를 형성한다(Walsh, 1978).

현상을 설명할 때 더 적은 숫자의 개념으로 설명할 수 있다면 당연히 그렇게 하는 것이 과학의 원칙이다. 생산함수로 표현하는 생산의 물질적·기술적인 조건과 가격으로 설명할 수 있는 현상을 굳이 가치라는 개념까지 추가해서 설명할 필요는 없다는 것이 새뮤얼슨의 비판이었다. 물론 마르크스주의자들은 가치 개념을 이용해야 자본주의 사회의 이윤이 착취라는 것을 설명할 수 있다고 주장했다. 그러나 새뮤얼슨이 보기에 자본이 노동을 고용한다고 보건 노동이 자본을 고용한다고 보건 결과는 똑같은 것이었다.

어쨌거나 새뮤얼슨은 1960~70년대에 한편으로는 자본논쟁을 하면서 다른 한편으로는 마르크스 경제학과 논쟁을 벌이고 있었던 셈이다. 흥미로운 점은 마르크스에 대한 새뮤얼슨의 신랄한 비판은 영국 케임브리지의 신고전학파 비판을 빼닮았다는 사실이다. 단지 냉소적인 스타일만을 말하는 것은 아니다. 그의 비판은 가격과 독립적으로 자본의 물량을 집계해서 측정할 수 있다는 신고전학파의 생산함수이론에 대한 로빈슨의 논리적 비판과 매우 유사하다.

그렇다면 새뮤얼슨과 로빈슨의 관계는 그대로 마르크스와 새뮤얼슨의 관계로 볼 수도 있지 않을까? 논쟁의 구도인즉 이런 것이었다. 영국의 케임브리지 경제학자들과 마르크스 경제학자들은 신고전학파의 생산함수나 한계생산성이론에 대해 근본적인 비판을 공유하고 있었다. 케임브리지의 유명한 마르크스주의 경제학자인 돕Maurice Dobb이 스라파의 이론에 매우 우호적이었던 이유는 이 때문이다.*

* 돕은 로빈슨 등 '케인스 서클'과 인간적·학문적인 교분을 유지했

한편 새뮤얼슨과 영국 케임브리지 경제학자들은 마르크스의 가치라는 개념이 형이상학적이고 현실적으로는 불필요하다는 논리적 비판을 공유하고 있었다. 이렇듯 적과 아군이 제대로 구분되지 않는 이중의 전선 속에서 20세기의 마지막 경제학 순수이론논쟁은 진행되었다.*

한계생산성이론의 대척점

마르크스의 착취이론은 한계생산성이론의 대척점에 위치한 이론이라 할 수 있다. 아니, 시대순으로 보면 한계생산성이론이 마르

으며, 스라파가 리카도의 전집을 편찬하는 데 참가하기도 했다. 박사학위를 갓 마친 1925년 케임브리지의 트리니티 칼리지에서 가르치는 것을 제안받았을 때, 그는 멘토인 로버트슨(Dennis Robertson)에게 자신이 공산당원이라고 털어놓는 편지를 보낸다. 로버트슨은 "자네가 채플을 폭파하기 2주일 전까지만 알려준다면 괜찮네"라는 답장을 보냈다고 한다(Shenk, 2013, p.9). 돕은 마르크스주의자임을 숨기지 않았기 때문에 트리니티 칼리지의 펠로(Fellow: 전임 교원)였으면서도 식사권(dining right: 케임브리지 대학에서 식사를 제공받을 수 있는 권한)을 박탈당하기까지 했다. 돕은 스라파의 작업이 마르크스 경제학에 도움이 된다고 생각했다. 실세로 여러 문헌자료나 회고에 따르면 스라파 자신도 마르크스의 이론에 우호적이었던 것 같다. 예를 들어 논란의 여지가 많았던 마르크스의 이윤율 저하 경향의 법칙에 관해서도 스라파는 일정한 유보 조건하에서 마르크스의 해석을 지지했다고 한다(Perri, 2014).

* 스라파의 영향을 받은 경제학자들이 볼 때, 자본논쟁과 전형논쟁은 사실상 같은 문제를 다룬다(Kurz & Salvadori, 2013). 2장에서 다룰 리카도의 '불변의 가치척도'라는 문제가 그것이다. 상품 가격과 독립적으로 (즉 가격을 모르는 상태에서) 이윤율의 크기, 궁극적으로는 자본의 크기를 구할 수 있는가라는 질문인 것이다.

크스 착취이론의 반대편에 자리를 잡았다고 해야 할 것이다. 굳이 '착취'라는 개념까지 나아가지 않더라도 개인 또는 집단의 협상력이나 교섭력으로 분배의 크기가 결정된다는 주장은 생산함수가 나타내는 기술적 과정에 따라 분배가 결정된다는 한계생산성이론과 대립한다. 자본이 노동을 고용하건 반대로 노동이 자본을 고용하건 차이가 없다는 새뮤얼슨의 명제도 한계생산성이론으로 가장 잘 설명할 수 있다.

누구나 자신이 가진 생산요소를 들고 와서 그 요소가 기여한 만큼 분배받는 것이라면, 그 요소가 노동인지 자본인지 또는 토지인지는 본질적으로 중요하지 않다. 그러나 마르크스는 노동(마르크스의 용어로는 노동력이어야 한다)을 가진 노동자는 자본을 가진 자본가에 비해 권력이 약하기 때문에 착취당할 수밖에 없다고 본 것이다. 물론 이때 권력은 자본가 개인과 노동자 개인의 협상력뿐만 아니라 자본주의라는 사회체제 전체의 운영원리 그리고 그것을 뒷받침하는 이데올로기까지 모두 포괄하는 개념이다.

한편 마르크스는 가치로 측정하는 자본의 유기적 구성이라는 개념을 중요한 도구로 삼아 자본의 축적 과정을 분석했다. 가치론이 단지 가격형성을 설명하는 이론이 아니라 분배와 성장을 분석하기 위한 도구라는 고전학파의 특성은 마르크스에게도 나타나는 것이다. 마치 신고전학파가 자본논쟁이 제기한 문제를 제대로 해결하지 못한 것처럼 마르크스에게도 가치론의 문제는 완벽하게 해결하지 못한 상태로 남았다. 그렇지만 마르크스는 철저하게 '우울한 과학'의 전통 속에서 자본주의의 장기 동학을 설명하고자 했고, 바로 그때 핵심적인 역할을 수행한 개념이 자본의 유기적 구성이었다.

2

정체상태

우리 손자 세대의
경제적 가능성

케인스는 세계경제가 한창 대공황의 늪에 빠져 있던 1930년, 「우리 손자 세대의 경제적 가능성」Economic possibilities for our grandchildren 이라는 글에서 뜻밖에도 매우 밝은 톤으로 미래를 예측한다.

인류는 지상에 창조된 뒤 처음으로 실질적이고 영원한 문제, 즉 절박한 경제적 근심에서 벗어날 것이며 그들은 그 후에 얻은 자유를 어떻게 사용할지, 여가를 어떻게 보낼지, 어떻게 해야 현명하고 즐겁게 잘살지 등의 문제로 고심할 것이다.

100년 뒤를 바라보는 케인스의 대담한 장기 전망은 그지없이 낙관적이다. 케임브리지 대학의 학자였던 아버지와 나중에 케임브리지 시장까지 지낸 어머니에게서 태어나 유복한 환경에서 자란 덕이었을까?

저명한 사상가였던 아버지 제임스 밀James Mill의 맞춤형 홈스쿨링을 받았고 어린 나이에 이미 리카도를 비롯한 당대의 석학들과 교유했던 존 스튜어트 밀 또한 유복한 환경의 영향 덕분인지 먼 미래의 정체상태를 인간이 물질적 부의 추구에서 벗어나는 상태라고 해석했다.

밀과 같은 시기 같은 런던 하늘 아래 살았던 마르크스가 자본주의가 발전할수록 노동자계급의 빈곤과 무지가 축적되어 궁핍이 심화될 것이라 예측한 것과는 너무나 극적인 대조를 이룬다. 물론 마르크스는 자본주의를 극복함으로써 옮아가는 그야말로 먼 미래에는 "필연의 왕국"에서 벗어나 "자유의 왕국"으로 이행한다고 보았으니, 말하자면 최장기 분석에서는 그도 낙관적이었다고 할 수 있겠다.

케인스도 전쟁이나 천재지변 같은 돌발변수를 감안하지 않은 것은 아니었지만, 어쨌거나 그의 낙관은 100여 년이 지나서도 실현되지 않은 희망으로 남아 있다. 인간이 물질적 욕망에서 벗어나려면 도대체 어느 정도의 부를 축적해야 할까? 물론 부를 축적한다 하더라도 그것을 어떻게 분배하느냐에 따라 상황은 달라진다. 저울의 한쪽에 세계 인구를 놓고 다른 쪽에 축적한 부를 놓는다면, 케인스가 예견했듯 부가 놓인 쪽으로 기우는 상태에 벌써 이르렀을지도 모른다. 어쩌면 문제는 그 부가 불평등하게 분포해 있다는 사실뿐일 수도 있다.

성장이 분배를 변화시키는 것은 사실이다. 그러나 거꾸로 분배의 변화도 성장과 부의 축적에 영향을 미친다. 경제체제의 작동에 대한 통찰을 바탕으로 몇 가지 과감한 가정에 기초해 성장과 분배의 동학을 예측하는 것은 실로 경제학의 의욕을 자극하는 동시에 기를 꺾어놓는 영역이었을 것이다. 성장이론은 수많은 요인을 한꺼번에 고려해야 하는 일종의 종합예술에 가깝다. 그러므로 위대한 경제학자들이 거의 예외 없이 도전했던 문제이기도 하다.

의외로 낙관적인 케인스의 장기 예측과는 달리, 고전학파 시대의 경제학자들은 축적이 멈추고 이윤율은 0으로 수렴하며 인구조차 더 이상 증가하지 않는 미래, 즉 정체상태stationary state가 도래할 것이라는 암울한 전망을 공유하고 있었다. 그 밑바탕에 놓인 명제는 이윤율의 저하였다. 정체상태를 낙관적으로 그린 밀조차도 이윤율 저하를 주장했다.

신고전학파의 시대로 넘어온 뒤에도 이윤율 저하이론은 변형된 모습으로 살아남았다. 하나의 생산요소를 생산에 투입하는 양이 늘수록 생산량은 증가하지만 어느 지점을 넘어서면 그 증가율은 점점 감소한다는 것, 이른바 한계생산성 체감의 법칙이다.

고전학파 경제학자들이 정체상태의 중요한 근거로 생각했던 수확체감의 법칙의 신고전학파적 버전과 다름없다. 생산요소의 자리에 자본을 갖다 놓으면 자본에 대한 보수, 즉 자본수익률은 궁극적으로 감소할 수밖에 없다는 말이 된다. 자본축적이 진전되어 더 이상 자본이 희소하지 않은 상태가 되면, 그저 자본을 댔다는 이유만으로 하는 일도 없이 이익을 얻어먹는 이들은 경제적으로 서서히 죽어갈 것이라는 케인스의 '금리생활자의 안락사' 명제도 일종의 자본수익률 저하를 암시하고 있다.

우리가 '우울한 과학의 귀환'이라고 이름 붙인 피케티만은 독특하게도 자본수익률, 즉 이윤율이 항상 4~5%의 일정한 수준으로 유지되는 메커니즘이 있을 것이라 주장한다. 그렇지만 그도 이 메커니즘의 내용에 관해서는 기존의 데이터에 기초한 심증만 제기할 뿐 이론적으로 명쾌한 설명을 제시하지는 못한다.

정체상태를 예측하는가, 아니면 인류가 절박한 경제적 근심에서 벗어난 "자유의 왕국"을 예측하는가는 일단 기술혁신이 지속적으로 일어날 것인가의 여부에 대한 판단에 따른다. 기술이 빠른 속도로, 그것도 한두 번에 그치지 않고 연속해서 발전한다면, 정체상태라는 암울한 전망에서 벗어날 수 있다. 물론 기술진보가 그렇게 일어날 것인가에 관해서는 진지하게 연구해보아야 한다.

그렇지만 경제는 기술의 문제 못지않게 정치의 문제이기도 하다는 것을 인식한다면, 지속적 기술진보가 가능하다고 해서 반드시

'우울한 과학'이 사라지는 것은 아니다. 무엇보다 기술진보 자체가 계급 간 힘 관계를 반영해서 이루어진다. 더구나 기술진보의 결과만으로 이윤율의 변화 방향을 확정 지을 수는 없다.

자본가는 가능한 한 임금을
적게 지불하려 노력할 것이다. 그런데
노동소득으로서 임금을 받는
노동자의 처지에서 보면 임금은
필요한 상품을 사기 위한 수요,
즉 구매력의 사실상 유일한 원천이다.

인생이라는 도박에서 백지를 뽑은 자들
맬서스

　영화「설국열차」(봉준호 감독, 2013)는 새로운 빙하기를 맞은 지구에서 무한히 운행하는 기차 안에 살아남은 사람들의 이야기다. 열차의 맨 뒤 칸에는 수많은 사람이 비좁게 탄 채 벌레로 만든 양갱을 배급받아 연명한다. 반면 앞 칸으로 가면 쾌적한 환경에서 지배자들이 살고 있다.

　맨 앞 칸에 있는 열차 제작자 윌포드는 냉혹한 인물이다. 그는 심지어 피지배자들의 저항까지도 체제 안으로 흡수하면서 멈추지 않는 기차가 은유하는 균형 잡힌 시스템의 안정을 추구한다. 그가 보기에는 열차를 멈추고 밖으로 뛰쳐나가면 얼어붙은 세상 그리고 모두의 파멸이 기다릴 뿐이다. 그러므로 무자비한 질서를 통해서라도 시스템의 존속을 도모하지 않으면 안 되는 것이다.

　이 영화는 흔히 계급 갈등을 강조했던 마르크스를 연상하게 만든다는 평을 받았다.* 윌포드의 객차 밑바닥에 갇혀 노동하고 있는

＊ 신형철,「마르크스, 프로이트, 그리고 봉준호」,『정확한 사랑의 실험』, 마음산책, 2014.

어린 꼬마는 『자본론』제1권에서 다룬 산업혁명기 영국의 아동노동, 즉 몸집이 작은 어린아이만 들어갈 수 있는 기계 속에서 하루종일 일하는 아동을 묘사한다. 그렇지만 자연환경의 제약에 맞서 무자비한 방식으로라도 시스템의 균형을 유지하지 않으면 공멸할 뿐이라는 월포드의 생각에 정확하게 들어맞는 경제학자는 오히려 맬서스일 것이다.

맬서스는 매우 논쟁적인 인물이었다. 성공회 목사였으면서도 빈민구제에 대해 격렬하게, 때로는 저주에 가까울 정도로 반대 의견을 피력해 마지않았기 때문이다. 그는 "인생이란 커다란 도박에서 백지를 뽑은 무산계급의 빈곤은 자연질서에 따른 필연적 결과"이며, "빈민에게는 청결보다는 그 반대의 습관을 권고해야 한다. 도시는 거리를 좁게 만들고 더 많은 사람들을 집 안으로 몰아넣어서 전염병이 잘 돌도록 해야 한다"고 말했다.* 그가 1798년에 출간한 『인구론』*An Essay on the Principle of Population*은 충격적인 내용 때문인지 익명으로 출판했다가 5년 뒤에야 개정판이 맬서스의 이름으로 나왔다.

맬서스는 교양을 갖춘 지주 집안의 아들로 태어나 케임브리지 대학에서 교육을 받았다. 흥미롭게도 그의 아버지는 오히려 진보적인 사상에 관심이 많았다. 특히 당시 유럽 대륙에서 불어온 진보적 사상을 영국에 전파했던 고드윈[William Godwin]의 열렬한 옹호자였다.** 그러나 막상 맬서스는 고드윈 유의 인간성에 대한 낙관적 민

---

* 정운영, 『저 낮은 경제학을 위하여』, 까치글방, 1990, 164쪽.
** 저널리스트이자 소설가였던 고드윈의 가계는 가십거리가 되고도
    남을 정도로 흥미롭다. 그는 페미니스트 작가인 울스턴크래프트

음을 배격한, 어떻게 보면 철저한 현실주의자였다. 실제로 『인구론』이 명시적으로 밝히고 있는 논적도 바로 고드윈이다.

"특별한 희열이 따르지 않는 결혼은 억제해야 한다"고 주장했으며 무지한 노동자계급은 그러한 "예방적 억제"preventive check가 불가능하기 때문에 적극적인 방법으로 인구증가를 막아야 한다고 역설한 맬서스에게서 설국열차 맨 앞 칸의 윌포드를 떠올리는 것은 지극히 자연스럽다. 영화가 그러했던 것처럼, 맬서스의 "적극적 억제"positive check는 빈곤계층의 굶주림과 질병, 심지어는 폭동에 따른 살육까지도 포함할 수 있는 것이었으므로. 칼라일이 정치경제학을 "음울하고 무감각하며 우울하다"고 표현한 것도 바로 이렇게 "예방적 억제"가 불가능하다는 맬서스의 주장을 평가하면서였다.

인구법칙과 고전학파 모형

맬서스가 이토록 목사답지 않은 과격한 결론을 이끌어냈던 전제는 '맬서스의 인구법칙'이라 알려진 인구와 시장 사이의 장기적이고 동학적인 관계에 대한 이론이었다. 얼핏 받는 잔혹하다는 인상

(Mary Wollstonecraft)와 결혼해서 딸 메리를 낳았으나 아내는 출산 중에 죽는다. 그 딸은 겨우 16세에 아버지의 제자이며 유부남이었던, "겨울이 왔으나 봄이 멀지 않으리"라는 시구로 유명한 시인 셸리(Percy Shelley)와 야반도주해 메리 셸리가 된다. 그녀가 19세 때 쓴 소설이 바로 『프랑켄슈타인』이다. 버림받은 셸리의 첫 아내는 자살로 삶을 마감했고, 메리가 그렇게 쟁취한 사랑도 25세의 나이에 남편이 물에 빠져 죽으면서 끝난다. 엉뚱한 상상이지만, 맬서스야말로 스스로 삶의 이러한 근원적 비극을 꿰뚫어 보고 있다고 믿은 현실주의자였을지도 모른다.

과 달리 맬서스는 생물계를 지배하는 필연적인 법칙을 최대한 감정을 섞지 않고 담담하게 서술한 것이었을 수 있다. 맬서스의 인구법칙은 "식량은 산술급수(1, 2, 3, 4, …)로 증가하지만, 인구는 기하급수(1, 2, 4, 8, …)로 증가한다"는 유명한 문장으로 요약된다. 이러한 예측이 정말로 맞는 것인지, 이후 20세기의 역사를 보면 인구가 폭발적으로 증가했는데도 맬서스가 걱정한 문제는 생기지 않았다거나, 거꾸로 인구폭발에 비견할 만한 통제할 수 없는 자연적 요인, 예를 들어 환경 문제를 걱정한 선지자였다거나 하는 식의 해석이 모두 논란거리가 될 수 있다.

맞고 틀리고를 떠나서, 맬서스의 인구법칙은 고전학파 경제학의 모형에서 분배몫에 관해 확정적인 예측을 할 수 있도록 해준다. 고전학파 이론에서 이윤은 사회가 만들어낸 순생산물에서의 공제로 정의했음을 기억해내자. 그러나 이윤은 순생산물 중에서 나머지라고 말하는 것만으로는 시간이 지나면서 이윤이나 임금의 크기가 어떻게 변하고 그에 따라 경제가 어떻게 움직여나갈지를 설명할 수 없다. 그런데 인구법칙에 따라 임금이 일정한 수준으로 고정된다고 말할 수 있다면, 긴 시간에 걸친 모형의 움직임을 파악할 수 있는 실마리를 얻게 된다.

맬서스는 임금이 생존에 필요한 최저한의 수준을 넘어 오르게 되면 인구가 증가할 것이라 주장했다. 먹고살기가 나아지면 결국 도덕적 억제를 할 수 없는 노동자계급은 결혼과 출산으로 머릿수를 늘릴 것이라는 논리였다. 그런데 인구가 증가한다는 것은 결국 노동의 공급이 많아진다는 뜻이므로 수요·공급의 논리에 따라 임금은 떨어질 수밖에 없다. 원래 칼라일이 '우울한 과학'이라는 말을 쓴 것이 수요·공급의 논리에만 매달리는 경제학자들을 비웃기 위해서였다면, 바로 이 부분이야말로 맬서스 경제학의 우울함을 상징하는 것일지도 모른다.

어쨌거나 그 결과로 임금이 떨어지다 보면 최저생존비 수준 아래로까지 내려갈 수도 있다. 생존에 필요한 수준에 미치지 못하는 임금을 받다 보면 노동자는 충분한 식량을 살 수가 없기 때문에 당연히 기아나 질병 등이 만연하면서 인구는 다시 줄어들 수밖에 없다. 인구가 감소한다는 것은 노동 공급이 줄어든다는 뜻이니 결국 임금은 다시 올라갈 것이다.

참고로 고전학파 경제학자들이 생각하는 임금이란 실질임금을 의미함을 지적해둘 필요가 있다. 실질임금은 단순히 화폐의 액수로 표현되는 화폐임금(또는 명목임금)이 아니라 물가상승을 감안한 실제 구매력을 나타낸다. 이렇게 오르고 내리기를 반복하면서 임금은 길게 보면 최저생존비 수준에 머물게 된다. 현대 경제학의 용어를 쓰자면 맬서스적 균형상태가 되는 것이다.

임금수준이 결정되면 이제 순생산물 중에서 나머지 몫인 이윤의 크기, 즉 이윤율의 크기를 결정할 수 있다. 이윤율이 결정되면 경제 전체가 얼마나 성장할 수 있는지를 나타내는 성장률도 결정된다. 성장률은 결국 잉여생산물 가운데 얼마를 소비하지 않고 생산에 다시 투자하는가에 의존하므로, 자본가계급이 투자하는 비율만 결정되면 성장률도 결정된다.

자본가들도 먹고 마시고 사치재를 구입하는 등 개인적 소비를 할 것이므로 그 부분을 뺀 나머지를 생산에 다시 투자할 것이다. 만약 이윤율이 10%인데 그중에서 절반을 개인적으로 소비하고 나머지 절반을 투자한다면, 성장률은 10%의 절반인 5%가 된다. 이 것이 성장률(g)은 이윤율(r)과 자본가의 저축성향(s), 즉 이윤 중 몇 퍼센트를 투자하는가를 나타내는 비율의 곱이라는 '케임브리지 방정식'Cambridge equation의 내용이다. 수식으로 표현하면 $g = s \times r$ 이 된다. 이렇게 올해의 잉여로부터 내년도의 성장률이 결정되면 내년에는 그렇게 얻은 순생산물이 다시 노동자의 임금, 자본가의 소비와 투자로 분할되는 것이다.

맬서스 이론의 우울함은 인구증가에 따른 식량 부족이 성장을 제약하며 그러한 제약에서 벗어나는 방법은 비참한 "적극적 억제" 뿐이므로 그다지 성장도 못하는 상태에서 끊임없이 궤도를 맴돌아 야 한다는 데에서 나온다. 더구나 그렇게 유지되는 시스템 속에서 무산계급은 빈곤의 수렁에서 헤어나지 못한다. 수렁에서 빠져나오 는 순간, 피할 수 없는 반작용이 다시 시작되기 때문이다. 따라서 「설국열차」의 대사 "Keep your place"처럼 노동자들은 자기 자리를 지키는 수밖에 없다.

임금의 이중적 성격

인구와 시장의 동학에 관한 맬서스의 논리는 맞는 것일까? 결론 부터 얘기하면 특정한 가정하에서는 맞지만, 맬서스가 고려하지 못했거나 무시했던 요인들이 있다.

하나는 임금의 이중적 성격이다. 임금은 지불하는 자본가의 처지에서 보면 생산비용을 구성하는 중요한 요인이다. 당연히 임금이 낮을수록 순생산물 중에서 자본이 가져가는 이윤의 몫은 커진 다. 따라서 우리가 현실에서 쉽게 볼 수 있듯이, 자본가는 가능한

한 임금을 적게 지불하려 노력할 것이다. 그런데 노동소득으로서 임금을 받는 노동자의 처지에서 보면 임금은 필요한 상품을 사기 위한 수요, 즉 구매력의 사실상 유일한 원천이다. 충분한 구매력이 뒷받침되지 않으면, 자본가들이 아무리 많은 상품을 생산해도 시장에서 팔리지 않을 것이기 때문에 의미가 없다.

로빈슨은 이를 "자본주의의 본질적 역설"이라 불렀다. 그녀의 스승이자 선배인 케인스가 강조해 마지않았던 사실이기도 하다. 심지어는 자본주의 체제를 지키는 데 전혀 관심이 없었을 마르크스조차 이미 그 100여 년 전에 자본가는 자신의 노동자는 노동자로 보지만 다른 모든 자본가의 노동자는 소비자로 본다는 촌철살인의 지적을 남긴 바 있다. 이렇듯 임금의 이중적 성격은 고전학파 시대의 경제학자 중에서는 마르크스가 인지한 바 있고, 20세기에 들어와서는 케인스와 칼레츠키*가 명확하게 규정했다.

----

* 칼레츠키(Michal Kalecki)는 폴란드 출신의 경제학자로 케인스와 비슷한 유효수요이론을 제시했다. 경제학 정규교육을 받지 않고 학부에서 수학을 공부했을 뿐이라는 점도 케인스와 비슷하다. 칼레츠키가 1933년에 쓴 책 『경기변동이론에 관한 에세이』는 폴란드어로 되어 있기 때문에 잘 알려지지 않았을 뿐 케인스의 이론을 먼저 제시했다는 평가도 있다. 그는 1936년 스톡홀름에서 케인스의 저서인 『일반이론』을 받아보고 절망해 사흘을 앓아누웠다고 한다(Robinson, 1977). 그러나 마음을 가다듬고 케임브리지로 가서 케인스, 스라파, 로빈슨 등과 교류하며 자신의 이론을 발전시켰다. 그는 말년에 사회주의가 된 조국으로 돌아갔으나 자신의 뜻을 제대로 펴지는 못했다. 칼레츠키는 마르크스 경제학적인 문제의식과 유효수요이론을 결합한 점에서 케인스와 구별되며, 흔히 '포스트 케인스주의자'라 불리는 경제학자들에게 중요한 영감의 원천을 제공한다. 특히 임금의 이중성은 이른바 임금주도 성장 개념

맬서스는 임금이 최저생존비 수준을 넘어서면 인구가 증가한다고 가정했는데, 사실 임금상승과 인구증가는 그 자체가 시장의 확대를 의미할 수도 있다. 만약 시장이 확대되는 효과가 충분히 크다면, 맬서스가 생각한 것과는 달리 인구가 증가할 때 오히려 임금상승의 힘이 작용할 수도 있다. 맬서스는 고전학파 경제학자 중에서는 드물게 수요의 역할을 강조한 인물이다. 그래서 20세기 전반에 유효수요이론을 주창한 케인스는 경제학의 역사에서 과소평가되었던, 그리하여 복권되어야 할 경제학자로 맬서스를 꼽기까지 했다.

그런데 맬서스는 노동자계급의 수요는 그리 도움이 되지 않는 것으로 평가했다. 맬서스의 말을 빌리면 "노동자는 소비할 의사는 있으나 능력이 없고, 자본가는 능력은 있으나 축적을 위하느라 소비할 의사가 없다." 결국 맬서스가 주목한 것은 바로 자신의 출신계급이기도 한 지주였다. 다시 맬서스의 말을 빌리면 "능력과 의사가 맞는 지주의 낭비야말로 자본주의를 구하는 수단"이 되는 것이다.

사실 대부분의 경제학자는 지주의 소득인 지대를 바람직하지 못한 불로소득으로 간주하는 경향이 있다. 그런데 맬서스는 의도한 것이건 아니건 간에 지주의 비생산적인 소비가 유효수요 문제를 해소하는 중요한 수단이라고 봄으로써 결과적으로 자신의 계급 이익에 충실한 이론을 제시한 셈이다.

의 기초가 된다.

스미스의 인구: 임금 동학

인구증가가 성장의 원천이 될 수 있다고 본 것은 다름 아닌 스미스였다. 『국부론』의 「서문」은 "한 나라 국민의 연간 노동은 그들이 연간 소비하는 생활필수품과 편의품 전부를 공급하는 원천이며……"로 시작한다. "생활필수품과 편의품 전부"란 최종생산물에 해당하는 국부를 가리키며 국민총생산^{GNP}의 구성요소라 할 수 있다.* 국민총생산은 다른 상품의 생산에 투입되는 중간생산물을 제외한 최종생산물을 시장가격으로 합한 것이기 때문이다. 스미스는 국부의 원천은 노동이라는 것, 그 노동의 생산성이 얼마나 높은가가 국부의 크기를 결정한다는 것을 단도직입적으로 선언하면서 책을 시작하고 있는 셈이다.

『국부론』의 첫 에피소드는 저 유명한 핀 공장의 예다. 간단한 핀 하나를 만드는 데도 무려 18개의 공정으로 분할해 작업한 결과, 노동자 10명이 하루에 무려 4만 8,000개나 만들었다. 아무리 능숙한 노동자라도 혼자서 일하면 하루에 고작 20개 정도 만들 수 있을 따름이니 노동생산성은 무려 몇백 배나 증가한 것이다. 즉, 노동생산성은 분업을 통해 비약적으로 증대한다. 여기에다 널리 알려진 스미스의 다른 문장인 "분업은 시장의 크기에 의해 제한된다"를 결합하면 결국 시장이 커져야 분업이 진전됨으로써 노동생산성, 즉 국부가 증가한다는 일목요연한 논리를 전개할 수 있다. 스미스가 생각하고 있는 것은 〈그림 1〉과 같은 일종의 호^好순환 또는 긍정 피

---

* 국민총생산은 20세기에 들어와서 고안된 개념임을 상기할 필요가 있다.

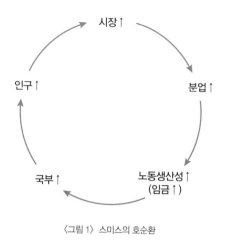

〈그림 1〉 스미스의 호순환

드백positive feedback 과정이다.

물론 스미스도 다음과 같이 맬서스의 인구법칙과 비슷한 논리를 전개한다.

> 노동에 대한 수요가 계속 증가한다면, 노동의 보수는 필연적으로 노동자의 결혼과 출산을 자극함으로써 노동자로 하여금 계속 증가하는 노동수요를 계속 증가하는 인구에 의해 충족시키도록 장려할 것이다. …… 이러한 방식으로 인간에 대한 수요는…… 필연적으로 인간의 생산을 조절하는데 인간의 생산이 너무 느리게 진행될 때는 그 생산을 촉진하고, 인간의 생산이 너무 빨리 진행될 때는 그 생산을 정지시킨다.*

* 애덤 스미스, 김수행 옮김, 『국부론』, 비봉출판사, 2003, 95쪽.

그렇지만 출생률이 증가해서, 정확하게 말하면 출생률이 사망률을 앞질러서 인구가 증가할 때 맬서스가 생각한 것처럼 노동 공급이 증가함으로써 임금을 하락시키는 것이 아니다. 시장 확대로 말미암아 분업의 진전과 노동생산성 향상의 논리가 작동한다면 실질임금은 더욱 상승할 수 있다. 그러므로 한창 발전하는 경제에서는 임금이 최저생존비 수준을 넘을 수도 있다.

　그런데 스미스의 논의에는 약간 모호한 부분이 있다. 스미스에게도 고전학파적 정체상태의 개념이 있기 때문이다. 스미스가 묘사하는 정체상태의 모습을 그 자신의 입을 빌려 들어보자.

> 토양과 기후, 그리고 타국들과의 정세 등이 한 나라에게 줄 수 있는 모든 부를 이미 획득한 나라, 그리하여 퇴보하지는 않지만 더 진보할 수 없는 나라에서는 노동임금과 자본이윤은 아마 매우 낮을 것이다. 영토가 유지할 수 있는 인구, 또는 자본이 고용할 수 있는 인구를 초과하는 과잉인구를 가진 나라에서는, 취직경쟁이 매우 심해 노동임금을 노동자들의 수를 유지하는 데 겨우 충분한 수준으로 인하시킬 것이며, 이미 인구가 과잉이기 때문에 노동자의 수는 증가하지 않을 것이다. 모든 사업에 비해 과잉인 자본을 가진 나라에서는 각각의 사업의 성질·규모가 허용하는 최대의 자본량이 각 분야에 사용될 것이며, 이리하여 자본 사이의 경쟁은 어디에서나 최대일 것이고, 일반적인 이윤은 최저일 것이다. 그러나 이 정도의 풍족에 도달한 나라는 아직 없다.[*]

---

[*] 같은 책, 113쪽.

덧붙여 그는 "노동빈민의 생활상태가 가장 행복하고 가장 편안하게 보이는 것은 사회가 진보하고 있을 때, 즉 사회가 이미 최고로 부유해졌을 때가 아니라 사회가 계속 더 부유해지고 있을 때"이며, "노동자의 생활상태는 사회가 정체상태에 있을 때는 어렵고, 쇠퇴상태에 있을 때는 비참하다"고 주장했다.*

스미스가 묘사하는 정체상태는 맬서스의 인구법칙이 묘사하는 상태와 다르면서도 같다. 이를 이해하는 하나의 방법은 성장수준이 낮은 단계와 높은 단계를 구분하고, 각 단계에서 모두 임금수준이 정체되는 상태가 존재한다고 보는 것이다. 즉 맬서스가 묘사한 비참한 상황은 저발전 단계의 사회에서 나타나는 현상이며, 경제가 성장함에 따라 벗어날 수 있다. 이 과정에서는 스미스의 인구 동학이 작동한다. 그러나 스미스의 경우에도 무한정 성장이 가능한 것은 아니고 어느 단계에 이르면 결국 성장이 정체되기에 이른다.

맬서스 vs. 스미스

한 사회의 인구가 증가하는 데는 전형적인 동학이 있다. 즉, 경제성장이 낮은 단계에서 어느 정도 성장이 이루어짐에 따라 출생률은 폭발적으로 증가하지만, 선진국 단계에 도달하면 오히려 출생률이 감소한다. 반면 의학 발전 등으로 말미암아 사망률은 지속적으로 감소한다. 흔히 말하는 고출생-고사망 단계에서 저출생-저사망 단계로 옮아가는 것이다. 이렇게 사회의 발전 단계를 구분하

---

* 같은 책, 96~97쪽.

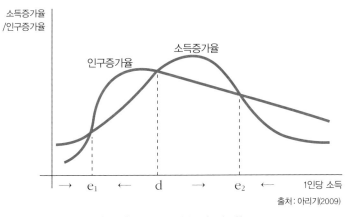

〈그림 2〉 맬서스적 균형과 스미스적 균형

면, 임금이 상승하더라도 결국 인구증가 때문에 다시 하락하게 된다는 맬서스의 동학과 인구증가가 시장 확대를 통해 노동생산성과 임금의 상승으로 이어진다는 스미스의 동학을 양립시킬 수 있다.

〈그림 2〉에서 가로축은 1인당 소득을 나타내고, 세로축은 소득증가율과 인구증가율을 동시에 나타낸다. 소득증가율 곡선이 인구증가율 곡선 위에 있는 경우에는 1인당 소득이 증가하게 된다. e_1은 맬서스적 균형을 나타내고 있다. 여기에서는 경제가 오른쪽으로 조금 옮아가더라도 인구증가율이 소득증가율보다 크기 때문에 1인당 소득수준이 감소하면서 곧 다시 e_1으로 돌아오게 된다. 임금이 올라도 인구증가 때문에 경쟁이 격화되어 다시 임금이 하락한다는 맬서스의 논리가 작동하는 것이다.

반면 경제가 성장해 e_1에서 훨씬 더 오른쪽, 구체적으로 d를 지난 경우라면 인구가 증가해도 소득증가율이 더 커서 1인당 소득은 계속 증가하게 된다. 시장이 확대되고 분업이 진전되어 노동생산성과 임금이 올라가는 스미스적 논리가 작동하는 것이다. 그렇지만 경제가 더 성장해 e_2에 이르고 나면, 다시 인구증가율과 소득증가율의 관계가 역전된다. 그 결과 e_2의 오른쪽으로 가더라도 곧 1인당 소득수준이 감소해 경제는 다시 e_2로 돌아오고 만다. 스미스가 생각하는 정체상태는 바로 이 지점이라 할 수 있다.

어제처럼 내일도 기술진보가 일어난다면

맬서스의 논리가 지닌 또 하나의 약점은 기술진보를 무시하고 있다는 점이다. 20세기 많은 나라에서 일어난 녹색혁명은 식량생산기술의 혁신으로 식량 부족 문제를 극복할 수 있도록 해주었다. 만약 기술진보가 빠른 속도로, 그것도 지속적으로 일어난다면 맬서스의 걱정은 불필요한 것이 되고 만다.

사실 맬서스의 인구법칙은 고전학파 경제학자들이 대체로 공유한 것이었으며, 특히 리카도의 분배·성장이론의 기초를 이루는 수확체감의 법칙과 관련이 있다. 단순한 예를 들면, 수확체감이란 같은 면적의 토지에 더 많은 노동을 투입할 때 수확량이 늘기는 하지만 그 증가율은 점점 줄어든다는 것이다. 똑같은 면적의 땅에 10명의 농부가 일하다가 20명이 일하면 수확이 늘 것이다. 그러나 농부의 수를 100명, 200명으로 늘린다고 해서 수확이 비례적으로 늘지는 않을 것이다.

그런데 수확체감의 법칙 자체도 기술 수준이 일정하다는 전제하에서만 성립한다. 그렇다면 기술진보가 일어나는 메커니즘은 무엇일까? 만약 인간의 모든 미래사가 그러하듯이 기술진보가 반드시 일어난다고 예측할 수 있는 근거가 없다면, 수확체감은 우연적 요인에 의존하지 않고서는 극복할 수 없는 철의 법칙이 된다.

지금까지 늘 그러했으니, 앞으로도 어느 순간에 기술진보가 비약적으로 일어나리라고 말할 수 있는 것일까? 교육과 연구개발$^{R\&D}$에 더 많이 투자하고 새로운 기술이 쉽게 확산할 수 있는 제도적 기반을 갖추면 기술진보가 이루어질 것인가? 이러한 물음은 성장이론의 주요한 과제이지만 적어도 리카도의 시대에는 본격적으로 탐구되지 못했다.

모든 사라져가는 것은 슬프다

맬서스를 비롯한 고전학파 경제학자들은 시간이 지나면서 경제체제는 어떻게 변화하는가, 즉 장기 동학의 과정을 마치 유기체의 생성, 성장과 소멸을 생각하듯 다루었다. 신고전학파 경제학이 힘의 균형^{equilibrium} 같은 물리학 개념을 주로 사용한 것과는 분명히 구별된다.

이 같은 고전학파 경제학의 생물학적 은유 또는 더 정확하게 말하면 유비^{analogy}는 마르크스에게서 가장 극적인 형태로 나타난다. 마르크스는 자본주의 자체가 역사적으로 특정한 시기에만 나타나는 생산양식*이며 궁극적으로는 새로운 사회로 대체될 것이라 보았기 때문이다. 생물학적 은유는 경제학에 우울함의 색을 입혀주는 역할을 하는 것일지도 모른다. 소멸, 즉 사라져야 할 운명에 놓

---

* 마르크스가 말하는 생산양식은 단순히 재화나 서비스를 만드는
  방식만이 아니라, 사회 전체의 경제적 토대를 가리키는 개념이다.
  엄밀하지는 않더라도 편의상 자본주의 생산양식은 자본주의 사회
  그 자체를 의미하는 것으로 이해하면 된다.

인 모든 것은 슬프기 때문이다.

마르크스처럼 극단적으로 자본주의 사회가 소멸할 것이라고까지는 예측하지 않는다 하더라도, 미래의 어느 시점에서 경제가 성장을 멈추고 활력을 잃는 단계에 도달한다고 생각하는 것은 확실히 우울한 일이다. 맬서스가 냉혹한 방법으로라도 체제의 붕괴를 막아야 한다고 생각한 것은 어쩌면 이러한 우울한 동학에 직면한 보수적 현실주의자가 선택할 수 있는 유일한 길이었을지도 모른다.

성장의 엔진이 꺼지다
고전학파의 정체상태

생물학적 유비의 결과로 스미스, 리카도, 밀 등 고전학파 경제학자들은 정체상태라는 개념을 공유하고 있었다. 정체상태란 무엇보다도 이윤율이 저하해 0으로 수렴한다는 특징이 있다. 시간에 걸친 동학적 과정의 결과 경제는 부가 더 이상 늘어나지 않는 상태에 이르게 된다. 정체상태가 발생하는 궁극적 원인은 토지로 대표되는 천연자원의 제약 때문이다. 이를 가장 명확하게 논의하고 있는 것은 리카도다.

리카도는 엄청난 성공을 거둔 주식중개업자답지 않게 뜻밖에도 노동만이 가치를 창조한다는 이론에 매달린다. 물론 여기에는 노동이 가장 중요한 생산요소이던 시대적 배경 탓도 있을 것이다. 주식으로 대표되는 금융 거래가 '생산적'인 것이 아니라는 생각은 고전학파는 물론 케인스에게서도 찾아볼 수 있다. 리카도와 마찬가지로 주식 투기를 통해 많은 돈을 벌었던 케인스도 주식거래소를 카지노에 비유하면서 아무나 섣불리 참가할 수 없도록 규제해야 한다고 주장했으니 아이러니라 하지 않을 수 없다. 어쩌면 본인들이 이른바 불로소득으로 돈을 벌었기 때문에 오히려 그 폐해를 민감하게 인식할 수 있었을 것이며, 거기에 역설적으로 그들의 비범

정체상태란 무엇보다도 이윤율이 저하해
0으로 수렴한다는 특징이 있다.
시간에 걸친 동학적 과정의 결과 경제는
부가 더 이상 늘어나지 않는 상태에
이르게 된다.

함이 숨어 있는지도 모른다.

리카도는 경제발전 단계에 따라 생산물이 임금·이윤·지대, 즉 각 계급의 소득으로 분배되는 비율이 달라질 것이라 보았다. 그는 1817년에 출간한 『정치경제학 및 과세의 원리』*Principles of Political Economy and Taxation*에서 분배를 규제하는 법칙을 밝히는 것이 정치경제학의 주요 문제라고 명확하게 선언한다. 그런데 리카도는 분배이론을 정확하고 엄밀하게 만들기 위해 거듭 노력하면서 평생 해결하지 못할 어려운 문제에 부딪힌다. 이른바 불변의 가치척도를 찾는 것이다.

사실 이 문제는 리카도에서 마르크스, 스라파로 이어지면서 고전학파의 전통을 잇는 경제학 전체가 붙들고 씨름한 것이었다. 마르크스주의자이면서 케임브리지 경제학의 전통에 한 발을 걸치고 있던 돕이 1973년에 펴낸 『애덤 스미스 이후 가치이론과 분배이론의 역사』*Theories of Value and Distribution since Adam Smith*에서 경제학의 역사를 이런 식으로 정리한 것은 당연한 일이었다.

책의 부제가 '이데올로기와 경제이론'인 것도 시사적이다. 프롤로그에서 말한 맨큐와 퍼거슨의 에피소드를 상기한다면, 경제학이 어디까지가 이론이고 어디서부터 이데올로기인지 그 경계가 반드시 명확한 것은 아니다. 어쨌거나 이 문제는 전형논쟁과 자본논쟁을 거치면서 20세기 후반 주류경제학과 비주류경제학에 일대 결전의 소재를 제공했다.

불변의 가치척도

덩치만 크고 머리는 텅 빈 메이저리그 선수가 배가 고픈 나머지 식당에서 8조각짜리 큰 피자 한 판을 주문한다. 가장 큰 피자가 6조각짜리라는 웨이터의 대답에 그가 다시 말한다. "그렇다면 그걸 8조각으로 잘라주시오." 비슷하지만 다른 버전도 있다. 예쁘기만 하고 머리가 텅 빈 여배우가 다이어트를 위해 2조각짜리 작은 피자 한 판을 주문한다. 가장 작은 피자가 4조각이라는 웨이터의 대답에 이번에는 그녀가 말한다. "그럼 그걸 2조각으로 잘라줘요." 물론 싱거운 미국식 농담이다. 똑같은 크기의 피자를 몇 조각으로 자르건 간에 전체 피자의 크기는 당연히 변하지 않기 때문이다.

리카도가 맞닥뜨린 불변의 가치척도 문제는 비유하자면 피자를 어떻게 자르냐에 따라 피자 자체의 크기가 변해버린다는 역설을 해결하려는 것이었다. 리카도가 『정치경제학 및 과세의 원리』에서 다소 난삽한 숫자 예를 써서 보이고자 했던 문제를 스라파는 예의 '상품에 의한 상품생산'의 분석틀을 이용해 수학적으로 명확하게 다듬어냈다. 그 핵심은 분배비율을 확정하지 않은 상태에서는 상품의 가격을 결정할 수 없다는 것이다.

여기에서는 간단하게 그 논리만 설명해보기로 하자. 순생산물 중에서 임금으로 분배되는 비율이 증가한다고 해보자. 이는 뒤집어서 말하면 이윤으로 분배되는 몫, 즉 이윤율은 감소한다는 뜻이다. 그런데 경제 내에 있는 산업 중에서 어떤 산업은 노동에 비해 생산수단, 즉 자본을 많이 쓰는 산업이고 다른 산업은 노동을 더 많이 쓰는 산업일 것이다. 엄청난 양의 생산설비가 필요한 중화학공업과 많은 수의 노동자가 약간의 생산수단만 가지고 일하는 산업을 함께 떠올려보면 쉽다. 그런데 임금은 늘고 이윤이 준다는 것은 마치 두 산업 모두에서 자본에 분배되었던 순생산물 가운데 일부를 도로 걷어서 노동자들에게 나눠주는 상황과도 같은 셈이다.

자본의 비중이 높은 산업에서는 똑같은 비율로 순생산물을 걷더라도 노동자들에게 임금으로 나눠주기에 충분할 것이다. 반면 노동의 비중이 높은 산업에서는 똑같은 비율로 순생산물을 걷으면 노동자들에게 나눠주기에 부족할 것이다. 이러한 모순을 벗어나기 위해서는 두 상품의 상대가격이 변하는 수밖에 없다. 노동자들에게 임금으로 순생산물을 나눠주고도 남는 산업에서는 상품 가격을 내려도 된다. 반면 노동자들에게 나눠주기에 부족한 산업에서는 상품 가격이 올라서 부족분을 메꿔주어야 한다. 즉, 자본을 많이 쓰는 산업에서 생산된 상품의 가격은 내리고 덜 쓰는 산업에서 생산된 상품의 가격은 올라야 한다.

정리해보면, 노동이 가져가는 몫인 임금이 오른 결과, 노동을 상대적으로 많이 사용하는 상품의 상대가격은 올라가게 된다. 이것은 비유하자면 피자를 임금과 이윤이라는 두 조각으로 자를 때 그 자르는 비율이 달라지면 피자 한 판의 크기 자체가 변해버리는 상황이다. 모든 산업에서 생산수단과 노동의 비율이 똑같은 특수한 경우에는 이러한 문제가 발생하지 않을 것임을 직관적으로 알 수 있다. 리카도는 이 문제를 해결하기 위해 갖은 노력을 했으나 결국 "임금의 상승에 의해서 이들 재화의 상대가격에 생길 수 있는 최대의 영향이라도 6 내지 7%를 넘지 못할 것"*이라 말하는 것으로 만족해야 했다.

---

* 데이비드 리카도, 정윤형 옮김, 『정치경제학 및 과세의 원리』, 비봉출판사, 1991, 98쪽.

맬서스의 인구법칙과 임금

리카도는 불변의 가치척도라는 문제를 끝내 해결하지 못했지만, 장기 동학의 문제는 그와는 별개로 설명하고자 했다. 애초부터 그의 이론적 목표는 임금이나 이윤 같은 분배의 비율이 시대에 따라 변화하는 법칙을 찾아내는 데 있었다. 그는 어디에선가 정치경제학은 양量의 문제보다 비율의 문제를 탐구해야 한다는 생각을 말한 적도 있다. 단순하게 이해하자면, 분배되는 몫의 양적 크기를 확정하는 데 다소간 기술적 어려움이 있더라도 (이른바 6 또는 7%) 비율의 변화에서 어떤 확정적인 추세를 찾아낼 수 있다면 그의 원래 목적을 달성할 수 있는 셈이다.

리카도는 평생에 걸쳐 논쟁상대였던 맬서스의 인구법칙을 받아들였다. 인구 동학에 따라 임금의 크기를 고정시킬 수 있을 때 분배비율을 확정할 수 있다는 고전학파적 모형의 특성은 리카도에게서 가장 분명한 형태로 나타난다. 리카도에게 임금은 노동인구를 증가시키지도 감소시키지도 않고 일정하게 유지하는 데 필요한 수준으로 고정되는 것이었다.

마르크스처럼 그 수준이 역사적·도덕적 요인에 따라 변화할 수 있다는 것을 충분히 강조하지는 않았지만, 리가도가 보기에 화폐임금, 즉 화폐단위로 나타낸 임금은 상승할 수밖에 없었다. 농업 부문에서 수확체감의 법칙이 작용함으로써 시간이 지날수록 농산물 가격은 상승할 것이기 때문이다. 농산물 수요가 얼마 되지 않을 때는 상대적으로 비옥한 땅에서만 농사를 짓더라도 수요를 충당할 수가 있다. 그러나 경제가 성장하고 인구가 증가함에 따라 농산물 수요는 점점 커진다. 따라서 점점 비옥도가 떨어지는 척박한 땅에서도 농사를 지어야 수요를 충족시킬 수 있다. 여기에서 리카도의 지대^rent 개념이 나온다.

수확체감의 법칙과 지대

리카도는 인구가 증가하면 점점 더 척박한 토지를 경작해야 하기 때문에 똑같은 면적의 토지에 똑같은 양의 자본을 들이더라도 농산물의 생산량은 점점 줄어든다고 보았다. 이것이 수확체감의 법칙이다. 비옥도가 서로 다른 토지를 경작할 때 농산물의 가격은 가장 열등한 땅의 생산비용에 따라서 결정된다. 상대적으로 비옥한 땅에서는 생산비용이 적게 들 것이므로 농산물 가격에서 생산비용과 평균적인 이윤을 공제하고도 차액이 남게 된다. 그런데 이 차액은 토지가 그만큼 더 생산적이라서 생겨난 것이므로 결국 지주에게 지대로 귀속된다. 만약 지주에게 땅을 빌린 농업자본가가 지대 내기를 거부한다면, 지주는 땅을 빌려주지 않을 것이다.*

리카도는 지대가 가격을 구성하는 부분이 아니라고 보았다. 농산물 가격은 가장 열등한 토지의 생산비용에다 평균이윤을 더한 것으로 결정되고, 그보다 비옥한 토지에서는 지대가 발생하는 것이다. 점점 더 척박한 토지를 경작할수록 비옥한 토지의 지대는 그만큼 증가한다. 비옥한 토지와 가장 열등한 토지의 비옥도 차이가

---

* 굳이 농사짓는 예가 아니더라도 오늘날의 도시지대를 생각해보면 쉽게 알 수 있다. 이른바 목이 좋아서 장사가 잘되는 곳이라면 건물주는 더 높은 임대료를 요구할 것이다. 만약 임차인이 이를 거부하면 건물주는 계약을 해지하면 된다. 결국 목이 좋은 곳이라서 추가로 얻는 수입은 고스란히 건물주의 것이 될 가능성이 크다.

점점 커지기 때문이다. 그런데 리카도는 농업 부문에만 수확체감의 법칙이 작동하며 제조업에는 작동하지 않는다고 생각했다. 경제가 성장하고 인구가 증가해 농산물 가격이 계속 오르면 화폐임금도 상승하기 때문에, 제조업 부문의 자본가는 순생산물 중에서 이윤을 점점 덜 가져갈 수밖에 없다. 결국 이윤율이 떨어지게 되는 것이다.

제조업 부문과 농업 부문의 이윤율이 같지 않다면, 부문 간에 자본이 이동할 것이다. 즉, 더 높은 이윤율을 얻을 수 있는 부문으로 자본이 옮아가게 되고 그 결과 옮아간 부문에서는 공급이 증가해 생산물 가격이 하락함으로써 이윤율이 떨어지게 된다. 결국 시간이 충분히 지나면 두 부문의 이윤율은 같아질 것이다. 그러므로 경제 전체의 이윤율은 농업 부문에서 가장 열등한 토지를 빌려 경작하는 자본이 얻는 이윤율 수준으로 수렴하게 된다.

수확체감의 법칙은 오늘날의 미시경제학 교과서에서는 흔히 한계생산성 체감의 법칙으로 바꿔 설명한다. 물론 리카도에게는 한계생산성이라는 개념이 없었으며, 이것은 신고전학파적 개념으로 재해석한 것이다.

그런데 엄밀하게 한계생산성 체감이라는 개념이 성립하려면, 똑같은 토지에서 똑같은 노동량을 들이면서 자본량만 늘리거나(이 경우에는 자본의 한계생산성이 체감한다) 똑같은 자본량을 들이면서 노동량만 늘려야(이 경우에는 노동의 한계생산성이 체감한다) 한다. 리카도는 똑같은 양의 노동과 자본을 투입할 때 토지의 비옥도가 떨어지는 탓에 생산량이 감소하는 경우를 고려하므로 정확하게 한계생산성 체감의 법칙에 맞아떨어지는 것은 아니다. 더 이상 새로 경작할 토지가 없어서 기존의 경작지에 더 많은 노동이나 자본을 투입해 수확량이 체감하는 경우라면 한계생산성 체감의 법칙으로 설명할 수 있을 것이다. 그러나 리카도가 주로 고려하는 상황은 오히려 노동과 자본이 고정된 비율로 결합하는, 말하자면 하나의 세트로 투입량이 증가할 때 토지생산성 때문에 수확량이 줄어드는 상태라고 개념화할 수 있다.

사실 여기에서도 신고전학파 생산이론의 기초가 되는 생산요소 간의 유연한 대체가능성이라는 개념이 문제가 된다. 자본량을 그대로 둔 상태에서 노동투입만 아주 조금 늘리거나 반대로 노동투입량이 일정한 상태에서 자본량만 아주 조금 늘리는 것이 가능해야 한계생산성 체감이라는 원리를 찾아낼 수 있기 때문이다. 리카도에게는 분명히 '한계원리'라고 부를 수 있는 것이 있었지만, 신고전학파처럼 유연한 비율로 자본과 노동의 결합을 바꿀 수 있다는 생각은 없었다. 이를 칼도어[Nicholas Kaldor]*에 따라 다음과 같은 그

---

* 칼도어는 헝가리 출신의 유대인으로 런던정경대학(London School of Economics, LSE)에서 공부했다. 런던정경대학은 경제학을 희소성에 기초해 정의한 것으로 유명한 로빈스(Lionel Robbins)가 이끌면서 케임브리지 경제학과 이론적으로 대립한 학교로 유명하며, 보수주의자로 유명한 하이에크(Friedrich August von Hayek)가 로빈스의 초청으로 머물기도 했던 곳이다. 칼도어 역시 이러한 런던정경대학의 영향을 받으며 경제학자가 되었지만, 케인스의 『일반이론』이 출간된 이후 케인스주의자가 된다. 그는 제2차 세계대전 당시 독일군의 런던 공습으로 런던정경대학이 케임브리지로 대피했을 때 로빈슨, 칸, 스라파 등과 교류하게 되고, 전쟁이 끝난 뒤에 케임브리지에 정착해 이른바 전후 케임브리지 경제학자가 된다.

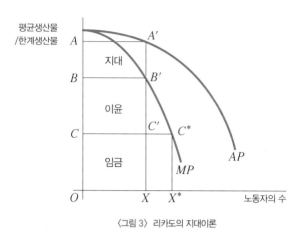

〈그림 3〉 리카도의 지대이론

림을 이용해 설명할 수 있다.*

〈그림 3〉에서 가로축은 고용된 노동자의 수를 나타내며, *AP*는 평균생산물, *MP*는 한계생산물을 나타내는 곡선이다. 이때 노동자들은 1인당 일정량의 자본설비와 함께 생산에 투입된다. 평균생산물 곡선은 이들 노동자의 1인당 생산량을 나타내며, 한계생산물 곡선은 노동과 자본의 결합량이 한 단위 증가할 때의 생산량 증가분을 나타낸다. 이를테면 노동자 한 명이 삽 하나 들고 일하다가 이제는 노동자 두 명이 각자 삽 하나씩, 즉 두 개의 삽으로 일하는 상황에서 생산량이 얼마나 늘어났는가를 나타내는 것이다.

그림에서처럼 한계생산물이 체감할 때 평균생산물 또한 줄어들지만, 평균생산물은 항상 한계생산물보다 크기 때문에 *AP*곡선은

---

* N. Kaldor, "Alternative Theories of Distribution," *Review of Economic Studies* 23(2), 1956, p.65.

언제나 MP곡선의 위쪽에 자리 잡게 된다.* 노동자를 OX만큼 투입했을 때 전체 생산량은 노동자 수(OX)에 평균생산물($XA'=OA$)을 곱해준 것, 즉 그림에서 가장 큰 사각형 $OXA'A$의 면적으로 나타낼 수 있다. 한편 고전학파적 모형에서 임금은 생존비 수준인 $OC=XC'$에서 고정되므로 노동자 전체가 받아가는 임금 총액은 노동자 수(OX)에 임금(OC)을 곱한 것, 즉 그림에서 가장 아래에 있는 사각형 $OXC'C$의 면적이다.

농산물의 가격은 가장 열등한 토지에서의 한계생산물에 따라 결정되므로 $XB'(=OB)$가 된다. 그런데 이 OB는 노동뿐만 아니라 자본의 한계생산물도 포함하고 있음에 주의해야 한다. 즉, 고용된 노동자의 1인당 임금과 이윤의 합, 즉 1인당 순생산물(또는 물량으로 나타낸 부가가치)을 나타내는 것이다. 한편, 이보다 비옥한 토지에서는 당연히 더 많은 양의 농산물을 생산한다. 따라서 비옥한 토지까지 포함해서 계산한 평균생산물은 여기에서의 한계생산물, 즉 가장 열등한 토지에서의 한계생산물보다 클 것이다.

노동자 수(OX)에 대응하는 한계생산물은 가로축의 좌표에서 수직으로 올라가 MP곡선과 만나는 점까지의 높이, 즉 $XB'(=OB)$와 같고, 평균생산물은 다시 수직으로 올라가서 AP곡선과 만나는 점까지의 높이, 즉 $XA'(=OA)$와 같다. 그 둘의 차이, 즉 그림에서는

---

* 이것은 평균값과 한계값 사이의 산술적 관계 때문에 생기는 특성이다. 예를 들어 평균점수가 60점인 학급에 새로 학생 한 명이 전학을 왔다고 해보자. 만약 그 학생의 점수가 50점이라면, 그 결과 학급의 평균점수는 60점 아래로 떨어질 것이다. 즉, 점수의 한계값(50)이 원래의 평균값(60)보다 작을 때 평균은 떨어진다.

XA'에서 XB'를 뺀 값인 $A'B'(=AB)$가 노동자 1인당 지대가 되며 지대의 총량은 거기에다 노동자 수(OX)를 곱해준 것, 즉 맨 위의 사각형 $ABB'A'$의 면적이다. 그렇다면 전체 생산량 $OXA'A$에서 임금과 지대를 뺀 나머지, 즉 사각형 $BCC'B'$가 자본가에게 돌아가는 이윤이 된다.

점점 인구가 증가해 고용된 노동자 수가 늘어나면서 가로축의 좌표가 오른쪽으로 이동함에 따라 지대가 차지하는 몫은 점점 커지고 이윤은 줄어든다. 정체상태는 정의상 이윤율이 0이 되는 상태, 즉 가장 열등한 토지에서 생산되는 농산물이 겨우 노동자의 임금만 지급하기에 충분한 수준이 되는 상황을 가리킨다. 그림에서는 X^*에서 생산하는 경우다. 이때 노동과 자본 세트의 한계생산물은 임금을 겨우 충당하는 수준($X^*C^*=OC$)에 머물기 때문에, 이윤은 완전히 줄어들어 0이 된다. 지대의 크기를 나타내는 사각형 $ABB'A'$가 점점 커지면서 이윤의 크기인 $BCC'B'$가 마치 거의 다 쓴 치약을 짜내듯이 압착^{squeeze}되는 셈이다.

여기에서 수확체감의 법칙을 전제하는 것이 반드시 한계생산성 분배이론을 지지하는 것을 의미하지는 않음을 알 수 있다. 신고전학파의 한계생산성 분배이론은 이 그림에서 임금이 노동의 한계생산성에 따라 결정된다는 조건을 추가한 것이기 때문이다. 물론 이 경우 이윤은 공제가 아니라 자본의 한계생산성에 따라 결정되는 것이다.

참고로 한계생산물 개념을 사용하는 것 자체가 반드시 한계생산성이론과 연결되는 것은 아님을 지적해둘 필요가 있다. 일례로 만약 한계생산성이론을 알았더라면 가장 반대했을 것임에 틀림없는 마르크스도 한계 개념 자체에 관해서는 매우 우호적이었고 스스로 미분을 공부한 방대한 분량의 수학노트를 남기기도 했다. 특히 1868년 1월 지인에게 보낸 편지에서『고립국』Der Isolierte Staat의 저자로 유명한 튀넨Johann Heinrich von Thünen이 미분법을 사용해 리카도의 지대이론을 이해하는 데 기여했다는 점을 높이 평가한 적도 있다.

한 가지 흥미로운 점은 신고전학파 경제학의 시조라고 할 수 있는 왈라스도 장기 동학에 관해 리카도와 유사한 비전을 갖고 있었다는 사실이다. 그는 "발전하는 경제에서 가격변화의 법칙"*이라는 제목으로 자본축적 그리고 인구증가와 더불어 생산물과 서비스의 가격이 어떻게 변화해가는가라는 물음을 던진다. 왈라스의 결론만 요약하면 "발전하는 사회에서는 노동의 가격, 즉 실질임금에는 큰 변화가 없고 토지서비스의 가격, 즉 지대는 크게 상승하며 이자율은 제법 눈에 띄게 하락한다"는 것이다.

왈라스는 이른바 일반균형이론에 입각해 자본재를 하나로 통합하는 것이 아니라 각각의 자본재에 대해 순소득률을 계산하는 방식을 택했다. 그리고 경쟁 때문에 각 자본재의 순소득률은 같아진다고 보았다. 전체 자본스톡에 대한 이윤의 비율이라는 이윤율 개념 대신에 이자율 개념을 사용하는 것이다. 어쨌거나 적어도 결론만 놓고 보면 실질임금이 일정하게 유지되면서 지대상승으로 말미암아 자본서비스의 가격인 이자율이 하락한다는 왈라스의 결론은 리카도의 결론과 흡사하다.

---

* Léon Walras, *Elements of Pure Economics: Or the Theory of Social Wealth*, trans. by W. Jaffé, Illinois: Richard D. Irwin Inc., 1954[1874], p.382.

왈라스의 결론만 요약하면
"발전하는 사회에서는 노동의 가격,
즉 실질임금에는 큰 변화가 없고
토지서비스의 가격, 즉 지대는 크게
상승하며 이자율은 제법 눈에 띄게
하락한다"는 것이다.

이윤율 저하와 상쇄요인

이윤율이 장기적으로 저하할 것이라는 주장을 명시적으로 하나의 "법칙"law이라고까지 부른 것은 마르크스였다. 그러나 정체상태에 대한 전망을 공유하고 있던 다른 고전학파 경제학자들도 굳이 법칙이라 부르지는 않았지만 일반적으로 이를 일종의 법칙적 현상으로서 받아들였다. 예를 들어 스미스의 경우, 자본 간의 경쟁 때문에 가격이 하락함으로써 이윤율이 저하할 것이라는 생각을 가지고 있었다.

미국의 저명한 마르크스주의 역사학자인 브레너Robert Brenner는 1998년 좌파 학술지인 『뉴레프트리뷰』New Left Review 한 호 전체를 차지한 「글로벌 위기의 경제학」The Economics of Global Turbulence이라는 논문을 발표함으로써 주목을 받은 바 있다. 이 논문에서 브레너는 제2차 세계대전 이후 세계 경제위기의 구도를 설명하면서, 자본 간의 과잉경쟁으로 말미암은 가격 하락과 그에 따른 수익성 저하라는 핵심 명제를 제시했다. 이를테면 1945년 이후 자본주의 세계경제의 최강자이던 미국의 지위를 일본과 독일(당시 서독)이 추격하면서 발생한 국제 경쟁이 결국에는 생산성 저하나 수익성의 위기로 이어졌다는 것이다.

당시 많은 마르크스주의 경제학자들은 스미스적 동학에 따라 이윤율 저하를 설명한다는 이유로 브레너의 주장을 비판했다. 물론 단지 마르크스주의자가 스미스적 논리를 사용한다는 이유만으로 비판받아서는 안 될 것이다. 다만 이윤율 저하를 설명하는 논리가 같은 고전학파 시대의 경제학자들 사이에서도 차이가 있다는 점은 기억해둘 필요가 있다.

또 하나 중요한 점은 이윤율 저하를 주장하는 고전학파 시대의 경제학자들은 항상 그것을 저지하는 요인, 즉 이윤율이 쉽게 내려가지 않도록 하는 요인들을 함께 제시하고자 했다는 사실이다. 이 또한 마르크스에게서 가장 분명하게 나타나지만, 리카도의 경우에도 그러했다. 리카도는 "이윤의 이러한 중력(하락하는 자연적 경향)은 다행히도 필수품의 생산에 관련된 기계의 개량 및 우리로 하여금 이전에 소요되던 노동의 일부를 그만둘 수 있고 따라서 노동자의 제1차적 필수품의 가격을 낮출 수 있게 해주는 농학상의 발견들에 의해서, 간간이 저지된다"*고 말한다.

리카도는 정체상태를 가까운 미래의 일은 아니지만 불가피한 것으로 생각했다. 정체상태, 즉 이윤율 저하를 지체시키는 요인은 두 가지가 있는데, 하나는 농업 부문의 기술진보이고 다른 하나는 자유무역으로 인한 농산물 가격 하락이었다. 특히 자유무역을 강조한 것은 저 유명한 리카도의 비교우위론이나 곡물법Corn Law 폐지론**

---

* 데이비드 리카도, 앞의 책, 1991, 190~191쪽.
** 곡물법은 유럽 대륙에서 곡물을 수입하는 것을 금지하는 영국의 조례였다. 지주계급의 이익을 옹호하면서 곡물법 유지를 주장한 맬서스와는 달리, 리카도는 곡물법을 철폐함으로써 수입을 자유화해야 한다고 주장했다. 리카도가 볼 때 지주계급은 기술진보에 장해가 되는 기생적 계급일 뿐만 아니라, 곡물 가격 하락은 이윤율을 상승시킴으로써 자본축적을 자극할 수 있는 요인이었다. 리카도는 곡물 수입으로 말미암아 임금이 하락할 때 노동자의 수요가 감소할 가능성에 대해서는 심각하게 고려하지 않았다. 자본가가 늘어난 이윤을 모두 투자할 것이라 생각했기 때문이다. 그렇지만 만약 자본가가 투자를 충분히 늘리지 않는다면 노동자의 수요 감소 때문에 전체 유효수요가 줄어들 가능성도 있다. 즉, 실질임금이 떨어지고 노동소득분배율이 하락하는데도 기업의 투자는 부진

과 짝을 이룬다. 자유무역이 이윤율 저하, 즉 수확체감을 저지할 수 있다는 논리는 아주 쉽게 생각하면 경작지로 활용할 수 있는 비옥한 땅의 면적이 국경을 넘어 지구 전역으로 확대된다는 의미로 이해할 수 있다. 영국 안에서만 토지를 경작하다가는 금세 수확체감에 부딪히고 말 테지만, 영국보다 비옥한 토지를 많이 갖춘 외국에서 생산하는 농산물의 생산비용은 훨씬 낮을 것이므로 그것을 수입함으로써 임금과 지대의 상승을 막을 수 있는 것이다.

수입자유화로 곡물 가격이 하락하면, 노동자는 똑같은 임금으로도 더 많은 곡물을 살 수 있게 되는 반면 지주의 수입은 줄어들 것이다. 외국의 더 비옥한 토지에서 생산된 곡물을 수입한다는 것은 국내 지주들이 가진 토지의 비옥도를 상대적으로 떨어뜨림으로써 지대 또한 떨어뜨리기 때문이다. 물론 이러한 저지 경향이 이윤율 저하를 영원히 막는 것은 아니다. 지구상에 경작할 수 있는 토지가 제한되어 있다는 문제를 원천적으로 해결하는 것은 아니기 때문이다.

그렇다면 또 하나의 저지요인인 기술진보는 어떠한가? 리카도가 기술진보의 역할을 간과한 것은 아니지만, 그 속도가 수확체감의 법칙을 극복할 만큼 빠르지 못하다고 생각한 것은 맞는 듯하다. 기술진보의 역할에 관한 체계적 이론은 리카도보다 한참 뒤로 미루어졌고, 고전학파 시대에는 마르크스에 의해 집중적으로 분석되었다.

한 상황도 있을 수 있다. 케인스 식으로 말하자면, 장래의 경제 전망이 어둡기 때문에 기업가의 야성적 충동(animal spirits)을 자극하지 못하는 상황이다. 그 같은 국면에서는 실질임금을 증대시킴으로써 소비를 늘리는 것이 경기회복에 도움이 될 수 있다.

현대 경제학에서 이노베이션^{innovation}, 즉 기술혁신의 역할을 체계적으로 강조한 것은 역시 슘페터^{Joseph Schumpeter}다. 슘페터는 기업가의 '창조적 파괴'^{creative destruction}라는 측면을 자본주의 발전의 동학으로 강조했다. 슘페터의 기여로 볼 수 있는 것은 기술혁신이 단순히 무에서 유를 창조해내는 것이 아니라 기존에 있던 것들의 재조합을 통해서도 가능하다고 본 데 있다.* 만약 그렇다면 기술혁신은 쉽게 고갈되는 것이 아니라 무궁무진할 수 있는 것이었다.

슘페터는 1942년에 펴낸 『자본주의, 사회주의, 민주주의』에서 한편으로는 자본주의의 죽음을 예언하면서도 다른 한편으로는 자본주의의 대량생산 엔진이 쉽게 꺼지지 않는다는 점을 강조했다.

"바로 그 엔진 덕분에 현대의 어린 여공들은 한 세기 전에는 여왕에게조차 너무 값비쌌던 스타킹을 사서 신을 수 있다."**

사실 이런 식의 주장은 자본주의하에서의 불평등 심화에 대해 보수적인 경제학자들이 반박의 근거로 사용하는 전형적인 논리이기도 하다. 얼핏 보면 모순되는 듯한 이러한 주장은 어쨌거나 기술혁신이 고전학파의 정체상태, 즉 성장의 엔진이 꺼지는 것을 막아주는 힘임을 암시하고 있다.

기술진보와 유효수요

20세기 전반의 마르크스주의 혁명가이자 경제학자였던 룩셈부

---

* 에릭 브린욜프슨 · 앤드루 맥아피, 이한음 옮김, 『제2의 기계시대』, 제4장, 청림출판, 2014.

** 실비아 나사르, 김정아 옮김, 『사람을 위한 경제학』, 반비, 2013, 561쪽.

르크[Rosa Luxemburg]*는 유효수요 부족이라는 자본주의 고유의 곤란을 식민지 개척이라는 제국주의적 방식을 통해 일시적으로 타개하더라도 궁극적으로 세계의 모든 지역이 식민지가 되고 나면 다시 그 한계에 부딪힐 것이라 주장했다. 이와 비슷한 논리에서 자본주의가 저절로 붕괴할 것이라 주장한 마르크스주의자들도 있었다. 물론 룩셈부르크 유의 주장은 현실화되지 않았다. 여러 가지 요인이 작용한 탓이겠으나, 그중 하나는 자본주의가 끊임없이 시장을 창출하는 능력을 갖추고 있었다는 점이다.

자본축적의 진전에 따라 유효수요가 부족할 수 있다는 주장은 맬서스에서부터 시작해 마르크스에게도 나타나지만, 역시 케인스에게서 가장 분명하게 나타났다. 실제로 세계대공황을 거친 뒤 제2차 세계대전 이후의 호황기에도 이 문제는 중요하게 대두한다. 대표적으로 미국의 마르크스 경제학자인 스위지[Paul Sweezy]**는 바

* 룩셈부르크는 경제학의 역사에서 최초로 언급할 만한 여성 경제학자라고 할 수 있다. 그녀는 폴란드의 유대인 집안에서 태어났으며 스위스 취리히 대학에서 폴란드의 산업발전에 관한 연구로 박사학위를 받았다. 이후 독일 시민권을 얻고 독일사회민주당 내 좌파로 활동하며 1913년에 독일어로 『자본축적론』을 저술했다. 그녀는 1919년 정치적 격변의 와중에 우파에게 살해되었다. 로빈슨은 1951년 룩셈부르크 책의 영어판에 「서문」을 썼는데, 1956년에 출간한 로빈슨의 저작 제목도 『자본축적론』인 것이 흥미롭다.
** 스위지는 하버드 대학 경제학과의 황금시대라 불리는 1940년대, 슘페터가 정교수던 시절 조교수로 근무했다. 그는 당시 촉망받는 박사과정 학생인 새뮤얼슨과도 친했다. 스위지의 초기 업적 중에 과점기업의 가격은 신축적으로 움직이지 않는 이유를 설명하는 굴절수요곡선 모형이 있는데, 아직도 경제학 교과서에 소개되곤 한다. 로빈슨이나 칼레츠키 등이 비슷한 시기에 불완전경쟁이론

란Paul Baran*과 함께 쓴 『독점자본』Monopoly Capital에서 전후 자본주의의 독점화 때문에 이윤율이 저하하는 것이 아니라 오히려 경제 전체의 잉여를 독점자본이 흡수하는 힘이 커지는 경향이 있음을 강조했다. 경제적 잉여를 흡수해 엄청나게 증대된 생산능력은 필연적으로 수요 부족의 문제에 직면할 수밖에 없는데, 이를 해결하기 위한 방법이 군수산업이나 광고, 마케팅 등을 통한 인위적인 수요 창출이라 본 것이다. 정치적 견해의 좌우에 상관없이 경제학자들은 수요 부족에 따른 자본주의의 정체 경향을 인지했던 셈이다.

그러나 리카도는 '공급이 스스로 수요를 창출한다'는 이른바 세이의 법칙Say's law을 받아들이고 있었기 때문에, 수요 부족의 문제

을 제시한 것과 같은 맥락일 것이다.

그러나 스위지는 급진적 사상 때문에 하버드 대학에서 정년을 보장받지 못하고 매카시즘 시기에는 조사를 받으며 강의 내용을 보고하도록 강요당하는 등의 수모를 겪었다. 원래 은행가의 아들로 부유한 집안에서 태어난 스위지는 뉴욕에 근거지를 두고 『먼슬리 리뷰』(Monthly Review)라는 잡지를 발간해 미국 좌파의 상징으로 남았다.

새뮤얼슨은 자신이 학생이던 시절 "거인들이 지구와 하버드 야드를 걸어 다니던" 때를 회상하며 슈페터를 "교활한 멀린"(foxy Merlin: 아서왕 전설에 나오는 마법사)에, 스위지를 "젊은 갤러해드"(young Sir Galahad: 아서왕 전설에 나오는 기사)에 비유했다. 또한 스위지는 "엑스터(Phillips Exeter Academy: 미국의 명문 사립고등학교로 스위지의 모교)와 하버드가 낳을 수 있는 최선의 인물"이었다고 평했다.

* 스위지와 함께 『먼슬리 리뷰』를 이끈 바란은 명문 스탠퍼드에서 대학 교수를 지냈다. 그는 1964년에 죽을 때까지 "미국 대학에서 정년보장을 받은 유일한 마르크스주의 경제학자"라는 말을 듣기도 했다.

를 심각하게 생각하지 않았다. 예를 들어 저임금이 유효수요 부족이라는 문제를 일으키지는 않을 것인데, 왜냐하면 임금이 하락하는 대신 증가한 이윤이 투자수요로 연결될 것이기 때문이었다. 케임브리지 방정식, 즉 경제성장률은 자본가의 저축성향에 이윤율을 곱한 것이라는 식에서 자본가가 이윤을 100% 저축한다고 가정하면, 성장률은 항상 이윤율과 같아짐을 알 수 있다. $g = s \times r$에서 $s = 1$이라면 $g = r$을 얻는다. 그러므로 이윤율이 하락하지 않는 한 성장률은 떨어지지 않으며, 성장이 정체하는 원인은 궁극적으로 (리카도의 경우 수확체감의 법칙에 따른) 이윤율 저하일 수밖에 없는 것이다.

이윤율의 하락

고전학파 시대의 경제학자들은 물론 케인스나 심지어 신고전학파의 시조에 해당하는 왈라스까지도 모종의 이윤율 저하를 이론적으로 예측했다는 것은 퍽 흥미로운 사실이 아닐 수 없다. 그런데 피케티는 특이하게도 자본수익률, 즉 이윤율이 항상 4~5%로 유지된다고 주장한다. 장기에 걸친 데이터를 검토할 때 일단은 지금까지 그랬으며 앞으로도 그럴 가능성이 크다는 것이다. 미래의 일에 대해서는 "돈이 많은 사람들은 자신의 이익을 지키는 데 결코 실패하지 않는다"*는 잠언 같은 문장을 제시할 뿐이다.

피케티의 주장 중에서 또 하나 흥미로운 지점은 운용하는 자본의 규모가 클수록 수익률이 높아진다는 것이다. 사실 이와 관련된 구체적 데이터를 얻기는 매우 힘들다. 슈퍼부자들이 어떤 식으로 자산을 운용하고 있는지는 정확하게 알 길이 없기 때문이다. 그래서 피케티는 공개된 자료를 이용해 간접적으로 추정해보는데, 대표적인 것이 미국 대학 기금의 운용 성과에 관한 데이터다.

---

* 토마 피케티, 장경덕 외 옮김, 『21세기 자본』, 글항아리, 2014, 697쪽.

예를 들어 가장 많은 기금을 갖고 있는 하버드 대학은 1980년부터 2010년까지 30년 동안 각종 금융관리비용은 물론 인플레이션까지 감안한 순수익률만 해도 연평균 10%가 넘는 수준이었다. 반면 기금이 가장 적은 규모에 속하는 대학의 연평균 수익률은 같은 기간 6.2%에 그쳤다. 사실 이러한 결과는 생활인이라면 직관적으로 쉽게 예측해볼 수 있는 것이지만, 경제학 이론으로 마땅히 설명하기는 쉽지 않다. 누구나 아는 것을 경제학자만 모르고 있다는 비판은 여기에도 적용되는 것이 아닐까?

마르크스 역시 『자본론』 제3권의 초고를 준비하던 1860년대의 시점까지 리카도 등의 예측에도 불구하고 왜 이윤율이 떨어지지 않았는지 설명하는 것을 중요한 연구과제라 생각했다.

이윤율 저하 경향의 법칙: 마르크스

마르크스는 정체상태라는 표현을 사용하지는 않았지만 이윤율 저하를 정치경제학에서 가장 중요한 법칙이라 말할 정도로 중요하게 생각했다. 스미스는 자본 간 경쟁 격화를, 리카도는 수확체감의 법칙을 이윤율이 저하하는 원인으로 본 반면, 마르크스는 기술혁신의 성격 그 자체에서 이윤율 저하 경향의 법칙을 이끌어내고자 했다.

흥미로운 것은 스미스와 리카도가 이윤이 저하하는 원인으로 보는 요인들을 마르크스가 이용하는 방식이다. 먼저 리카도의 수확체감의 법칙은 기술진보가 빠른 속도로, 그것도 지속적으로 일어나면 성립하지 않는다는 점을 기억하자. 예를 들어 피케티는 마르크스의 이론이 "장기적으로 생산성 증가율이 0이라는 강한 가정에

암묵적으로 기초"*하고 있다고 말하지만, 이는 마르크스 경제학에서 보면 문제의 소지가 많은 해석이다. 마르크스는 일찍이 「공산당선언」에서부터 자본주의가 빠른 속도로 기술진보를 이루어낸다는 점을 매우 강조한 바 있기 때문이다.

오히려 마르크스는 기술진보가 끊임없이 일어난다는 것, 그것도 노동에 비해 자본을 많이 사용하는 쪽으로 기술진보가 일어난다는 점에서 이윤율이 저하하는 원인을 찾았다. 마르크스는 상품의 가치가 그 상품을 생산하는 데 사회적으로 필요한 노동량에 따라 결정된다고 보았고, 이윤은 노동자계급의 잉여노동을 자본가가 착취함으로써 발생함을 논증하고자 했다.

노동에 비해 자본을 상대적으로 더 많이 쓰는 기술을 도입하면, 노동자계급에서 뽑아낼 수 있는 잉여노동의 양은 줄어들 가능성이 크다. 바로 이 때문에 이윤율은 궁극적으로 저하할 것이라 본 것이다. 물론 노동투입량이 줄어들더라도 그중에서 더 많은 부분을 자본가가 가져갈 수 있다면, 반드시 이윤율이 떨어지진 않는다. 그러나 어느 수준을 넘어서서 노동자를 착취하는 것이 항상 가능하지는 않다.

앞 장에서 사용했던 기호를 이용해 마르크스의 생각을 정리해보자. 이윤율(r)은 다음 식에서 보듯이 자본의 유기적 구성(C/V)과 잉여가치율 또는 착취율(S/V)이라는 두 가지 요인에 따라 결정된다.

---

*　같은 책, 2014, 27쪽.

$$r = \frac{S}{C+V} = \frac{S/V}{C/V+1}$$

그런데 기술진보가 자본의 유기적 구성(C/V)을 증가시키는 방향으로 일어난다면, 잉여가치율 또는 착취율(S/V)이 그보다 더 빨리 증가하지 않는 한 이윤율은 하락할 수밖에 없다. 즉, 시간이 지날수록 분모가 커지므로 분자가 그보다 더 빠른 속도로 커지지 않는 한, 분수 전체의 값은 작아지는 것이다.

리카도는 이렇게 자본을 더 많이 사용하는 방향으로 기술이 변화하는 경우 임금분배몫, 즉 노동소득분배율(전체 소득에서 노동소득이 차지하는 몫)이 감소한다고 보았다. 노동소득분배율의 감소는 잉여가치율 또는 착취율(S/V)의 증가와 근사적으로 일치한다고 볼 수 있으므로, 마르크스적으로 표현하면 노동자의 착취가 강화된다는 것을 의미한다.

그러나 마르크스는 그런 경우에도 잉여가치의 증가율에는 한계가 있어서 이윤율의 저하를 막기 어렵다고 보았다. 예를 들어 기술진보가 전혀 없이 그저 노동자를 더 많이 일하도록 만듦으로써 착취를 강화한다고 해보자. 그 누구도 하루 24시간을 초과해서 일할 수는 없기 때문에 결국 한계에 부딪히게 될 것이다.

그렇지만 기술이 매우 빠른 속도로 발전한다면 노동자들이 똑같은 시간을 일하더라도 생산량은 많이 늘어날 수 있고 노동력 가치, 즉 노동자가 소비하는 상품 바구니를 생산하는 데 필요한 노동시간은 크게 줄어들 것이다. 즉, S/V의 분모인 V가 줄어들면 분수의 전체 값은 노동시간의 절대적 한계를 넘어서 증가할 수 있다. 그러

마치 쉴 새 없이 발을 움직이지 않으면
떨어지고 마는 광대의 공굴리기 묘기처럼
자본가는 경쟁에서 살아남기 위해
기술혁신에 나서야 하며 그 과정에서
이윤율은 하락한다는 것, 그것이 바로
마르크스가 논증하고자 했던 자본축적과
기술혁신에 관한 이미지였다.

므로 이윤율 저하 여부와 관련해서도 다시 열쇠는 기술진보인 것이다.

이렇게 끊임없이 기술이 진보하도록 만드는 가장 중요한 메커니즘은 자본 사이의 치열한 경쟁이다. 다른 자본가들보다 더 적은 노동량을 들여 제품을 생산함으로써 초과이윤을 얻을 수 있기 때문이다. 즉, 스미스가 강조한 자본 간 경쟁은 마르크스에게는 리카도가 강조한 수확체감의 법칙을 넘어설 수 있도록 하는 요인이 되며, 그러면서도 역설적으로 이윤율이 저하하도록 만들어주는 역할을 하는 것이다.

한편 이렇게 자본 간 경쟁을 통해 기술진보가 끊임없이 일어난다고 설명하는 것은 20세기에 들어와 슘페터가 기술혁신을 설명하는 방식에서도 차용된다. 슘페터는 기술혁신에 성공한 기업가는 일시적으로 시장을 독점함으로써 높은 이윤을 얻게 된다고 보았다. 혁신에 대한 보상인 셈이다. 그러나 다른 기업가가 혁신을 모방해 쫓아오면 일시적 독점은 깨지고 높은 이윤도 사라진다. 바로 이렇게 높은 독점이윤을 얻기 위해 기업가들은 치열한 혁신 경쟁을 벌이는 것이다.

논리적으로 기술진보가 반드시 노동보다 자본을 더 많이 사용하는 방향으로만 일어나는 것은 아니다. 그렇지만 마르크스가 리카도와는 달리 이윤율 저하가 내생적으로 생겨난다는 점을 강조한 것은 매우 중요한 특징이다. 자본주의는 끊임없이 축적해야 하는 일종의 엔진인데, 그 엔진은 돌아가면 갈수록 이윤율을 떨어뜨리는 메커니즘을 내장하고 있다는 뜻이기 때문이다. 마치 쉴 새 없이 발을 움직이지 않으면 떨어지고 마는 광대의 공굴리기 묘기처럼 자본가는 경쟁에서 살아남기 위해 기술혁신에 나서야 하며 그 과정에서 이윤율은 하락한다는 것, 그것이 바로 마르크스가 논증하고자 했던 자본축적과 기술혁신에 관한 이미지였다.

이윤율은 왜 쉽게 떨어지지 않는가(1): 이윤율 저하의 상쇄요인들

이미 지적한 것처럼, 고전학파 경제학자들은 이윤율을 저하시키는 요인과 반대로 저하를 막는 요인을 대립시키는 논리 구조를 공유하고 있었다. 그중에서도 마르크스는 "이윤율이 저하하는 것 자체가 아니라 왜 점진적으로밖에 떨어지지 않는지를 밝히는 것"이 더 중요하다고 주장할 정도로 상쇄요인을 설명하는 데 많은 노력을 기울였다. 리카도나 밀이 지적했듯이, 무역을 통해 값싼 원료나 생산수단을 수입하는 것도 분명히 이윤율 저하를 막는 요인일 것이다.

마르크스도 같은 의미에서 외국무역이 이윤율 저하를 상쇄하는 요인일 수 있다고 인정한다. 그는『자본론』제3권에서 이윤율이 점진적으로만 저하하는 이유를 설명하기 위해 이윤율 저하의 상쇄요인들을 논의한 바 있다. 마르크스가 든 요인은 노동시간 연장이나 노동강도 강화 등과 같은 착취의 증대, 임금 인하, 기계 등 불변자본의 가치 하락, 대외무역, 주식회사의 보급 등이다. 착취의 증대와 임금 인하는 계급투쟁으로 설명할 수 있는 부분이며 불변자본의 가치 하락은 끊임없는 기술혁신을 가정해야 하는 것이다.

피케티가 이러한 두 가지 요소, 즉 계급투쟁과 지속적인 기술혁신을 자신의 이론에서 배제하고 있다는 점을 감안하면, 결국 대외무역을 통한 값싼 원료 구입이나 주식배당제도 등의 금융적 요인에 따른 자본가 분파 내의 분배 변화라는 요인만 남는다. 마르크스의 견지에서 보면 이러한 요인들은 결국 제로섬zero-sum이 될 수밖에 없는 '수탈'expropriation의 범주에 속하므로, 피케티의 주장처럼 전 세계적으로 자본수익률이 안정적으로 유지되는 메커니즘은 될 수 없다.

기술변화의 내생적 과정이라는 관점에서 볼 때 가장 중요한 상쇄요인은 불변자본, 즉 기계 등의 생산수단(자본재)의 가치가 하락한다는 것이다. 기술이 진보하면 자본재를 생산하는 데 사회적으로 필요한 노동량도 줄어들 수밖에 없다. 그 결과 자본을 상대적으로 더 많이 쓰는 기술의 경우에도 자본재 생산 부문의 기술이 발전하는 속도가 매우 빠르면 가치로 측정한 자본과 노동의 비율, 즉 자본의 유기적 구성은 오히려 감소할 수도 있는 것이다.

컴퓨터처럼 짧은 시간에 눈부시게 기술이 진보하는 제품을 생각하면 알기 쉽다. 자본재로 많은 양의 컴퓨터를 사용한다 하더라도 기술진보 때문에 컴퓨터의 가치가 급격하게 하락한다면, 눈에 보이는 물량에 비해 실제로 자본의 유기적 구성은 그리 많이 올라가지 않거나 심지어 떨어질 수도 있다.

물론 소비재 부문에 비교해서 자본재 부문의 기술이 진보하는 속도가 빠를 때에만 그렇게 말할 수 있다. 산업 부문들 사이에 생산성이 불균등하게 발전하는 경우를 고려하면 분석은 더욱 복잡해질 것이다. 어쨌건 자본논쟁이 제기했던 자본을 측정하는 문제는 마르크스의 이론에서도 중요한 논점이 된다.

이윤율은 왜 쉽게 떨어지지 않는가(2): 오키시오 정리

오키시오 노부오置塩信雄는 수학적 방법을 엄밀하게 사용해 마르크스 경제학을 연구한 학자였다. 도쿄 대학이나 교토 대학에 비하면 변방이라고도 할 수 있는 고베 대학에서 공부했고 모교에서 평생 교수로 지냈다. "쇼와 20년[1945] 9월 21일 밤, 나는 죽었다"라는 충격적인 내레이션으로 시작하는 일본 애니메이션 「반딧불이의 묘」가 묘사하는 바로 그 시절 그곳(고베)에서 대학에 입학한 오키시오는 같은 또래의 일본 대학생들이 그러했듯이 학창 시절에 마르크스의 『자본론』을 읽었지만 한 번에 큰 감동을 받지는 못했다.

오키시오는 마르크스가 왜 가격이 아니라 가치라는 개념으로 자본주의 사회의 착취를 설명하는지 이해하기 어려웠다. 제2차 세계 대전에서 참혹하게 패배한 일본, 그 대도시에서 서민들은 극심한 인플레이션과 물자 부족 등의 문제에 시달리고 있었다. 그렇다면 착취건 불평등이건 간에 눈에 보이는 현실의 가격에 기초해서 설명할 수 있어야 할 것이 아닌가? 바로 이러한 의문이 오키시오의 평생에 걸친 연구의 실마리가 되었다.

오키시오 정리라 불리는 그의 정리는 자본가가 새로운 기술을 도입하는 이유는 무엇일까라는 물음에서 출발한다. 이런 물음을 던진 것이 그가 처음은 아니었다. 거슬러 올라가면, 엥겔스도 마르크스 사후에 자신이 편집한 『자본론』 제3권의 한 단락에 이러한 물음을 던져놓았다.

오키시오가 이 문제를 명확하게 다듬을 수 있었던 것은 기술적으로 20세기 초반에 정립된 페론-프로베니우스Perron-Frobenius 정리라는 수학적 도구를 활용할 수 있는 힘 때문이었다. 만약 마르크스가 주장하는 대로 자본을 더 많이 쓰는 기술을 도입해 결국 이윤율이 하락한다면, 되풀이되는 기술 도입-이윤율 하락의 악순환 속에서 자본가는 왜 빠져나오려 하지 않을까?

이 문제는 죄수의 딜레마라는 개념으로 어느 정도 설명할 수 있다. 개별 자본가들은 다른 자본가들과의 치열한 경쟁에 직면해 있기 때문에 경제 전체의 이윤율이 하락하는 것에 신경 쓸 여유도, 이유도 없다. 경쟁에서 이기면 일시적으로라도 초과이윤을 얻을 수 있기 때문에, 혹여 장기적으로 경제 전체의 이윤율이 떨어질 것을 안다 하더라도 기술혁신을 멈출 수 없다. 마치 따로 격리된 방에서 자백의 대가로 감형을 제안받은 공범 둘이 앞다투어 자백하고 마는 결과가 나오듯, 개별 자본은 자본을 더 많이 쓰는 기술혁신을 도입할 수밖에 없는 것이다.

어쨌거나 오키시오는 실질임금이 오르지 않는 한, 마르크스가 말하는 기술변화만으로는 이윤율이 저하하지 않고 오히려 상승하거나 적어도 일정하다는 것을 수학적으로 증명했다. 즉, 자본가가 현행 가격수준에서 비용을 절감하는 기술만을 도입한다면, 실질임금이 일정한 한 새로운 균형이윤율은 하락하지 않는다. 기술도입이 기초재 부문에서 일어나면 이윤율은 오히려 상승하며, 비기초재 부문에서 일어나도 이윤율은 그대로 유지된다.*

---

* 기초재는 경제 내의 다른 모든 상품을 만드는 데 직간접적으로 필요한 재화를 가리킨다. 예를 들어 자동차 만드는 데 철강이 필요하고 철강 생산에는 철이 필요하다면, 철은 자동차 생산에 직접 투입되지는 않지만 철강을 통해 간접적으로 투입된다. 만약 철이 다른 모든 상품의 생산에 이런 식으로 직접 또는 간접으로 투입된

마르크스 경제학 내부에서 격렬한 논쟁의 대상이 되었던 이 정리는 매우 중요한 문제를 지적하고 있다. 오키시오 정리를 그 대우[*]로 해석하면, 만약 이윤율이 저하했다면 그것은 실질임금이 상승했기 때문이라는 의미가 된다. 즉, 계급 간의 분배 변화 없이 기술적 요인만으로 이윤율이 하락한다고 말할 수 없다는 것이다.

이윤율 저하가 계급 대립과 무관하게 기술변화의 특성 때문에만 생겨난다고 설명하는 것은 신고전학파의 한계생산성이론이 생산함수라는 기술적·공학적인 요인에 따라 분배가 결정된다고 설명하는 것과 비슷한 사고방식에 기초하고 있다. 같은 차원에서 바로 비교하기는 어렵겠지만, 마르크스의 법칙도 계급관계를 무시하고 순전히 기술적 요인으로만 이윤율의 저하를 예측한 것으로 읽어서는 곤란할 것으로 보이는 대목이다. 분배가 그 어떤 기술적 요인에 따라 기계적으로 결정되는 것은 아님을 강조한다는 측면에서 오키시오 정리가 오히려 마르크스적 전통에 충실한 것일 수도 있는 셈이다.

물론 오키시오가 다룬 이윤율은 피케티의 그것과는 다른 전통적

다면, 철은 기초재다. 오키시오는 노동자가 소비하는 임금재도 기초재에 포함시킨다. 어떤 상품이건 생산을 위해서는 노동이 필요하므로, 노동자의 소비를 통해 임금재도 간접적으로 투입되는 것으로 간주하기 때문이다. 반면 고전학파 경제학에서 사치재라 부르는 상품은 다른 상품의 생산에 직접은 물론 간접적으로도 필요하지 않은데, 그 경우 비기초재라 부른다.

[*] 'p이면 q이다'라는 명제의 대우는 'q가 아니라면 p가 아니다'이다. 오키시오 정리를 '실질임금이 일정하면, 이윤율은 하락하지 않는다'는 명제로 바꿔보면, 그 대우는 '이윤율이 하락한(했)다면, 실질임금은 일정하지 않다(즉, 상승했다)'이다.

인 의미의 개념이다. 그렇지만 피케티가, 비록 이론적으로 증명하지는 못하지만, 일정한 수익률을 유지하려는 자본소득자의 의도와 유지할 수 있는 능력에 주목한다는 점에서 오키시오의 관점과도 통하는 바가 있다.

오키시오 정리의 함의는 이윤율이 하락하지 않는다는 것이 아니라 이윤율의 하락 여부는 실질임금의 상승 여부, 마르크스 식으로 표현하면 계급 대립의 여하에 달려 있다는 것이다. 순수하게 기술적 요인만으로는 이윤율의 변화를 설명할 수 없다는 것, 이는 대체탄력성 개념에 의거해 자본/소득비율의 변화를 설명하려는 피케티의 시도를 반박하는 근거가 될 수도 있다. 피케티의 이론에서 자본소득분배율(α)과 자본/소득비율(β)이 함께 상승하는 결과*를 설명하는 하나의 방식은 대체탄력성이 1보다 크다고 가정하는 것이다. 일반적으로 자본이 축적될수록 자본의 한계생산성이 체감한다면 자본에 대한 보수는 줄어든다. 그런데도 자본소득분배율이 증가하려면, 즉 전체적으로 자본이 부가가치 가운데 더 많은 부분을 가져간다고 말할 수 있기 위해서는 자본의 양이 더 빠른 속도로 늘어나야 할 것이다. 이것이 바로 대체탄력성이 1보다 크다는 뜻이다.**

---

* 자본소득분배율은 전체 부가가치 중에서 자본소유자가 가져가는 몫이며, 자본/소득비율은 현재 축적되어 있는 자본의 양이 소득의 몇 배나 되는지를 나타낸다. 피케티는 자신이 분석한 나라들에서 최근 들어 이 두 가지 비율 모두 급속하게 상승하는 추세를 보인다고 주장했다. 4장의 설명 참조.
** 이러한 설명은 비판의 표적이 되었다. 많은 경험적 연구에서 대체탄력성은 일반적으로 1보다 작게 측정되기 때문이다. 그러나 피케

금리생활자의 안락사: 케인스

케인스도 맥락은 다소 다르지만 『일반이론』의 마지막 장인 사회
철학을 다루는 부분에서 '금리생활자의 안락사'를 주장한 바 있다.
자본이 충분히 축적되어 더 이상 자본이 희소한 생산요소가 아니
게 되면 그에 대한 보수가 0으로 떨어지리라는 것이다.* 여기에서

티의 분석 전체가 대체탄력성이 매우 크다는 가정하에서만 성립
한다는 것은 역설적으로 개념의 자기한계를 내재적 방법으로 보
여주는 것일 수도 있다. 어떤 개념을 끝까지 밀어부칠 때 오히려
모순에 부딪히게 됨을 드러내는 것은 아닐까? 대체탄력성 개념으
로 더 이상 나아갈 수 없는 지점, 그 한계상황에서 어떤 새로운 개
념을 발판으로 삼아 도약할 것인가? 물론 마르크스 경제학이라면
그것은 계급투쟁일 것이고, 마르크스 자신의 말을 패러디하자면
"여기가 로도스 섬이다. 뛰어라!"가 될 것이다. 실제로 피케티는
예의 전미경제학회 발표논문에서 이러한 설명방식은 자신이 선호
하는 해석이 아니며, 궁극적으로는 시간에 걸친 교섭력의 변화 같
은 요인을 고려해야 한다고 강조하기도 한다.

* 피케티는 이에 대해서는 아주 간략하게 각주에서 다룰 뿐이다. 케
인스는 자본이 얼마나 축적되어야 자본소득자가 자연스럽게 사라
질 것인지를 명확하게 제시하지 않았다는 것이다(피케티, 2014,
791쪽). 이른바 자본의 포화상태는 비현실적이라는 주장이다.
　피케티가 '금리생활자의 안락사'보다 더 중요하게 다루는 것은
자본축적의 황금률이다. 즉, $r = g$인 균형성장상태로 갈 가능성은
없는가라는 문제다. 흔히 $r > g$가 문제라면 g를 증가시키면 되지
않는가 하는 의문을 제기한다. 더 열심히 일하고 더 많이 교육과
연구개발에 투자해 새로운 성장 동력을 만들어냄으로써 더 빨리
성장하면 될 것 아닌가 하는 주장이다. 그런데 학설사를 보아도
추격(catch-up) 단계를 제외하면 지속적으로 높은 g를 유지할 수
있다는 이론은 없다. 피케티는 "황금률이 이끌어낸 주장은 단순히
자본축적의 상한선을 설정할 뿐 결코 거기에 도달하는 것을 정당
화하는 것은 아니라는 점을 명심해야 한다"고 단호하게 말한다

금리생활자란 "아무런 기능 없이" 희소한 자본을 가지고 있다는 이유만으로 보수를 얻는 계층을 가리킨다.

케인스적 성장이론의 특징은 성장이 투자에 의해 제약된다는 것이다.* 어떤 경제에서 투자, 즉 기업이 미래의 생산을 위해 자본재를 구입하는 행위의 규모는 궁극적으로 저축의 규모에 영향을 받을 수밖에 없다. 올해 생산되어 소득으로 분배된 것 중에서 소비되지 않은 부분, 즉 저축은 다음 해의 생산을 위해 이용될 수 있기 때문이다. 고전학파 경제학에서 임금은 생존비 수준에서 고정되기 때문에 노동자는 벌어들인 돈을 다 쓸 수밖에 없다. 결국 소득을 다 소비하지 않아도 살 수 있는 계급은 자본가뿐이다. 그래서 자본가의 저축은 투자를 위한 기금이 된다. 다시금 케임브리지 방정식 $g = s \times r$로 돌아가보면, 자본가의 저축성향(s)을 매개로 이윤율(r)은 성장률(g)로 이어지는 것이다.

그렇지만 케인스는 저축이 반드시 투자로 이어진다는 보장은 없다고 강조했다. 그의 비유를 들자면 "주말에 외식을 하기로 하는 결정"(저축)과 "외식의 메뉴를 결정"(투자)하는 것은 별개의 독립된 결정사항이다. 실제로 결정을 하는 주체도 서로 다른데, 저축이 자본가의 몫이라면 투자는 기업가의 몫이다. 이렇게 생각한다면 자본가의 저축성향이 커져서 이윤 중에서 더 큰 몫을 저축하더라도 투자를 하지 않으면 경제는 성장할 수 없다. 그러므로 케인스가

(피케티, 2014, 680쪽).

* Duncan K. Foley and Thomas R. Michl, *Growth and Distribution*, Cambridge: Harvard University Press, 1999.

보기에 투자 기능도 수행하지 않는 자본가의 존재는 기생적이며 성장에 무의미하다.

더구나 케인스적 관점에서는 고전학파가 심각하게 고려하지 않았던 유효수요로서 임금이 가진 기능의 문제도 지적할 수 있다. 고전학파에게 이윤은 성장의 엔진 역할을 하므로 임금이 생존비 수준으로 고정되는 것이 문제되지 않는다. 이윤이 커진 만큼 투자를 할 것이기 때문이다. 그러나 임금이 낮은 수준에서 고정되면 그만큼 소비재에 대한 수요가 줄어든다는 것을 의미하며, 반대로 임금상승은 노동자의 구매력을 증대시켜 소비재에 대한 수요가 증가하게 된다.

물론 임금상승이 기업의 투자 부진을 가져오는 측면도 분명히 존재한다. 따라서 임금상승이 유효수요를 증대시킴으로써 성장에 도움이 될 수도 있고, 반대로 투자 부진을 초래함으로써 성장을 저해할 수도 있다. 앞의 경우를 임금주도 성장, 뒤의 경우를 이윤주도 성장이라 부른다. 어떤 경제의 성장이 임금주도가 될지 이윤주도가 될지는 그 경제의 구체적인 조건에 따라 결정된다.*

케인스가 된 마르크스?: 칼레츠키

칼레츠키는 케인스와 매우 비슷한 유효수요이론을 제시한 인물이다. 그런데 그는 정부의 적극적 개입을 통해 완전고용을 달성할 가능성에 대해 케인스처럼 낙관적이지 않았다. 기술적으로 불가

---

* A. Bhaduri and S. Marglin, "Unemployment and the Real Wage: the Economic Basis for Contesting Political Ideologies," *Cambridge Journal of Economics* 14(4), 1990.

능하기 때문이 아니라 정치적으로 실행 가능하지 않을 것이라는 예감 때문이다. 칼레츠키는 1943년에 쓴 「완전고용의 정치적 측면」Political Aspects of Full Employment이라는 논문에서 '사업계 지도자들' business leaders은 지속적인 완전고용을 전혀 좋아하지 않을 것이라 단언한다. 완전고용하에서는 노동자의 교섭력이 세져 점점 더 다루기 힘들어질 것이기 때문이다. "이마에 땀 흘려야 비로소 양식을 취할 수 있으리라"는 원리를 노동자가 받아들이도록 하는 것, 그것이 오히려 완전고용보다도 중요한 관건이 된다.

이러한 상황에서 대기업과 금리생활자 이익 사이에 강력한 블록이 형성되기 쉽다. 그리고 그들은 아마도 그러한 상황이 분명히 건전하지 않다고 주장하는 하나 이상의 경제학자를 발견하게 될 것이다. 이러한 모든 힘들의 압력, 특히 대기업의 압력은 아마도 정부로 하여금 예산 적자를 감축하는 정통파의 정책으로 되돌아가게 할 것이다.*

---

* 미하우 칼레츠키, 조복현 옮김, 『자본주의 경제 동학 에세이: 1933 ~1970』, 지만지, 2010, 212쪽. 이 인용문에서 "하나 이상의 경제학자를 발견하게 될 것"이라는 구절은 매우 흥미롭다. 하버드 대학의 경제학자 라인하트(Carmen Reinhart)와 로고프(Kenneth Rogoff)의 논문은 보수파의 긴축정책을 지지하는 논거로 즐겨 인용된다. 그런데 이 논문이 실은 엑셀(스프레드시트 프로그램) 조작 실수로 엉뚱한 결론을 도출해낸 것임을 미국의 어느 대학원생이 숙제를 하다가 밝혀낸 해프닝을 떠올리게 하기 때문이다. 크루그먼은 이를 비꼬아 『뉴욕 타임스』 2013년 4월 18일자 칼럼의 제목을 '엑셀 경기침체'(The Excel Depression)라 붙였다.

케인스의 유효수요이론을 마르크스나 고전학파적인 계급 구분에 기초해 설명한 칼레츠키는 "자본가는 지출한 만큼 벌고, 노동자는 번 만큼 지출한다"는 유명한 말로 요약되는 분석을 남겼다.

거시경제 전체적으로 보면 유효수요를 구성하는 중요한 두 가지는 소비와 투자다. 소비는 자본가계급의 소비와 노동자계급의 소비의 합으로 이루어지지만, 노동자계급은 저축할 여력이 없기 때문에 투자는 자본가의 저축에서만 나올 것이다. 결국 경제 전체의 이윤은 자본가의 소비와 투자의 합으로 이루어지는 셈이다.

"이제 자본가는 전기前期보다 당기當期에 더 많은 소비와 투자를 결정할 수 있을 것이다. 그러나 그들은 더 많은 수입을 결정할 수 없다. 따라서 그들의 이윤을 결정하는 것은 소비 및 투자이지 그 역은 아니다."*

칼레츠키는 임금은 분배요인에 따라 결정된다고 본다. 분배요인 중에 대표적인 것이 독점도인데, 그에 따르면 기업은 생산물 단위당 기초비용(임금이나 재료비 등)에 일정한 마크업mark-up률을 가산해 가격을 책정한다. 만약 어느 재화 하나를 만드는 데 드는 임금이나 재료비 등이 1만 원이라면, 기업은 목표 마크업률을 예를 들어 10%로 정해놓고 1만 원에 마크업을 한 1만 1,000원의 가격을 매긴다는 것이다. 이는 물론 기업이 시장을 어느 정도 지배하고 있는 불완전경쟁상태를 가정하기 때문에 가능하다. 이 경우 임금이 변하면 제품 가격 자체가 변해버린다. 즉 임금이 올라서 기초비용

---

* 미하우 칼레츠키, 강기춘 옮김, 『경제동학이론: 자본주의 경제에서 순환 및 장기 변화에 관한 에세이』, 한국문화사, 2014, 47쪽.

이 1만 1,000원이 되면 기업은 거기에다 목표 마크업률 10%를 붙여 1만 2,100원의 가격을 매기는 것이다. 바로 그 때문에, 한계생산성이 실질임금을 결정한다는 이론은 들어설 자리가 없어진다.*

지배 블록이 틀림없이 "(자신들의 주장을 지지하는) 하나 이상의 경제학자를 발견하게 될 것"이라는 칼레츠키의 주장은 부자는 경제학자마저도 살 수 있다는 피케티의 말을 떠올리게 한다. 비옥도 등의 실체적 요인과는 무관하게 도시지대를 비롯한 각종 독점지대가 유지되는 과정을 생각하면, 금리생활자들이 결코 안락사하지 않거나 "장기에는 우리 모두 죽는다"는 케인스의 유명한 말처럼 그들이 안락사하기까지는 그야말로 엄청나게 긴 시간이 걸릴 것임을 짐작할 수 있다.

성장의 정체 또는 분배의 불평등?

고전학파 경제학은 천연자원의 제약이나 수확체감의 법칙처럼 인간이 통제할 수 없는 외부적 요인 때문에 이윤율이 저하하고 자본축적이 멎는 정체상태가 도래할 것이라 생각했다. 반면, 같은 시대에 살았던 마르크스는 자본주의하에서 기술혁신이 갖는 특성 그 자체 때문에 이윤율이 저하하는 내생적 과정을 설명하고자 했다. 맥락은 다르지만 케인스도 자본이 충분히 축적되면 희소성을 잃어버리기 때문에, 자본만 대고 아무런 일도 하지 않으면서 돈만 받아가는 금리생활자들은 사라질 수밖에 없다고 믿었다. 케인스에게는 금리생활자, 즉 자본가와 구분되는 기업가의 능동적 역할이 중요

---

* Joan Robinson and John Eatwell, 앞의 책, 1974, p.49.

피케티는 고전학파처럼 0%로 떨어지는
것은 아니라 하더라도 어쨌거나 성장이
낮은 수준에서 머물 것이라는 전망을
가지고 있다. 다시 한 번 우울한 과학의
귀환이라 부를 수 있는 까닭이다.

했고, 때로는 '투자의 사회화'를 통해 정부가 공공성을 살리며 완전고용을 유지할 수 있다고 보았다. 케인스가 얼핏 고전학파의 정체상태와 비슷한 얘기를 하는 듯하면서도 '우리 손자 세대의 미래'를 낙관적으로 보는 까닭이다.

그렇지만 적어도 지금까지의 자본주의 경제에서는 이윤율도 주기적인 등락을 겪었지만 심하게 하락하지는 않았고 케인스가 예측한 금리생활자의 안락사도 일어나지 않았다. 물론 고전학파와 케인스의 시대에도 그들의 예측이 단기간에 실현될 것이라고 보지는 않았다. 칼레츠키가 제시한 유효수요이론은 분배와 성장이 기술의 문제가 아니라 정치의 문제임을 다시 한 번 분명하게 해주었다. 분배가 한계생산성이라는 객관적인 개념에 기초해 기술적으로 결정할 수 없는 것이듯, 고용이나 이윤율·이자율의 변동도 여러 사회세력 사이의 대립과 투쟁에서 자유로울 수는 없다.

마르크스는 급격한 이윤율 저하를 막는 상쇄요인들을 광범하게 검토하면서도 "그럼에도 불구하고" 이윤율은 저하한다는 데 초점을 맞추고 있다면, 피케티는 이윤율이 일정하게 유지되면서 분배가 악화된다는 점에 초점을 맞춘다.

달리 말하면 낮은 성장은 마르크스의 무한축적원리에 대해 적절한 균형을 잡아줄 수 없다. 그 결과로 나타나는 균형은 마르크스가 예언한 것처럼 종말론적이지는 않지만 그럼에도 불구하고 대단히 불안한 것이다. 축적은 어떤 한계에 이르면 끝나게 되지만, 그 한계가 불안을 초래하기에 충분할 정도로 높을 수도 있다. 특히 1980년대와 1990년대 이후 유럽의 부유한 국가들과 일본에서 민간부문은 연간 국민소득의 배수로 가늠되는 대단히 높은 수준의 부를 축적했는데, 이는 마르크스의 논리를 직접적으로 반영한다.*

마르크스가 과연 성장이 0%로 떨어질 것이라 예측했는지는 논란의 여지가 있다. 그러나 넓은 의미에서 마르크스까지 포함하는 고전학파의 정체상태라는 전망을 보면 그렇게 생각한 것이 분명히 사실이다. 피케티는 고전학파처럼 0%로 떨어지는 것은 아니라 하더라도 어쨌거나 성장이 낮은 수준에서 머물 것이라는 전망을 가지고 있다. 다시 한 번 우울한 과학의 귀환이라 부를 수 있는 까닭이다.

그 우울함은 부의 분배라는 문제를 고려하면서 더욱 커진다.

마르크스는 이윤율의 저하는 불가피하게 자본주의 체제의 몰락을 가져올 것이라 생각했다. 나는 어떤 의미에서는 마르크스보다도 더 비관적이다. 왜냐하면 예를 들어 평균 5% 정도 수준으로 자본수익률이 안정적인 균제성장steady growth 상태에서도 부는 계속 집적되고 상속된 부의 축적률은 증가할 것이기 때문이다.**

고전학파의 정체상태를 극복하는 이론적 열쇠가 기술혁신이라면 마르크스는 그럼에도 불구하고, 아니 그 때문에 오히려 이윤율

---

* 토마 피케티, 앞의 책, 2014, 20쪽.
** D. Graeber and T. Piketty, "Soak the Rich," *The Baffler* No.25, 2014.

저하가 일어난다는 것을 논증하고자 했다. 금리생활자의 안락사를 예측한 케인스에 대해 칼레츠키는 경제학자까지 포함하는 지배계급의 동맹이 형성되면서 그것을 저지할 것이라 예측했다. 피케티는 금리생활자들의 성공적인 노력의 결과로 이윤율이 쉽게 떨어지지 않을 뿐 아니라 오히려 일정하게 유지된다고 주장하면서 분배는 점점 악화될 수 있다는 가능성을 제시하고자 했다. 1971년 로빈슨이 '경제학 제2의 위기'에서 겨냥했던 한계생산성 분배이론과 경제학 이데올로기에 대한 비판은 이렇게 다시 나타난 것이다.

분배이론에서 성장이론으로

소득분배를 결정하는 법칙은 무엇일까? 아니, 대체 그런 법칙이 존재하기는 할까? 사실 보통 사람들이 관심을 갖는 부자와 가난한 자 사이의 분배 격차는 소득의 개인별 분배다. 반면 전통적으로 경제학에서 제시한 분배이론은 소득의 기능적 분배에 관한 이론이었다.

재화와 서비스를 생산함으로써 소득이 만들어진다. 무엇인가 생산하지 않는다면 소득도 생겨나지 않는다. 그렇다면 소득분배 또한 각자가 생산에서 어떤 기능과 역할을 수행하느냐에 따라 결정될 것이다. 생산에는 자본이나 노동, 토지 같은 여러 가지 생산요소가 필요하며, 각 생산요소에는 소유자가 있다. 각각의 생산요소가 생산에 기여하는 방식을 이론적으로 밝혀낼 수 있다면, 그 소유자들의 소득이 결정되는 방식을 알아낼 수 있을 것이다. 기능적 소득분배이론은 바로 이러한 관점에서 분배 문제에 접근한다.

분배이론의 역사를 극도로 단순화하면, 한계생산성이론과 협상력이론이라는 두 진영 사이의 대립이다. 시기적으로는 협상력이론이 먼저 나왔으니, 그에 대항해 한계생산성이론을 구축하는 과정이었다고 묘사할 수도 있을 것이다. 마르크스의 착취이론이 협상력이론의 가장 급진적 형태임은 물론이다. 자본논쟁에서 영국 케임브리지 측의 후견인 역할을 한 스라파 역시 순생산물, 즉 총생산물에서 생산에 투입한 상품들을 보충하고 남는 부분을 둘러싼 자본과 노동 사이의 대립으로 분배를 설명했다. 그러므로 당연히 협상력이론의 진영에 속한다.

한계생산성이론은 능력주의의 원칙이 현실에서 관철된다는 함의를 줄 수 있다. 각자 가진 능력만큼 사회에 기여하고 기여한 만큼 대가를 받는다는 것은 능력주의의 요체다. 그렇지만 한계생산성이론이 지닌 또 하나의 중요한 특징은 생산요소 소유자 사이의 분배가 생산기술이 지닌 객관적 특성에 따라 결정된다고 본다는 데 있다.

물론 신고전학파 경제학 안에서도 협상력 문제를 여러 가지 형태로 고려하는 변형은 있을 수 있고 실제로도 있었다. 그러나 노동과 자본 사이의 계급관계라는 측면과 생산기술의 물리적 측면을 엄격하게 구분하고, 분배이론을 후자에 입각해 구축하려는 것이 신고전학파 경제학의 기본적인 특징이다. 예의 피케티가 한계생산성이론에 회의적인 견해를 나타내는 다음과 같은 서술들을 보면, 분배이론의 전선이 어디에 놓여 있는지를 짐작할 수 있다.

노동시장은 자연적이고 불변적인 메커니즘과 확고한 기술적 요인들에 의해 전적으로 결정되는 수학적이고 추상적인 관념이 아니라 특정한 규칙과 타협에 근거한 하나의 사회적 구조이며, 이러한 특징이 다른 시장들보다 훨씬 더 강하다.*

사실 불완전한 정보의 가설을 표준적인 경제모형에 도입하면……
'개인의 한계생산성'이라는 개념 자체를 정의하기가 어려워진다.
실제로 이것은 순전히 관념적으로 구성한 것에 가까운 개념이 되
며, 이러한 개념을 바탕으로 교묘하게 상위층을 옹호할 수 있다.**

과연 분배는 자본과 노동 사이의 계급관계 그리고 그것을 둘러
싼 다양한 제도의 틀 안에서 결정되는 것일까, 아니면 객관적이고
기술적으로 정해지는 것일까?

이러한 대립구도는 성장이론으로도 이어진다. 성장을 결정하는
요인도 자본과 노동이다. 신고전학파적 사고에 따르면, 주어진 생
산기술에서 노동과 자본의 투입량은 수치로 정확하게 측정할 수
있으며, 이렇듯 '물질'로서의 두 생산요소는 계급적 구분이 필요
없는 대등한 관계를 이룬다. 따라서 생산에 투입되는 노동과 자본
의 결합 비율은 얼마든지 달라질 수 있다. 자본과 노동을 서로 대
체할 수 있다는 말은 그런 뜻이다. 서로 유연하게 조정할 수 있는
자본과 노동의 투입량에 따라 생산량이 결정되고, 또 그것을 각 요
소가 기여한 바에 따라 나누어 가진다. 그리고 생산요소의 투입량
과 생산기술의 진보가 경제 전체의 생산량이 증가하는 속도, 즉 성
장률을 결정한다.

생산기술이 규정하는 한계생산성에 따라 분배가 이루어진다는
가설은 능력주의 원칙이 현실에서 통한다는 위안을 준다. 성장 역

---

* 토마 피케티, 앞의 책, 2014, 370쪽.
** 같은 책, 397쪽.

시 생산기술의 특성이 좌우하는 것이라면, 노동과 자본의 투입량이 갑자기 줄어들지 않는 한 경제는 크게 출렁이지 않고 안정적으로 움직일 것이다. 따라서 우울한 전망에 사로잡힐 이유는 없는데, 기존에 잘 유지되던 생산기술이 한꺼번에 후퇴해 생산량이 대폭 줄어드는 일은 없을 것이기 때문이다. 따라서 경제 외적으로 어떤 큰 충격이 가해지지 않는 한 경제가 대공황이나 대침체에 빠질 이유는 없다.

이렇게 신고전학파의 틀에서만 보면, 분배의 측면이건 성장의 측면이건 과소 또는 과잉의 문제가 개입될 여지가 별로 없다. 그러나 1930년대 세계대공황은 파시즘이나 사회주의라는 강력한 적과 맞서야 했던 자본주의 체제로서는 충격적인 사건이었다. 빵 한 조각과 수프 한 그릇을 얻기 위해 길게 늘어선 실업자의 행렬, 이른바 브레드 라인breadline은 자본주의 체제의 우울한 현실을 극적으로 보여주는 장면이었다.

'검은 목요일'Black Thursday*을 불과 며칠 앞두었을 때까지만 해도 주가가 곧 회복될 것이며 공황 따위는 오지 않을 것이라던 피셔Irving Fisher 같은 경제학자들에게도 이론적 시련이 닥쳐왔다. 대공황 당시 미국의 국민소득은 불과 4년 만에 30%나 줄어들었다. 그동안 눈부시게 발전하던 과학기술이 갑자기 그 정도로 후퇴했단 말인가? 설사 어떤 이유로 공황이 발생했다 하더라도, 그에 따라 임금과 이자율이 하락하면 기업들이 경쟁력을 서서히 되찾으면서 경

---

* 1929년 10월 24일 목요일, 뉴욕의 증권시장은 주가폭락의 충격에
  빠진다. 세계대공황의 시작을 알리는 사건이었다.

제가 자연스럽게 회복될 것이 아닌가?

케인스는 자본주의가 문제를 스스로 치유할 능력을 충분히 내장하지 못한 체제라고 생각했다. 아마도 그는 과거의 현자들이 우려했던 정체상태를 염두에 두면서, 한 걸음 더 나아가 경제가 언제든지 공황상태에 빠질지 모른다는 직관을 갖게 되었을 것이다. 그는 특히 수요의 부족을 우려했다. 노동시장에서는 수요보다 공급이 많은 상태, 즉 실업이 단기적으로는 항상 존재할 수 있음을 강조했다. 소비수요와 투자수요의 부족이 실업을 낳고 실업은 다시 수요를 줄이는 악순환을 꿰뚫어 보았다. 게다가 분배의 악화가 경제 전체의 소비성향을 떨어뜨림으로써 만성적인 수요 부족을 가중시킬 것을 염려했다.

케인스는 정부가 적극적인 유효수요 창출 정책을 통해 경제에 개입함으로써 심각한 경기침체에서 벗어날 수 있으며 벗어나야 한다고 주장했다. 그의 이론 덕분이건 연이어 터진 제2차 세계대전과 한국전쟁을 비롯한 갖가지 국지전에 따른 전쟁 수요 덕분이건 간에 자본주의는 아슬아슬하게 악몽에서 벗어나 황금시대로 넘어갔다. 그러나 예의 1971년도 전미경제학회 강연에서 로빈슨이 한 신랄한 지적은 다시 경제학자들을 정조준했다.

"케인스의 혁명은 대단한 지적 승리가 아니라…… 오히려 너무 늦게 찾아온 비극이다. 케인스가 설명하기 전에 이미 히틀러가 실업을 어떻게 치유해야 하는지 알아냈기 때문이다."

케인스는 그가 남긴 "장기에는 우리 모두 죽는다"는 유명한 말에서 엿볼 수 있듯이, 장기에 관해서는 별다른 분석을 남겨두지 않았다. 케인스가 죽은 뒤, 그를 계승하려는 이른바 케인스주의자들은 케인스의 분석을 장기적 시야에서 일반화하고자 시도했다.

영국의 해로드가 대표적인 인물이었다. 저축과 투자의 힘, 즉 자본의 축적으로 성장해나갈 수는 있지만, 기본적으로 수요의 불안정성 때문에 경제가 일정한 속도로 안정적인 성장경로를 따라간다는 것은 너무 아슬아슬한 일이다. 결국 그의 이론은 자본주의의 장기적 불안정성에 관한 것이었다. 수요의 불안정성 때문에 장기적인 경제의 성장경로 역시 불투명하다. 정체상태로 귀결된다고 단언할 수는 없지만, 한번 깊은 불황의 늪에 빠져들면 헤어 나오기 힘들다. 처방을 들고 나온 케인스 경제학에서도 우울한 전망이 깨끗하게 가신 게 아니었다.

이 문제를 정면으로 다루면서 '우울함'을 버리고 '과학'의 길을 열고자 한 것은 솔로였다. 만약 케인스와 해로드가 맞다면 자본주의의 미래는 예측 불허가 아닌가? 과연 우리는 자본주의의 성장에 대해 어디까지 이야기할 수 있을까? 그는 분배와 수요 부족의 문제는 일단 접어두기로 했다. 장기적 성장 문제와 함께 다루기란 기술적으로 너무 어렵기 때문이었다. 그는 실업의 가능성도 배제하고 생산기술에만 집중했다. 그리고 자본과 노동을 유연하게 대체할 수 있는 생산함수, 즉 신고전학파적 생산함수를 사용했다.

솔로는 경제가 자본축적의 힘으로 성장하더라도 결국에는 정체상태, 즉 1인당 소득이 더 이상 증가하지 못하는 상태에 이르게 될 것임을 수학적으로 깔끔하게 증명했다. 감가상각이라는 자연적 법칙 때문에 자본을 무한히 축적하기 힘들뿐더러, 자본의 한계생산성도 노동의 한계생산성과 마찬가지로 체감하므로 확장 과정은 무한히 지속되기 어렵다. 물론 그의 이론이 여기서 끝나는 것은 아니다. 물적자본의 축적이 한계에 도달하더라도 노동의 효율성을 향상시키는 기술진보가 꾸준히 일어나면 1인당 소득도 정체되지 않고 지속적으로 증가할 수 있는 길을 열어둔다.

솔로의 이론에는 낙관과 비관이 묘하게 섞여 있다. 분배 문제, 실업과 수요 부족 문제를 다 접고 가장 낙관적인 시나리오에 따를 때 우리는 어디에 이르는가? 그는 케인스주의자인데도 체제가 불안정하다는 명제를 버렸다. 그러고는 안정적이고 균형적인 성장이 어디까지 가게 되는지, 그 전개 과정의 큰 골격을 그려냈다. 그리고 자본축적과 기술진보 모두 중요하되, 경제성장의 초기 단계에는 전자가, 그 이후로는 후자가 더 중요할 것이라는 시사점을 얻었다.

사실 솔로 모형을 빌리지 않더라도 고전학파의 세계에서도 기술혁신이 끊임없이 이루어진다면 정체상태는 극복할 수 있다. 예외는 마르크스인데 마르크스는 특정한 패턴, 즉 노동력에 비해 자본을 많이 사용하는 방향으로 기술이 진보해 이윤율이 저하한다고 주장했다. 그러나 마르크스의 주장처럼 이러한 유형의 기술진보가 일반적으로 일어나는 것인가에 관해서는 많은 경제학자가 의문을 나타낸 바 있다. 그러므로 아주 도식적으로 말해, 마르크스가 생각한 유형과는 다른 기술진보가 빠른 속도로 계속 일어나면 적어도 고전학파 시대의 경제학자들이 가지고 있던 장래에 대한 우울한 전망은 근거를 잃고 마는 것이다. 마르크스 경제학자인 오키시오조차 "자본주의가 최대이윤율을 하락시키지 않으면서도 노동생산성을 증가시키는 기술을 찾지 못한다고 가정할 선험적 근거는 없다"고 말한 바 있다.* 슘페터가 기술혁신의 연속으로 이루어지는 '창조적 파괴'에 주목한 것도 이 때문이다.

과연 증기기관이나 전기, 컴퓨터처럼 엄청난 영향을 미치는 기술진보가 지속적으로 일어날 수 있을까? 대략 50년 주기로 일어나는 대규모 기술혁신의 결과 자본주의 경제가 장기 파동long wave을 겪는다는 학설을 주장한 소련의 경제학자 콘트라티에프Nikolai Kondratiev는 스탈린에게 숙청된다. 그의 이론은 자본주의가 전반적 위기에 빠져 있으며 궁극적으로 사회주의에 패배하고 말 것이라는 공산당의 공식적 견해에 어긋나는 것이었기 때문이다. 그 이유야 무엇이건 몇십 년마다 대단한 기술혁신이 일어나서 자본주의를 경기침체와 공황에서 구해낸다면, 이것은 자본주의가 죽지 않고 영원히 산다는 주장이나 다름없는 것으로 해석되었다.

과연 세계대공황이라는 엄청난 사건을 목도하면서 커다란 기술혁신을 통해 침체에서 벗어날 가능성을 상상할 수 있었을까. 대공황 이후 역사가 전개된 과정을 이미 알고 있는 우리로서는 사후적 지혜의 힘을 빌려 그렇게 주장할 수도 있을 것이다. 역사는 반복되는 것일까? 2008년 글로벌 금융위기 이후의 대침체Great Recession 기간에도 비슷한 주장이 제기되었다. 브린욜프슨과 맥아피는 새로운 기술혁신이 나오더라도 그것이 사회 전반으로 파급되어 질적인 변화를 가져오는 데는 20~30년의 시간이 필요하며, 이제 비로소 컴퓨터 혁명으로 비롯된 효과가 진가를 발휘할 시점에 도달했다고 주장한다. 이들의 주장처럼 드디어 양적 축적이 질적 비약을 가져오는 지점에 이르고 있는 것이라면, 적어도 당분간은 우리 눈앞에

---

* N. Okishio, "Notes on Technical Progress and Capitalist Society," *Cambridge Journal of Economics* 1(1), 1977.

새로운 기술의 세계가 펼쳐질 것이며 성장의 지체에 관해서는 굳이 고민할 필요가 없을지 모른다.

물론 이에 대한 반론도 만만치 않다. 사실 정보통신혁명이라는 수사에도 불구하고 실제 생산성이 비약적으로 향상된다는 증거는 별로 없다는 지적이 끊이지 않았다. 지식낙관론 또는 기술낙관론에 대한 회의론이다. 기술진보를 강조한 솔로 자신이 회의론을 제기한 바 있는데, 이미 1987년에 "컴퓨터 시대는 어디에서나 볼 수 있으나 생산성 통계에서만 볼 수 없다"고 말한 적 있다. 지난 10여 년간 계속해서 부정적인 견해를 피력해온 고든Robert Gordon 역시 솔로의 견해에 동의한다. 사실 역사를 돌이켜볼 때 기술혁신의 진정한 황금기는 1920~70년이다. 오늘날 우리가 누리고 있는 기본적인 과학기술의 혜택은 대부분 이 시기에 상용화되었다. 최근의 정보통신기술ICT도 놀라운 변화를 가져오기는 했지만, 이 시기의 광범위한 성과에 비견할 정도는 아니다.

그렇다면 새로운 기술도 점차 고갈되어가는 것은 아닐까? 리카도는 토지의 생산성이, 마르크스는 자본의 생산성이 결국에는 떨어질 것이라고 전망했다. 토지와 자본, 거기에 첨단기술까지 장착한 노동의 생산성(1인당 소득)은 어디까지 증가할 수 있을까? 우리는 수확체감의 법칙에서 벗어나 영원히 성장할 수 있을까? 설사 과학기술의 진보에는 한계가 없다 하더라도, 그것을 상용화해 우리의 실제 생활수준을 향상시키는 생산기술의 진보에는 한계가 있지 않을까? 물론 먼 미래에 어떤 일이 반드시 일어난다거나 일어나지 않는다고 우리가 확신을 갖고 말할 수는 없다. 이것은 아마도 '개인적 철학'의 영역일지 모른다.

다시 분배 문제로 가보자. 이것은 하루하루의 삶과 직결되는 문제이기도 하다. 사실 기술이 진보한 정도를 양적으로 측정하는 데는 논란이 뒤따르며, 측정 방식에 따라 논쟁의 여지가 항상 남는다. 그러나 굳이 피케티를 동원하지 않더라도 모든 공식 통계는 지난 30~40년간 소득과 부의 분배가 악화되었음을 확실하게 보여준다. 이것은 미국과 유럽 등 대부분의 선진국에서 발생한 일이다. 피케티가 적절히 지적했듯이, 이제 소득과 부의 집중, 특히 부의 지나친 집중과 상속은 민주주의 사회의 기본인 능력주의 가치 그리고 사회정의의 원칙과 양립할 수 없는 정도가 되었다.

신고전학파 이론에서는 일반적으로 소득분배 변수를 성장 동력으로 중요하게 취급하지 않는다. 오히려 불평등이 노력, 투자, 성공의 동기를 유발한다고 생각해서 불평등을 합리화하는 경향을 보인다. 불평등이 일종의 유인으로 작용한다는 것인데, 아주 틀린 이야기는 아니다. 그러면 아예 이렇게 가정해보자. 생산기술의 특성에 따라 경제가 자연스럽게 진화했고 그 과정에서 분배가 악화되었으며, 이것이 한계생산력설로 잘 설명이 된다. 그렇다면 심화된 불평등은 어쩔 수 없는 것이고 마땅한 대안도 없으며 대세의 흐름을 거스를 수도 없다는 것인가? 이것은 너무 무기력한 결론이다. 특히 저성장 시대에는 더욱 그렇다.

인류 역사를 통틀어 세계경제가 가장 빠르게 성장한 시기는 두 차례의 대전이 끝난 이후 약 30년의 기간이다. 이 기간에 1인당 소득의 연평균 성장률은 3%에 육박했으나, 1980년 이후 1%대로 내려앉았다. 게다가 21세기의 남은 기간에 성장률이 1.5%를 넘을 것이라고 보는 경제학자는 거의 없는 듯하며, 피케티 역시 1.5% 성장을 가장 낙관적인 시나리오로 보고 있다. 아마도 예리한 투자자와 분석가들은 이보다 더 낮춰 잡을지도 모른다.

착취가 일어나지 않고 한계생산성만큼 정당한 보상을 받을지라도, 변화하는 생산기술의 특성에 따라 자본이 가져가는 몫에 비해 노동이 가져가는 몫이 계속 줄어든다고 해보자. 노동자는 생산된 재화와 서비스를 소비하는 가장 큰 주체이지만, 대체로 그들의 지출은 임금의 제약을 받는다. 한편, 영리한 자본가에게 고성장 시대의 투자 원칙과 저성장 시대의 투자 원칙은 다를지 모른다. 아마도 저성장 시대에는 보수적 투자 원칙으로 기울 가능성이 크다. 과감하고 공격적으로 투자하기보다는 비용을 절약하는 각종 방식을 동원해 이윤율을 유지하거나 독점력을 유지하는 데 치중할지 모른다. 어떤 대단한 혁신이 이 과정을 파괴하고 새로운 동력을 제공할지 모르지만, 노동자의 부족한 소득과 자본가의 위축된 투자 심리로 인해 수요 부족에 따른 성장의 정체라는 악순환 구조에 빠져들 수 있다.

저성장 속의 불평등 심화라는 엄연한 현실, 게다가 한계생산력설이라는 정통(?) 분배이론의 지배, 이것이야말로 우리가 맞닥뜨리고 있는 우울한 현실이 아닌가 싶다. 무려 200년 전의 우울한 과학이, 비록 지금에 와서 논리적으로는 많이 허술한 것으로 판명이 났는데도, 그 직관과 통찰만은 여전히 유효하단 말인가? 그렇다면 소름 끼치도록 무서운 철의 법칙이 아닐 수 없다.

그럼에도 불구하고 이것이 무서운 철칙이 아닐 수도 있다는 데 한 가닥 희망을 걸어보자. 그리고 분배 문제, 수요 부족 문제, 기술혁신의 명암 등 대가들의 머리를 괴롭힌 주요 경제 문제를 가능한

한 쉽게 엮어서 다시 한 번 생각해보기로 하자. 비록 무엇 하나 제대로 맞히지 못하는 경제학으로 보일지 몰라도, 우리는 알게 모르게 경제사상의 지배를 받고 있다. 케인스의 극단적 표현에 따르면, "어떤 지적 영향으로부터도 완전히 해방되어 있다고 믿는 실무자라 할지라도 이미 고인이 된 어떤 경제학자의 노예인 것이 상례이다. ……위험한 것은 기득권이 아니라 사상이다."

3

성장인가
정체인가

성장이론의 역사

인구가 증가하고 한 사람 한 사람의 생산성이 증가하면 경제가 성장하는 것은 당연하다. 중요한 것은 무엇이 인구를 늘게 하고 무엇이 생산성을 증가시키는가다. 스미스가 강조한 것은 분업이었다. 분업을 통해 숙련도가 늘고 작업의 효율이 증가한다. 리카도는 비교우위론을 들어 국제분업의 중요성을 강조했다. 한편 고전학파는 기계(자본)가 노동을 빠르게 대체하는 현상에 주목했다. 같은 시간을 일해도 기계의 도움으로 더 많이 생산할 수 있을 것이며, 이것은 분업을 촉진하는 요인이기도 하다. 따라서 자본의 축적이야말로 지속적 성장의 열쇠다.

자본주의 생산양식에서 자본을 축적하는 주체는 자본가다. 이들은 노동자에게 노동의 대가로 임금을 지불하고 남은 것의 대부분을 자본이라는 형태로 축적해나간다. 자본이 늘면 생산성이 증가해서 더 많이 생산하고 더 많은 이윤을 올릴 수 있기 때문이다. 자본가의 이윤 동기에 의해 자본이 증가하고 경제가 성장한다. 그런데 과연 이렇게 낙관적인 시나리오가 계속 진행될 수 있을까?

자본주의는 영원히 낙관해도 되는 체제일까? 먼 훗날에 벌어질 일까지 생각한다면 결코 낙관적으로 볼 수만은 없다. 예나 지금이나 경제학자들의 머리를 괴롭히는 수확체감의 법칙 때문이다.

수확체감에 기초한 우울한 예측의 실마리는 리카도의 차액지대설에서 찾을 수 있다. 그 이론에 따르면 자본가 간의 경쟁으로 결국 열등지까지 경작하지만 열등지로 갈수록 생산비가 증가하기 때문에 이윤은 점차 감소한다. 자본을 투입해서 얻는 이윤율은 점차 감소하고 한계에 도달하는 순간 자본축적은 무의미해진다.

리카도는 결국 정체상태가 올 것을 예견했다. 그에게 이것은 인류가 벗어날 수 없는 숙명과도 같은 것이고 자연의 법칙이었다. 맬서스는 더 비관적이었다. 그는 더 이상 생산의 변화도 없고 인구의 변화도 없는 정체상태를 예견했다. 리카도, 맬서스보다 한 세대 아래인 밀도 리카도의 논리를 그대로 따라 이윤율이 내려가고 자본축적이 정지하는 미래를 내다보았다.*

그러나 실제로 자본주의가 전개된 양상은 이들의 예측과 달랐다. 사실 농업만을 생각하면 우울한 전망에서 헤어나기 힘들다. 아무리 자본을 축적한다고 해도 농업의 생산성을 올리는 데는 한계가 있을 것이기 때문이다. 하지만 공업은 농업과 다르며, 자본주의는 공업 생산을 증대시키는 방향으로 나아갔다. 자본가는 축적한 자본으로 공업 생산을 늘려나갔으며, 여기에는 수확체감이 농업만큼 심하지 않았다.

자본축적 그리고 그와 결부된 기술진보는 노동생산성을 높였다. 식량뿐만 아니라 인류에게 필요한 다양한 재화와 서비스가 등장했다. 자본의 축적은 추가적으로 인구의 증가를 가능하게 했다. 맬서스의 극단적이고 우울한 전망은 틀린 것으로 판명이 났다.

---

* 밀은 3세 때 그리스어를 공부하고 7세에 플라톤을 읽었다 하니 가히 천재 중의 천재다. 그는 『자유론』으로 더 유명한 사상가이지만, 마셜이 등장하기 전까지 영국 최고의 경제학자이기도 했다. 그가 1848년에 쓴 『정치경제학원리』는 1890년 마셜의 『경제학원리』가 나오기 전까지 최고의 경제학 교재였다. 비록 리카도처럼 획기적이고 독창적인 이론을 주창하지는 않았지만 고전학파 경제학 체계를 일목요연하게 정리했으며, 수려한 문장으로 가득한 그의 책은 수십 년간 영국과 미국에서 교과서로 사용되었다.

앞으로 21세기를 넘어 22세기에 이르면
전 세계적으로 인구가 더 이상 증가하지 않는
사회가 올 게 확실해 보이는데, 이것은
새로운 정체상태를 예고한다. 그렇다면
다시 18세기 이전으로 돌아가는 것일까?

인류의 미래, 정체상태?

인구의 성장과 정체

과연 맬서스의 전망은 완전히 틀린 것일까? 이제 그의 인구론은 일고의 가치도 없을까? 도전적인 질문이지만, 맬서스의 직관을 현대적 시각에서 다시 음미해볼 필요가 있다는 점에서 매우 의미 있는 질문이다. 이 질문에 답하기 위해서는 통계 수치를 들여다보아야 한다.

오늘날 세계 인구는 70억 명을 조금 넘는다. 그러면 서기 원년의 세계 인구는 얼마였을까? 적어도 2억 명은 넘었을 것이라는 게 정설이다. 지금까지 35배 증가했으니 얼핏 증가율이 꽤 높다고 생각할 수도 있으나 실제로는 연평균 0.17%의 속도로 증가한 것에 지나지 않는다. 그나마 인구증가는 18세기에 들어서서 가속화된 것이지, 그 이전까지 인구증가율은 연평균 0.1%에 지나지 않았다. 인류는 대부분 이렇게 정체된 상태에서 살았다. 연평균 인구증가율이 1%를 넘은 건 20세기에 들어선 이후다.

한국전쟁이 일어난 1950년에 세계 인구가 25억 명이었는데, 그 후 불과 60여 년 만에 세 배가 되었다. 예전 같으면 인구가 세 배되는 데 1,000년 넘게 걸렸으니 가히 인구가 폭발한 시기라고 해도 과언이 아니다.

인구가 폭발한 배경에는 폭발적인 경제성장이 있었다. 인류 역사상 경제성장이 본격화된 것은 19세기와 20세기의 일로, 19세기 초부터 20세기 초까지 세계경제는 대략 연평균 1%, 20세기 초부터 21세기 초까지는 매년 대략 1.5% 정도 성장했다. 그 이전까지 성장은 아주 미미했다. 저명한 경제사학자인 매디슨Angus Maddison은 세계경제의 1인당 GDP가 1500~1700년에 연평균 0.04%, 1700~1820년에 0.07% 증가했다고 추정했고, 더 과거로 거슬러 올라가 1500년 이전에는 경제가 성장하는 추세에 대한 증거를 찾을 수 없다고 보았다. 경제성장과 인구증가는 이처럼 밀접한 관계가 있다.

두 차례 세계대전이 끝나고 약 30년 동안 선진국 경제는 빠르게 성장했다. 그러나 1980년대 이후 성장세는 둔화되었고 21세기에 들어서면서 세계 금융위기를 맞았다. 자본주의의 황금시대는 지나간 것일까? 우리는 이미 성장이 둔화된 시기에 살고 있다. 경제성장을 섣불리 예측할 수는 없지만 과거의 성장세를 유지할 수 있다고 보는 경제학자는 거의 없는 듯하다.

그러면 인구는 어떻게 될 것인가. 인구증가율도 경제성장률만큼 예측하기 어렵지만, 다행히 국제연합UN이 인구 예측치를 발표한다. 〈그림 4〉는 국제연합의 시나리오에 따른 인구 추세를 보여준다. 많은 사람이 짐작하는 대로 향후 인구증가율이 둔화될 것이라고 예상한다. 1950년부터 2000년까지 50년간 세계 인구는 2.42배나 증가했지만, 2000년부터 2050년까지는 속도가 크게 줄어들어

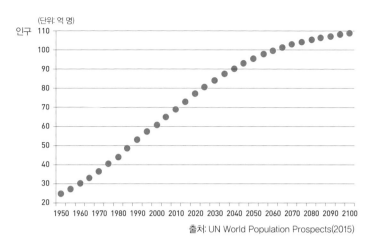

(단위: 억 명)

출처: UN World Population Prospects(2015)

〈그림 4〉 세계의 인구 추세

1.56배 증가하게 된다. 그 후 2050년부터 2100년까지는 1.13배 증가하는 데 그친다. 50년간 13% 증가한다는 것은 연평균 인구증가율이 0.25%에 지나지 않는다는 뜻이다. 그나마 전 세계적으로는 양(+)의 증가율이지만 선진국 가운데 일본의 인구는 이미 감소하고 있고, 한국은 곧 감소 대열에 합류하게 된다.

앞으로 21세기를 넘어 22세기에 이르면 전 세계적으로 인구가 더 이상 증가하지 않는 사회가 올 게 확실해 보이는데, 이것은 새로운 정체상태를 예고한다. 그렇다면 다시 18세기 이전으로 돌아가는 것일까? 과거에 서구 열강은 새로운 성장 동력을 찾아 식민지를 개척했다. 하지만 인류가 지구를 벗어나 살 수는 없는 일 아닌가. 인구가 정체해도 경제는 계속 성장할 수 있을까? 우리의 삶은 계속 나아질 수 있을까?

리카도를 포함한 옛날 고전학파 경제학자들은 한 나라의 폐쇄경제를 놓고 미래에 정체상태가 도래할 것을 우려했다. 그동안 세계 구석구석이 개발되고 교역이 확대되었다. 그렇다면 이른바 세계화의 끝은 어디인가? 지구촌 자체가 한 단위의 폐쇄경제가 된다는 것인가? 그런 날이 그리 멀지도 않은 것 같다. 지금까지는 맬서스를 비롯한 과거의 학자들이 놀라운 변화를 모른 채 앞서 섣불리 예측한 것이라고 무시해버릴 수 있었다. 과연 앞으로도 그럴 수 있을까? 미래를 낙관적으로 볼 수 없다는 점만은 분명하다.

정체로부터의 탈출: 케인스의 처방

고전학파 경제학이란 명칭은 원래 마르크스가 사용했다. 스미스에서부터 시작해서 리카도와 밀에 이르는 영국 경제학의 일파를 지칭하는 것이었다. 밀의 뒤를 잇는 영국의 대표적인 경제학자는 마셜과 피구Arthur Pigou인데, 케인스에 따르면 이들도 고전학파에 속한다. 마셜과 피구는 막연한 장래보다 당장 직면한 문제를 좀 더 정치한 방법으로 분석하는 학구적 자세를 취했다. 이들이 정립한 체계는 오늘날의 경제원론과 미시경제학에 그대로 이어져 내려온다.

마셜과 피구는 19세기 말과 20세기 초 케임브리지 학파의 정통적인 존재였으며, 자본주의의 장단점을 적어도 이론적으로는 모두 꿰뚫어 보고 있었다. 이들은 빈곤 문제에 관심을 기울였으며, 어떻게 자원을 배분하면 사회 후생을 증진시킬 수 있는지 진지하게 고민했다. 정체상태는 먼 훗날의 일로 여기는 대신 자본가의 기사도 정신과 정부의 올바른 정책이 사회에 번영과 안정을 가져오길 희망했다. 리카도와 밀보다는 낙관적이었으며, 자본주의의 틀 안에서 점진적인 개혁이 가능하다고 보았다.

케인스는 케임브리지의 전통 아래 성장했지만 서재 안의 학자가 아니었으며, 구체적인 시사 문제도 광범위하게 다루었다. 제1차 세계대전과 대공황이라는 격랑 속에서 활동한 그는 자본주의 체제의 다양한 결함을 집요하게 파헤쳤다. 그리고 자유방임의 철학으로 자본주의가 직면한 문제들을 치유하는 데는 근본적인 한계가 있다고 설파했다. 그렇다고 장기정체에 대한 우울한 공상에 빠져들지 않았으며 사회주의에 환상을 품은 것도 아니었다. 자본주의는 문제는 많지만 고쳐 쓸 수 있는 체제다. 문제는 바로 고전학파적인 사고체계다. 이것이야말로 정말 큰 문제다.

실업의 예를 들어보자. 피구 같은 고전학파 경제학자는 실업이 발생하더라도 경기가 침체해 노동에 대한 수요가 부족한 상태이므로 임금이 떨어질 것이고, 그러면 언젠가는 저절로 노동에 대한 수요가 회복되어 결국 완전고용을 달성할 것이라고 믿었다.

하지만 대공황은 경기를 너무 오랫동안 깊게 침체시켰다. 고전학파가 말하는 완전고용 수준으로 돌아가는 데 왜 그렇게 오랜 시간이 걸리는 것일까?

케인스는 노동시장 안에서 문제를 찾지 않았다. 그는 실업과 장기적인 경기침체가 만성적인 수요 부족 때문이라고 보았다. 만성적인 경기침체를 극복하기 위해서는 정부지출을 늘리고 투자를 촉진하는 등 적극적으로 수요 팽창 정책을 쓸 필요가 있다고 역설했다. 그렇게 하지 않으면 너무 오랜 기간 고통을 겪게 된다. 침체가 자연적으로 치유되기에는 너무 오랜 시간이 걸린다. 고전학파의 말만 듣다가는 그사이에 다 죽어버릴지도 모른다.

총수요가 부족하면 경제는 완전고용을 달성하지 못하며, 완전고용에 해당하는 산출량도 생산해낼 수 없다. 공급이 수요를 창조하는 것이 아니라, 수요가 공급 수준을 결정한다. 대공황 같은 경기침체는 총수요가 부족하기 때문에 생긴다. 게다가 자본주의 체제는 침체에 빠져들었을 때 스스로 치유할 수 있는 능력이 매우 부족하다. 케인스에 따르면 대량생산체제를 갖춘 성숙한 자본주의 경제에서는 대체로 생산능력은 넉넉한데 수요가 모자라서 생산시설을 충분히 가동하지 못하는 상태에 놓인다. 따라서 수요가 늘면 공급이 늘어날 수 있다. 세이의 법칙과 정반대로 "수요가 공급을 창출한다."

케인스는 유효수요라는 말을 즐겨 썼다. 현대적으로 해석할 때 유효수요는 잠재 GDP 수준에 미치지 못하는 수준의 총수요라고 보면 된다. 경제가 잠재 GDP 수준에 못 미치는 상태라면 수요의 증가가 생산으로 직결되므로 말 그대로 '유효한 수요'다. 특히 경기가 침체에 빠졌을 때 정부는 정부지출을 확대하거나 조세를 감면하는 조치를 동원해 유효수요를 확대시켜주어야 한다.

그러면 케인스는 침체를 일시적인 것으로 보았을까, 아니면 장기적이고 구조적인 것으로 보았을까? 이에 대한 대답은 명확하지 않다. 사실 자본주의의 장기 동학에 관한 한 케인스는 리카도나 마르크스처럼 논리적이지 않았다. "장기는 단기의 연속"이라는 말로 얼버무렸다. 리카도, 밀, 마르크스에게 이르기까지 대가들의 머리를 괴롭힌 자본의 과잉축적으로 인해 이윤율이 장기적으로 저하할 확률에 대해서도 논리적이고 체계적인 대답을 내놓지 않았다.『일반이론』의 마지막 장에서 "자본이 희소하지 않게 될 때까지 자본량을 증가시켜서 기능 없는 투자자가 더 이상 보너스를 받지 않도록 지향해야 할 것"이라고 언급한 것을 보면 자본 과잉의 문제를 결코 비관적으로 보지 않았음을 알 수 있다.

케인스는 아예 아름다운 미래를 전망하기도 한다.

> 경제학의 최대 숙제라 할 희소성 문제는 100년 이내로 해결될 것이다. ……지난 200년간 세계경제가 걸어온 길은 울퉁불퉁하고 험난했지만 그래도 줄기차게 성장하는 길이었지 않은가? ……길이 황금으로 포장될 날도 멀지 않았다. ……물욕을 충족시키고 나면 인간은 친절이나 사랑 같은 덕목에 관심을 기울이게 될지도 모른다.*

위의 인용은 정체상태를 역설적으로 찬미했던 밀을 연상시킨다.** 물론 비관적인 말도 했다. 특히 그는 인구의 증가세가 둔화될 수도 있음을 감지하고 다음과 같이 말했다.

---

* J.M. Keynes, "Economic Possibilities for Our Grand Children," *The Nation and Athenaeum*, 1930.
** 밀은 리카도처럼 정체상태를 예견했지만, 그것을 끔찍한 상황으로 묘사하는 데는 반대했다. 그는 도리어 정체상태를 찬미했다. 후발국에는 생존을 위한 치열한 경쟁과 경제성장이 필요하지만 영국 같은 선진 자본주의 국가에는 합리적이고 공평한 분배가 더 중요하다고 보았다. 선진국이 되고 나면 더 이상 부의 축적에 혈안이 되기보다 인간의 에너지를 좀더 가치 있는 방향으로 돌려야 한다. 그는 건전한 사회기풍이 확립된 이상향을 꿈꾸었으며, 지나치게 실리에 치우친 영국 자본주의 사회에 비판적이었다.

사업 전망은 현재보다 미래의 수요에 의존하는 바, 인구가 증가하는 시기에는 낙관론이 촉진되지만, 인구가 감소하는 시기에는 정반대다. ……초과공급이 쉽게 교정되지 않은 채 비관론이 장기화되면 공급도 그에 맞춰 스스로 축소된다. ……인구의 감소는 매우 위험하다.*

케인스는 장기침체 또는 장기정체를 필연적이고 숙명적이라고 생각하지는 않은 듯하다. 하긴 경제가 침체에 빠질 때마다 그의 처방대로 정부가 적질하게 재정정책으로 대응한다면 별문제는 없지 않은가? 자신같이 뛰어난 지식과 통찰력을 가진 엘리트가 있는 한 너무 비관할 필요는 없다. 인류의 번영은 정의감 넘치고 교양 있는 엘리트가 경제를 얼마나 잘 미세하게 조정fine tuning하는가에 달려 있고, 그렇게 할 수 있다. 케인스에 대한 해석은 너무나 다양하지만, 그의 이론을 불황의 경제학 또는 단기침체의 경제학으로 보아도 무리는 없을 것 같다. 자본주의의 불안정성을 누구보다도 조목조목 날카롭게 지적한 점은 두고두고 뛰어난 업적으로 남을 것이다.

장기침체의 악령

케인스의 단기침체론을 장기침체론secular stagnation으로 확대·발전시킨 사람은 미국의 한센Alvin Hansen이다. 케인스보다 불과 네 살 아래였던 한센은 이미 미국에서 독자적으로 명성을 얻은 경제학자였

---

* J.M. Keynes, "Some Economic Consequences of a Declining Population," *The Eugenics Review* 29(1), 1937.

지만, 케인스를 읽고 난 뒤 케인스주의자로 개종하게 된다. 하버드 대학에서 경제학 교수로서 훗날 신고전학파 경제학의 대표 주자가 된 새뮤얼슨을 가르쳤고, 당시 동료 교수였던 슘페터보다 학생들에게 훨씬 인기가 높았던 인물이다.

그를 종종 미국의 케인스라고 부른다. 영국의 힉스John Hicks와 함께 *IS-LM* 모형을 고안해 케인스의 복잡한 아이디어를 간단한 수식으로 정리했는데, 아직까지도 학부에서 가르치는 거시경제학의 표준 모형으로 쓸 정도다. 비록 말년에 케인스의 영향을 받긴 했지만 고전학파와 제도학파를 두루 섭렵했고 통계 기법도 신중하게 적용할 줄 아는 탁월한 학자였다.

종합적 시각을 갖춘 그는 케인스를 접하기 이전에 이미 기술혁신, 새로운 영토와 자원 개발, 인구증가가 경제적 번영의 동인이라는 확고한 견해를 갖고 있었다. 이러한 요인이 차례대로 또는 서로 결합해 투자의 출구를 열어주며 급속한 자본 형성을 야기하고 경제를 성장시킨다. 그가 추계한 바에 따르면 형성된 전체 자본량 가운데 인구증가와 영토 확장이 기여한 부분이 절반 이상을 차지한다. 그런데 당시 서구를 중심으로 인구는 정체할 조짐을 보이고, 영토 확장과 해외투자의 출구는 소멸해가고 있었다. 따라서 남은 길은 기술진보뿐이었다.

한센은 기술혁신의 가능성을 부정하진 않았다. 그러나 1930년대 말 대공황에서 벗어나는 듯했지만 경제는 다시 활력을 잃고 불황 상태에 고착해버렸다. 그의 생각은 비관적으로 바뀌었고, 1938년 전미경제학회 회장의 자격으로 한 연설에서 그 유명한 장기침체론을 언급하게 된다. 그는 인구의 중요성을 누구보다 강조한 학자였

인구는 별로 늘어날 것 같지 않고 더 이상
확장할 영토도 없다. 여전히 기술은 진보하고
있지만 대다수의 일자리는 늘 불안하다.
그런데도 케인스의 희망처럼 울퉁불퉁하되
부단히 성장하는 길로 나아가게 될 것인가?

다. 인구가 감소하면서 새로운 투자 기회가 점차 소멸해갈 것을 우려했다. 특히 주택 건설 같은 대규모 자본 형성은 기대하기 힘들다. 게다가 인구 감소는 고령화와 함께 진행되는데, 그렇게 되면 소소한 개인서비스에 대한 수요만 증가할 뿐이고 과감한 대규모 투자 대신 자본을 절약하는 기법만 중시될 것이다. 또 이미 독점화된 경제조직에 파격적인 기술이 도입되기 쉽지 않다. 인구가 감소하면서 투자는 위축되고 사람들은 고령화에 대비해 저축을 늘린다. 저축이 투자를 상회하는 만성적인 수요 부족 사태가 고착될지 모른다.

한센은 케인스에게서 힘을 얻었다. 정부의 적극적인 재정활동이야말로 장기침체에서 벗어날 수 있는 유일한 길이다. 민간의 수요 부족을 정부 재정으로 보충해야 한다. 특히 정부는 공공서비스를 제공하고 확대하는 데 주력해야 한다. 한센은 단지 경기를 조절하는 수단이 아니라 자본주의 사회가 장기침체에 대응하기 위해 필요 불가결한 정책이라는 점에서 재정정책을 옹호한다. 어찌 보면 그는 케인스보다 더 급진적인 인물이었다. 그는 감세를 통해 완전고용을 달성해야 한다고 주장한 적이 없으며 자원을 공공부문에 더 많이 배분해야 한다고 생각했다. 최소한의 영양 공급, 의료, 주거, 교육 등 정부가 나서야 할 부문은 너무나 많다.

그냥 내버려두면 장기침체 속을 헤맬지 모르는 자본주의를 대신할 체제는 이중경제dual economy 또는 혼합경제mixed economy다. 사회주의 경제는 고용과 분배에 장점이 있을 수 있지만, 경영 효율이 크게 떨어지고 권력이 지나치게 중앙에 집중된다. 자본주의 경제는 경영 효율은 뛰어나지만 독점화 경향 때문에 생산이 제한되며, 노동자의 고용 상황은 대단히 불안하다. 독점기업은 물론 노동조

합에서도 권력은 고도로 집중된다. 사회주의 체제는 물론 자본주의 체제에서도 개인의 자유는 크게 억압된다. 따라서 권력 집중을 막고 견제해 분산시키는 기능이 필요한데, 이는 바로 정부의 몫이다. 어떤 산업은 민간에 맡기되 어떤 산업은 정부가 맡는 이중경제가 이상적이지 않을까? 정부지출과 공기업에 대한 투자계획을 통해 간접적으로 민간경제를 통제하고, 경기변동을 조절할 수 있다.

한센은 케인스보다 소비성향의 하락을 더 걱정한 인물이다. 자본주의가 살아남으려면 어떻게 해서든지 사회 전체의 소비성향을 높게 유지해야 한다. 한센은 당대 최고의 경제학자로서 미국 경제 현안에 대해 수많은 자문에 응했다. 그런데 특이하게도 감세를 통해 소비수요를 진작하자고 주장한 적이 없다. 제2차 세계대전 후에는 파괴된 자본을 복구하기 위해 소비보다 민간 투자가 더 시급한 과제라고 보아 한시적으로 법인세 인하를 주장하기도 했다. 그외에는 감세를 제안한 적이 없으며, 누진적인 소득세가 사회의 소비성향을 높여줄 것으로 보았다. 특히 투자활동이 쇠퇴기에 들어가는 경우에는 소비성향이 낮고 저축성향이 높은 고소득자에게 높게 과세해 소비성향이 낮은 저소득자에게 소득을 이전하는 것이 바람직하다고 보았다. 민간과 정부를 합한 고소비가 완전고용을 유지할 수 있을 것이라 믿었다.

역사는 반복되는 것일까? 1930년대 말 영국의 케인스와 미국의 한센은 인구 정체나 감소가 가져올 불행을 예견하고 있었다. 하지만 리카도나 맬서스와 마찬가지로 그들의 예측은 빗나갔다. 바로 제2차 세계대전이 발발했는데, 전쟁으로 인구와 자본 모두 급격히 파괴되었지만 경제는 다시 활기를 찾기 시작했다. 인구와 자본은 무서운 속도로 복구되었고 자본주의는 황금의 성장기를 구가했다. 이 시기를 살았던 사람들은 고도성장의 짜릿한 맛을 보았고 자본주의의 위력을 실감했다.

물론 그렇다고 아주 오래간 것은 아니었다. 세계경제는 21세기에 들어서자 다시 대침체를 경험하게 된다. 대공황에 비견할 정도는 아니지만 아직도 세계경기가 회복되는 속도는 너무 느리다. 다시 음습한 불안이 밀려온다. 천재 경제학자들의 머리를 복잡하게 만들었던 장기정체 또는 장기침체의 악령이 다시 살아나고 있는 것이다. 인구는 별로 늘어날 것 같지 않고 더 이상 확장할 영토도 없다. 여전히 기술은 진보하고 있지만 대다수의 일자리는 늘 불안하다. 그런데도 케인스의 희망처럼 울퉁불퉁하되 부단히 성장하는 길로 나아가게 될 것인가? 인류에게 또다시 어려운 숙제가 던져진 것 같다.

20세기 성장이론

과연 지속적인 성장은 가능할까? 도대체 경제는 어디까지 성장할 수 있을까? 지금 한국의 1인당 소득이 3만 달러에 채 못 미치는 수준인데 50년, 100년 후에는 어떻게 될까? 케인스 경제학은 등장하자마자 절대적인 영향력을 발휘했지만, 그의 이론은 장기 동태이론은 아니었다. 단, 우리가 불안정한 단기의 연속선상에 놓여 있다는 점만은 확실히 깨우쳐주었다. 케인스 이론을 어떻게 장기 성장 모형으로 확장할 수 있을까? 영국의 해로드와 미국에서 활동한 러시아 출신의 도마가 이 어려운 숙제에 도전했다.

해로드·도마 모형
케인스의 문하생이자 옥스퍼드 대학에 재직했던 해로드는 케인스 이론을 장기로 확장하려 했다. 어쩔 수 없이 고전학파 경제학을 참고하지 않을 수 없었다. 케인스는 '절약의 역설'이란 말로 소비를 억제하고 저축을 늘리는 것이 경제에 도리어 해가 된다는 점을 역설했다. 하지만 고전학파에게 절약은 미덕이었다. 저축은 자본의 축적을 의미하고, 자본의 양이 많아질수록 경제의 생산능력은 향상되기 때문이다. 경제의 장기적 성장을 논하려면 결코 저축의 중요성을 무시할 수 없는 것이다. 고전학파에게 저축은 곧 투자였다.

그런데 기계·설비·건물 같은 자본재를 구입하거나 형성하는 행위, 즉 투자는 이중적인 측면이 있다. 투자는 자본의 양을 증가시킨다는 점에서 생산능력, 즉 공급과 관련되지만, 다른 한편으로는 자본재라는 재화에 대한 수요이기도 하다. 경제의 단기적 불안정성을 강조한 케인스는 소비자가 하는 저축과 기업이 하는 투자의 동인이 서로 다르기 때문에 두 값이 일치할 필요가 없다고 했다. 소득의 일부인 저축은 상대적으로 안정적이지만 투자는 너무나 변덕스러운 양상을 보이기 때문이다. 그러나 장기적이고 추세적인 성장을 이론적으로 규명하는 단계에 이르면, 저축과 투자가 같지 않다고 가정하는 한 한 걸음도 나아가기 힘들어진다.

해로드는 경제가 일정한 추세로 성장하는 현상을 설명하기 위해 저축과 투자가 일치한다고 가정했다. 소득에서 저축이 나오고 저축은 투자로 이어지며 투자는 자본의 양을 증가시킨다. 증가한 자본은 생산을 증가시킨다. 경제성장률이란 국민소득 또는 생산이 연간 몇 퍼센트 증가하는가다. 해로드는 생산이 한 경제에 축적된 자본스톡의 양과 일정한 비례관계에 있다고 생각했다. 국민소득을 Y, 자본의 양을 K라고 하면 $Y = \upsilon K$라는 관계가 성립하며, υ는 상수라고 보았다. 여기서 생산기술의 특성상 υ가 상수라는 가정이 중요하다. 이 식이 성립하는 한 Y와 K의 증가율은 같다. 따라서 예를 들어 국민소득이 4% 증가(경제성장률 4%)하려면 자본의 양이 4% 늘어나야 한다.

만약 올해 국민소득이 100이고 자본 총량이 500이라고 하자. 이

때 υ는 0.2다. 만약 저축이 소득의 20%(저축률 $s=0.2$)이면, 올해의 자본 총량 500에 20이 보태져 내년의 자본 총량은 520으로 늘어난다. 생산기술의 특성상 520의 자본으로 내년에는 $0.2 \times 520 = 104$의 소득을 만들어낼 수 있다. 이때 소득의 증가율은 4%($=4/100$)이고, 자본의 증가율도 4%($=20/500$)다. 여기서 경제성장률은 $0.2 \times 0.2 = 0.04$, 즉 4%다. 소득의 0.2만큼을 저축해 자본의 증가로 이어지면, 늘어난 자본의 0.2만큼이 소득 증가로 이어지기 때문이다. 공식으로 표현하면 성장률은 바로 $s \times \upsilon$다.* 저축률이 항상 20%로 유지되고 주어진 자본량으로 그 1/5만큼 언제나 산출해낼 수 있는 경제는 4%의 성장을 무난하게 달성할 수 있다.

그런데 과연 경제는 매년 $s \times \upsilon$율로 보장된 성장을 유지할 수 있을까? 현실에서 성장률은, 이를테면 매년 4%로 동일하지는 않을 것이다. 매년 4%로 같지 않더라도, 예를 들어 실제 성장률이 2%로 떨어질 수도 있지만 다시 4%의 성장률을 찾아가면 좋지 않을까?

놀랍게도 해로드의 대답은 부정적이다. 앞의 예로 돌아가보자. 어떤 이유로 520의 자본을 투입하고도 102밖에 생산을 못 하게 되었다고 하자. 정상적인 생산기술 또는 자본-산출관계에서는 104만큼 생산했어야 한다. 해로드에 따르면 기업가는 자본의 효율이 떨어졌다고 생각하게 된다. 자연스러운 대응은 자본의 규모를 축소 조정하는 것인데, 이는 투자수요의 감소를 의미한다. 그런데 투자의 감소는 유효수요의 감소이고 케인스적 사고를 따를 때 성장

---

* $Y=\upsilon K$에서 υ가 상수일 경우 $\Delta Y=\upsilon\Delta K$. 그런데 $\Delta K=sY$이므로 $\Delta Y=s\upsilon Y$. 즉 경제성장률$\left(=\dfrac{\Delta Y}{Y}\right)$은 $s\upsilon$가 된다.

을 낮추는 요인 아닌가? 즉, 4%로 적절하게 성장하던 경제가 어떤 이유로 성장률이 하락하면 종전의 성장률을 회복하지 못하고 점점 추락하는 길을 걷는다.

정반대의 현상도 가능하다. 만약 520의 자본을 투입하고 104가 아닌 106을 만들어냈다고 하자. 경제는 4%가 아닌 6% 성장이라는 호황을 만난 것이다. 기업가는 자본의 효율이 향상되었다고 생각하고 자본 규모를 확대하고자 한다. 수요 측면에서 볼 때 투자수요의 증가는 성장률을 더 높이는 요인으로 작용할 것이다. 즉, 어느 쪽이든 경제의 성장 속도가 $s \times v$를 벗어나면 원상태로 돌아오기 어렵다. 경제가 $s \times v$의 속도로 안정적으로 성장한다는 것은 너무 아슬아슬하다. 오히려 특수하고 일시적으로만 가능하다. 이러한 특성으로 인해 해로드의 모형은 칼날 모형knife-edge model이란 별칭을 얻는다.

도마의 모형은 해로드 모형보다 뒤에 나왔지만 더 간명하다. 그는 투자의 이중성에 초점을 맞춘다. 수요 측면에서 볼 때 투자의 증가는 케인스적 가정에 따라 승수효과 때문에 유효수요를 확대한다. 공급 측면에서 볼 때 투자의 증가는 경제의 공급능력을 확대한다. 늘어난 수요와 늘어난 공급이 일치할 때 균형성장을 이룰 수 있지만, 이 역시 특수한 조건하에서만 가능하다. 균형성장으로 가는 길이 존재할 수는 있지만, 그것을 꾸준히 달성하기는 어렵다. 해로드 모형처럼 심오한 맛은 떨어지지만 명쾌한 직관이다. 접근 방법에 약간의 차이는 있으나 해로드와 유사하게 자본주의 경제에서 균형성장을 달성하는 것이 얼마나 어려운지 보여준다.

솔로 모형

현대의 대표적인 성장이론은 솔로 모형이다. 1924년 뉴욕 브루클린에서 태어난 솔로는 하버드 대학에서 학사부터 박사까지 마치고 MIT 경제학 교수를 지냈다. 성장이론에 대해 획기적인 연구 성과를 내고 케인스 경제학을 발전시킨 공로로 1987년에 노벨경제학상을 수상했다. 학생 시절 레온티에프와 굿윈Richard M. Goodwin의 영향을 받았으며, 학위를 받은 후에는 연배가 조금 위인 새뮤얼슨 그리고 토빈James Tobin과 평생 절친한 관계를 유지했다. 당시 경제학은 좀더 명료하게 수리 모형을 구축하는 방향으로 진전되고 있었는데, 솔로는 학문적으로 이들의 영향을 많이 받았다. 특히 새뮤얼슨과는 아주 오랫동안 바로 옆방 연구실을 쓰면서 개인적 친분을 유지했다.

비록 불안정한 성장의 모습을 그려내기는 했지만, 해로드와 도마의 모형이 주는 메시지는 분명하다. 결국은 저축의 증가와 그에 따른 자본축적이 추세적 성장을 이끌어낸다는 것이다. 과거 맬서스에게 경제가 일정한 속도로 꾸준히 성장한다는 것은 상상하기 어려운 것이었다. 수확체감의 법칙 때문이었다. 노동력, 즉 인구가 늘어나는 것은 도리어 재앙이었다. 한정된 자원(주로 토지)을 아무리 활용해봐야 생산을 늘리는 데는 한계가 있다. 하지만 이것은 지나치게 비관적인 생각이었다. 사람들은 미래에 더 많이 생산하고 더 편하게 살기 위해 기계와 설비, 즉 자본을 축적해나갔다. 본격적으로 가동되기 시작한 자본주의 체제하에서 자본가들은 벌어들인 이윤을 계속 재투자하면서 자본을 빠르게 축적했다. 그리고 축적한 자본으로 노동생산성을 높일 수 있었다.

전반적으로 볼 때 맬서스가 예견한 것 같은 극단적인 사태는 발생하지 않았다. 20세기에 들어선 자본주의 경제는 대공황에 빠져 추락하는 듯했지만 제2차 세계대전을 기점으로 본격적인 회복세를 타고 다시 성장했다. 그렇다면 리카도와 밀이 우려한 정체상태, 한센의 장기침체, 해로드와 도마의 불안정한 성장은 단지 기우에 불과한 것이었는가?

1950년대 MIT의 젊은 경제학자 솔로는 해로드와 도마의 이론을 읽고 의심을 품기 시작했다. 만약 세상이 그들이 제시한 모형대로 작동한다면 자본주의의 역사는 실제보다 더 예측 불허였을 것이다. 하지만 전반적인 역사를 볼 때 몇몇 대공황의 경우를 제외하면 경기변동은 일정한 범위 이내에 머물지 않았는가? 물론 솔로도 케인스의 영향을 크게 받은 학자로 자본주의 경제를 낙관적으로만 바라본 사람은 아니었다. 그런데도 솔로에게 해로드-도마의 모형이 갖는 칼날의 특성은 지나친 것이었다. 성장을 체계적으로 모형화하는 길이 분명히 있을 것이라고 믿었다. 단, 리카도와 밀의 정체상태는 그에게 균형감각을 유지해주는 역할을 했다. 수확체감의 법칙을 완전히 폐기할 수는 없었기 때문이다.

솔로의 성장모형을 제대로 이해하기 위해서는 생산함수의 개념이 필요하다. 그러면 잠시 여기서 우울한 미래를 점쳤던 맬서스의 아이디어를 생산함수를 이용해 설명해보자. 맬서스가 속한 고전학파 시대의 생산함수는 $Y = F(L)$로 표시할 수 있다. 식량이 주된 생산물이었던 시대에 Y는 식량을 생산하는 수준이고 L은 노동 인력의 크기다. 인구가 증가하면서 식량 생산에 투입하는 노동 인력이 증가하고 산출도 증가하지만, 토지는 한정되어 있기 때문에 추가적인 노동투입으로 증가하는 산출물(한계생산물)의 양은 점점 줄어든다. 이른바 한계생산성 체감의 법칙이 작동한다. 리카도와 밀에게도 이 법칙은 자연의 법칙처럼 견고해 보였다. 인간의 생리적 특성에 따라 인구는 계속 증가하지만, 생존에 필요한 식량은 아주 더디게 증가할 것이다.

그런데 인간은 도구를 사용하기 때문에 질 좋은 도구가 늘어나면 같은 시간을 일해도 더 많은 양을 생산할 수 있다. 자본(K)은 노동 못지않게 중요하다. 따라서 생산함수는 $Y = F(L)$이 아니라 $Y = F(K, L)$이 되어야 한다. 하지만 맬서스 시내에 자본의 빠른 축적을 예견할 수는 없었다. 실제 오랜 역사에서 자본은 별로 증가하지 않았고 인류의 생산력은 크게 늘지 않았으니, 자본의 중요성을 인정한다 하더라도 $K = \overline{K}$(일정한 수준에서 고정)로 가정하는 것이 무리는 아니었다. 게다가 자본은 시간이 지나면서 마모되는 성질(감가상각)이 있지 않은가? 생산함수에 자본을 도입하더라도 노동투입에 작용하는 한계생산성 체감의 법칙은 여전히 유효한 것으로 보였다. 케인스 역시 자본축적의 역할을 강조한 장기 동태 분석을 시도하지 않았다. 그가 노동시장과 실업 문제를 분석할 때 사용한 생산함수 개념도 $Y = F(L)$ 또는 $Y = F(\overline{K}, L)$에 머물러 있었다.

그러면 케인스 경제학을 장기로 확장하려고 시도한 해로드와 도마는 어떤 생산함수를 염두에 두었을까? 장기 성장을 모형으로 설명하려면 자본 도입이 필수적이다. 그들의 가정은 한 걸음 더 나아갔지만 파격적이지는 않았다. 자본이 생산함수에 들어가지만 자본과 노동이 결합되는 비율은 일정하다. 자본과 노동 간에 최적 결합 비율이 있으며, 그 비율은 대체로 일정하다. 예를 들어 기계 1대에 일꾼 5명이거나 기계 2대에 일꾼 10명이다. 즉, 시간이 흐르고 자본을 축적하더라도 K/L(1인당 자본)은 일정하다고 가정했다. 그리고 앞에서 소개한 대로 생산함수를 $Y = vK$로 놓았으니, K/Y(자본산출계수) 또한 장기적으로 일정할 것이라고 생각했다.

솔로에게는 맬서스의 가정도 해로드와 도마의 가정도 만족스럽지 않았다. 어느 누구의 주장도 경제가 실제 성장하는 과정을 제대로 설명하지 못한다고 생각했다. 솔로는 고정계수의 가정을 버리고 자본과 노동을 얼마든지 교체할 수 있다고 가정했다. 즉, $Y = F(K, L)$이라는 단순한 관계로 돌아갔는데, 이것은 생산에 투입하는 요소와 그 결과물의 관계를 일반적으로 묘사하는, 적어도 주류 경제학의 관점에서는 너무나 당연한 가정이었다. 게다가 장기적 성장을 수학적으로 다루기 위해 케인스, 해로드, 도마가 걱정했던 수요 부족의 문제는 잠시 접어두기로 했다. 1924년생인 솔로에게 대공황은 이미 지나간 일인 데다, 미국 경제는 제2차 세계대전 동안에만 두 배 이상 급성장했고 전후에도 성장 속도는 별로 줄어들지 않았다.

솔로 모형에는 인구증가율이란 변수가 등장하지만 주된 관심사는 아니었다. 그 대신 자본축적, 구체적으로는 1인당 자본의 증가가 1인당 소득을 어디까지 증가시킬 수 있는가에 관심을 두었다. 맬서스적인 암울한 상태를 걱정할 필요는 없지만, 문제는 여전히 남아 있었다. 케인스적인 가정에 따라 언제나 소득의 일정 부분을 저축하더라도 1인당 자본의 증가가 1인당 소득의 지속적 증가를 보장하지는 못한다. 여기서 1인당 소득의 증가를 제약하는 요인은 크게 두 가지인데, 첫째는 자본의 감가상각이며 둘째는 자본에 대

1인당 소득의 증가를 제약하는
요인은 크게 두 가지인데,
첫째는 자본의 감가상각이며
둘째는 자본에 대해서도 한계생산성 체감의
법칙이 작용한다는 점이다.

해서도 한계생산성 체감의 법칙이 작용한다는 점이다.

도대체 자본은 매년 얼마나 증가하는 것일까? 소득(Y) 가운데 소비하지 않는 부분($S = sY$, s는 저축성향)은 자본재(투자재)를 구입하는 데 쓰며, 바로 이 부분이 자본축적의 원천이다. 지난해까지 축적한 자본의 양을 K라고 하면 여기에 sY만큼이 새로 보태진다. 그런데 다른 한편으로는 생산 과정에 투입해 쓰는 자본은 그 가치를 점점 잃어버린다. 해마다 일정 비율(δ)로 소멸하는 자본의 양을 δK라고 하면, 실제로 순수하게 증가하는 자본의 양은 sY가 아니라 $sY - \delta K$다. 즉, $sY > \delta K$인 한 자본의 양은 계속 증가한다. 이것이 추가적인 성장의 원천이며, 높은 저축률(s)은 자본축적과 성장으로 이어진다.

문제는 K(정확하게는 1인당 자본)가 늘어나더라도 Y(정확하게는 1인당 소득)는 체감적으로만 늘어난다는 데 있다. 결국 자본이 증가함에 따라 더 이상 $sY > \delta K$가 유지되지 못하고 $sY = \delta K$인 지점에 도달하게 된다. 사실 경제는 이 지점에 이르기 전까지만 성장한다. 1인당 소득의 증가는 여기서 멈춘다. 그렇다면 또다시 정체 상태가 아닌가? 기본 가정만으로는 그렇다. 감가상각이라는 자연적 현상 때문에 자본을 무한정 축적하기 어렵고, 축적하더라도 한계생산성 체감의 법칙 때문에 소득의 증가는 제한적이며 결국 확장의 과정은 끝난다.

요컨대 생산함수를 $Y = F(L)$에서 $Y = F(K, L)$로 바꾸는 정도로는 지속적인 성장을 담보할 수 없다. 물론 솔로는 여기서 한 걸음 더 나아갔다. 자본축적 말고 기술진보가 있지 않은가? 기술이 진보하면 같은 양의 자본에 같은 양의 노동을 투입하더라도 더 많이 생산할 수 있지 않을까? 과거 고전학파 경제학은 주로 자본축적에 관심을 집중했지만 스미스, 밀, 슘페터는 물론 심지어 마르크스까지 저명한 학자라면 기술진보의 중요성을 한 번쯤은 지적하지 않았던가? 게다가 솔로의 시대는 자본주의가 다시 번성하는 시기였다. 소득분배는 더 이상 나빠지지 않았고 오히려 개선되는 모습을 보인 데다 중산계층이 확산되었다. 따라서 부를 창조하는 원인을 더 철저하게 규명할 필요가 있었다.

솔로는 수학적으로 매끈한 결과를 뽑아내기 위해 생산함수를 다음과 같이 설계했다.

$$Y = F(K, AL)$$

명시적으로 기술진보를 모형에 넣기 위해 A라는 임의의 변수를 도입했다. 그리고 AL에 효율노동effective labor이라는 이름을 붙였다. 지식의 증가에 따른 것이든 무엇이든 사람들은 좀더 쉽고 편리하고 효율적으로 일하는 방법을 점점 터득해나간다. 일하는 사람의 수, 일하는 시간과 같이 물리적으로 재거나 셀 수 있는 그 이상의 무엇이 투입된다. 그리고 이것은 시간이 지날수록 조금씩 증가한다.

그는 이것을 기술진보율이라고 불렀고, 매년 g율로 증가한다는 단순한 가정을 더했다. 물론 이 값은 0일 수도 있지만 연간 1%, 2%, 또는 3%일 수도 있다. 만약 어떤 작업장에서 10명이 하루에 10시간씩 일하는데 g=3%라고 해보자. 내년에도 같은 양을 투입하면 총근로시간은 100시간이지만, 실제 생산에 기여하는 정도로 평가할 때 103시간을 투입한 것과 마찬가지의 효과를 낸다. 비록 물리적인 자본축적이 한계에 도달하더라도 경제는 계속 g율로 증가할 수 있다.

솔로는 1956년에 발표한 논문 「경제성장이론에 대한 연구」A Contribution to the Theory of Economic Growth에서 위와 같은 가정에 입각한 정교한 성장이론을 개발했다. 한계생산성 체감의 법칙을 버리지 않으면서도 자본축적과 기술진보가 함께 이끌어가는 자본주의의 동학을 간결한 수식과 그래프 몇 개로 명쾌하게 정리해냈다. 비록 기술진보가 어디서 어떻게 나오는지는 섣불리 언급하지 않고 모형의 외부에서 주어진 것으로 처리했지만, 그의 업적은 실로 대단한 것이었다. 성장이론의 기본 골격을 완성한 것이다.

그의 이론은 성장에 관한 낙관적 전망과 비관적 전망을 모두 포괄한다. 경제발전의 여러 단계를 거치면 경제는 궁극적으로 균제상태steady state에 도달한다. 균제상태에서 1인당 자본과 소득은 모두 기술진보율 g의 속도로 일정하게 꾸준히 증가한다. 물론 g가 0이면 리카도와 밀이 우려한 대로 경제는 정체상태에 빠지고 1인당 소득은 더 이상 증가하지 않는다.

그래도 맬서스 유의 경제와는 질적으로 다른데, 생존에 필요한 정도로만 소비하는 것이 아니라 한층 높은 생활수준을 유지하는 상태이기 때문이다. 게다가 기술진보율이 0보다 높은 한, 경제는 정체상태에 주저앉지 않고 조금씩이나마 성장할 수 있다.

솔로 모형에 비관적인 요소가 있다면, 그것은 낙관적 요소 바로 뒤에 숨어 있다. 경제가 결국 균제상태에 도달한다는 것이다. 왕성한 자본축적이 성장의 원동력이 되는 고도성장 시기는 점점 옛날일이 되어버린다. 어쩔 수 없이 맞닥뜨려야 할 것은 오로지 기술진보에 의해서만 추가로 성장할 수 있다는 냉엄한 현실이다.

솔로는 1957년 또 다른 논문 「기술변화와 집계적 생산함수」 Technical Change and the Aggregate Production Function를 발표한다. 이 논문에서 그는 1909~49년 사이에 자본축적과 기술진보가 각각 경제성장에 얼마나 기여했는지 자신이 개발한 모형을 적용해 분석했다. 결과는 충격적이었다. 사실 그는 1년 전에 이론 모형을 수립할 때는 다른 결과를 예상했다고 한다. 적어도 당시까지는 자본축적이 성장의 원동력일 것이라고 예상했다. 모든 사람이 그렇게 생각하고 있었고 학생 시절에도 그렇게 배웠기 때문이다.

하지만 분석 결과는 달랐다. 물적자본의 증가가 성장에 순수하게 기여한 정도가 15% 정도에 지나지 않은 것으로 나왔다. 노동의 증가분을 감안하더라도 자본과 노동의 양적 투입이 기여한 부분은 절반이 채 되지 않았다. 그러면 나머지는 모두 기술진보의 몫이란 말인가? 솔로는 그렇게 생각할 수밖에 없었고, 성장요인 가운데 자본과 노동의 투입량으로 설명되지 않는 부분에는 일단 솔로 잔차 Solow residual라는 명칭이 붙여지게 되었다.

해로드와 도마 그리고 포스트 케인스주의의 대가인 칼도어에게도 자본축적은 의심할 여지없는 성장의 핵심 동인이었다. 앞에 소개한 해로드 모형을 보면 더 분명한데, 저축률이 두 배가 되면 성장률도 두 배가 된다는 것을 알 수 있다. 그런데 솔로 모형에 따르면 저축률이 두 배가 되면 한동안은 성장률이 올라가지만 일단 균제상태에 도달하면 높아진 저축률과 무관하게 기술진보의 지배 속으로 빨려들어 간다. 게다가 솔로의 실증 분석에 따르면, 균제상태 도달 여부에 관계없이 자본축적이 경제성장에 기여하는 정도는 통넘과 달리 별로 크지 않다. 오랜 세월에 걸쳐 고도로 자본을 축적한 선진국의 경우에는 더욱 그렇다.

솔로의 연구는 자본주의의 미래 모습을 과학적이고 체계적으로 그려보는 데 지대한 공헌을 했다. 비관적으로 볼 필요는 없지만 그렇다고 낙관할 수도 없다. 리카도와 밀이 그려낸 장기정체에서 빠져나올 수는 있겠지만 결코 쉬운 길은 아니다. 장기정체는 여전히 무겁게 받아들여진다.

내생적 성장이론: 인적자본과 지식

솔로 모형에서 1인당 소득의 지속적인 증가는 기술진보로 가능하지만, 단순히 기술진보를 가정한 것에 지나지 않아 그것이 어디에서 비롯되는지는 알 수 없다. 그런데 1960~70년대에 들어서면서 장기적 경제성장의 문제는 거시경제학의 주된 관심에서 한 발짝 밀려난다. 두 차례의 세계대전과 대공황의 참사를 결코 잊지 못한 경제학자들의 관심은 자연스럽게 재앙을 피하고 경기변동을 조절하는 방법에 쏠리게 되었다.

성장에 대한 질문을 회피하게 된 또 다른 이유는 분석도구가 충분히 발전하지 않았기 때문이기도 하다. 장기 동태 모형을 다루기 위해서는 수학적으로 해결해야 할 문제가 너무 많았다. 사실 솔로 모형이 등장한 시기만 하더라도 분석도구상의 제약 때문에 생산기술을 주어진 것으로 취급할 수밖에 없었다. 경제가 성장하는 과정을 완전히 이해하기 위해서는 생산기술의 변화, 즉 기술진보 자체를 설명할 수 있는 모형이 필요했다. 분석도구가 좋아지자 이 문제를 다루는 데 진전이 이루어진다.

급속한 진전은 1980~90년대에 일어나는데, 생산기술의 변화를 이끄는 내재적·경제적인 요인을 규명하는 작업이 활발하게 전개되었다. 사실 솔로 모형같이 표준적인 생산함수를 가정하면 지속적 성장을 설명하기 곤란한 측면이 있다. 특히 자본의 한계생산성이 체감하기 때문에 물적자본의 축적에 따른 성장은 한계에 봉착한다. 물론 기술진보로 문제를 해결하기는 하지만, 솔로 모형의 취약성은 생산기술과 기술진보가 외생적으로만 주어진다는 것이었다.

생산기술이 외생적으로 주어진다는 것은 경제적으로 매우 중요한 의미를 갖는데, 기술이 공공재의 성격을 띠다는 점이다. 만약 생산기술이 공공재라면, 극단적으로 말해 사람들은 그것에 대해 아무런 비용을 치르지 않고 얼마든지 사용할 수 있다. 생산기술은 세계적으로 동일한가? 그렇다면 같은 양의 자본과 노동을 갖춘 국가는 정확히 같은 생활수준을 누리게 될 것이다. 하지만 아마도 그럴 것 같지는 않다.

솔로의 이론은 매우 중요한 첫 단계였으나, 생산기술과 그 발전 요인을 더 분해해서 살펴볼 필요가 있었다. 이러한 시도를 하는 연구들을 내생적 성장이론endogenous growth theory 또는 신성장이론new growth theory이라 불렀다. 루카스Robert Lucas Jr.와 로머Paul Romer의 작업이 가장 대표적이다.

루카스는 고전학파적 사고를 현대적으로 해석하고 부활시킨 대표적인 인물이다. 일반 대중에게 잘 알려진 학자는 아니지만, 케인스 전통을 잇는 내로라하는 학자들도 그의 공격을 받고 한없이 뒤로 밀려날 정도였다. 경제학의 계보상 합리적 기대 가설로 더 유명한 루카스, 그의 명성이 극에 달했던 1980년대 후반 솔로에게

도전장을 내민다. 1937년생인 루카스는 40대 후반에 이르러 비로소 경제성장의 문제를 진지하게 다루게 된다. 마침내 1988년에 게재한 논문 「경제발전의 역학」On the Mechanics of Economic Development에서 "일단 성장의 문제를 생각하기 시작하면 다른 것들을 생각하기 어려울 지경이다"라는 유명한 말을 남긴다.

솔로 모형이 등장한 지 30년이 지났을 때, 루카스의 눈에는 그 모형의 예측이 빗나간 것으로 보였다. 솔로 모형으로는 국가 간에 여전히 지속되고 있는 빈부 격차의 현상을 설명하기 힘들었다. 몇몇 국가의 성장률만 보더라도 솔로 모형은 사실과 부합하지 않는다. 솔로 모형에 따르면 자본을 축적한 정도가 낮은 빈국일수록 경제가 성장하는 속도가 선진국보다 빠르다. 한계생산성 체감의 법칙의 영향을 덜 받기 때문이다. 하지만 많은 나라가 여전히 어느 지점에 갇혀 있지 않은가? 일부 아시아 국가는 놀라운 성장을 보였는데 말이다.

여기서 루카스는 성장의 원동력으로 인적자본의 역할을 강조한다. 솔로 모형처럼 공공재로서의 생산기술이 아니라 개인이 소유한 소중한 기술로서의 인적자본이야말로 매우 유용한 개념이다. 인적자본이란 교육과 훈련을 받거나 사람들끼리 교류하면서 개인이 체화하는 무형의 자산이다. 인적자본이 단순노동과 다른 점은, 인적자본은 비용을 수반하는 투자를 통해 축적된다는 것이다. 물적자본이 투자에 따라 축적되듯이 인적자본도 투자에 따라 축적된다.

루카스 모형의 구조를 간략히 설명하면 다음과 같다. 생산함수는 인적자본을 명시적으로 포함하며 경제에는 두 종류의 자본, 즉 물적자본(K)과 인적자본(H)이 존재한다. 이 두 종류의 자본이 단순노동(L)과 결합해 최종재화를 생산해낸다.

$$Y = F(K, H, AL)$$

단순노동의 효율성은 솔로 모형에서처럼 시간의 흐름에 따라 g율로 자연스럽게 증가한다고 보아도 무방하다.

그러나 인적자본을 축적하기 위해서는 소득의 일부를 투자해야 하는데, 대표적인 것이 교육에 대한 지출이다. 특히 저개발국의 소득 격차를 설명하는 데는 이것이 물적자본 못지않게 중요하다. 루카스의 인적자본 모형에서 내생적인 성장이 가능한 이유는 소득의 일정 부분이 인적자본 축적에 기여하고, 그것이 물적자본과 단순노동의 생산성을 지속적으로 향상시키기 때문이다. 누구보다 철저한 시장주의자인 루카스도 이 점에서 교육에 대한 정부 보조에 찬성하는 견해를 표명한다. 사적이든 공적이든 교육에 투자를 많이 하는 국가일수록 성장률이 높을 가능성이 크다.

루카스와 거의 동시에, 아니 실제로는 루카스보다 더 일찍 내생적 성장의 비밀을 파헤친 사람은 시카고 대학의 대학원생인 로머였다. 1955년생인 로머는 1983년 박사학위 논문을 제출한 뒤에 그것을 다듬어 1986년과 1990년에 각각 「수확체증과 장기성장」 Increasing Returns and Long-Run Growth과 「내생적 기술변화」Endogenous Technological Change라는 논문을 발표한다. 그는 이 두 논문으로 경제학계의 스타가 되었다. 학부에서 수학을 전공한 그는 경제학으로 바꾸어 MIT 박사과정에 입학했으나 아내를 따라 시카고 대학으로 옮겨 학위를 받는다.

MIT에서 처음 솔로 모형을 배운 로머는 무한히 계속 성장할 수 있다는 것을 보여주는 모형을 구축하고 싶었다. 솔로 모형을 따른 다면 경제는 50년이나 100년쯤 지나면 노쇠기에 접어들지 않을까? 모든 국가는 성장을 멈춘 채 제자리걸음을 할지 모른다. 그러나 경제가 적어도 1,000년간 계속해서 발전할 수 있다는 것을 입증할 방법은 없을까?

당시 로머가 가졌던 직관은 신상품, 신공정, 대학, 연구소, 과학적 연구, 특허 등 이 모든 것이 지속적 성장의 중심에 있지 않나 하는 것이었다. 과학의 내적 동력이 오랫동안 경제학자들을 괴롭혀온 수확체감의 법칙을 무력화시킬 수 있지 않을까? 지식을 축적하면 할수록 성장은 빨라질 것이다. 지난 200년의 역사가 그것을 입증하지 않는가? 토지·노동·자본이 중심을 이루는 수확체감의 세계에서 지식이 이끄는 수확체증의 세계로 가는 것은 불가능할까? 로머에게 남겨진 과제는 바로 이 가능성을 수학적으로 해결하는 것이었다.

솔로 모형에서 지식은 외부에서 가져오는 것이었다. 로머는 반대 방향으로 생각했다. 지식의 축적은 그냥 주어지는 것이 아니고 엄연히 투자에서 나온다. 그리고 그 지식이 외부로 전파^{spillover}된다. 즉, 성장은 내부의 힘에 의해 발생하는데, 그 원동력은 눈에 보이지 않는 자본인 지식이다. 새로운 지식에 대한 투자야말로 지속적 성장의 열쇠다. 로머가 이러한 요지로 학위 논문을 완성한 게 이미 1981년 말이었으니, 루카스가 성장 모형을 구축한 시점보다 훨씬 빠르다. 사실 루카스는 젊은 대학원생인 로머의 연구를 전적으로 신뢰했다. 루카스는 지식 대신 인적자본이라는 개념을 썼으

며, 저개발국을 포함해 성장률의 국제적 격차를 규명하는 데 초점
을 맞추는 것으로 자신의 연구를 차별화한다.

로머의 모형을 소개하기는 쉽지 않지만 가급적 단순하게 접근해
보자. 루카스 모형이 자본을 물적자본과 인적자본 두 종류로 구분
한 데 비해 로머는 경제 내의 노동력을 두 종류로 구분한다. 노동력
의 일부는 지식을 생산하는 데 투입되는데, 솔로 모형에서 노동의
효율을 높여주는 기술계수 A를 지식의 양으로 본다면 이들은 A를
생산하는 데 투입된다. 대부분을 차지하는 나머지 인력은 최종재
(Y)를 생산하는 데 투입된다. 즉, 노동(L)은 최종재 생산 인력(L_Y)
과 지식을 생산하는 연구개발 인력(L_A)으로 나뉜다. 경제의 물적
자본(K)과 최종재 생산 인력 그리고 지식(A)이 결합해 다음과 같
이 최종재를 생산한다.

$$Y = F(K, AL_Y)$$

물적자본의 축적에 대한 가정은 솔로 모형과 같으나 노동력을
분리하는 것이 특징이다. 그런데 지식 A는 연구개발 인력 L_A에 의
해 생산되지만 기존의 지식스톡이 얼마나 많은가에도 영향을 받는
다. 즉, 다음과 같이 연구개발 인력을 많이 투입하고 기존에 쌓인
지식스톡이 많을수록 지식의 축적이 빠르게 일어난다.

$$\Delta A = G(L_A, A)$$

기존의 지식스톡(A)이 새로운 지식(ΔA: A의 변화량)의 창출에

도움을 준다는 것은 "내가 다른 사람보다 더 멀리 보게 된 것은 거인의 어깨 위에 서 있었기 때문이다"라는 뉴턴의 말로 잘 대변된다. 축적한 지식이 많고 연구개발 인력이 빠르게 늘어나며 지식을 효율적으로 생산하는 국가의 성장률은 높다. 가난한 국가는 물적 자본도 부족하지만 지식과 아이디어도 부족하기 때문에 선진국 따라잡기catch-up가 중요하다. 한편 부유한 국가는 새로운 지식을 끊임없이 창출하는 과정에서 지속적으로 성장할 수 있을 것이다.

비슷해 보이지만 루카스 모형과 로머 모형에는 미묘한 차이가 있다. 둘 다 무형의 자산이지만 인적자본과 지식은 어떻게 다를까? 인적자본은 토지나 물적자본 같은 사유재다. 사람마다 받은 교육과 경험이 각기 다르고 개인별로 다르게 체화되어 있어서, 인적자본은 남에게 전해줄 수 있는 성질의 것이 아니다. 반면에 지식은 쉽게 전파되는 특성이 있다. 아주 기본적이고 상식에 가까운 지식이든 아니면 사업 비법이나 첨단 과학기술이든 결국에는 전파된다. 그렇다고 해서 인적자본과 지식이 동떨어진 것은 아니다. 인적자본이야말로 지식을 생산하는 데 결정적 투입요소라는 점에서 둘 간의 연결고리를 찾을 수 있다. 따라서 인적자본의 전반적 수준이 높은 국가일수록 지식 면에서도 앞서 나갈 확률이 높다.

루카스 모형이 주는 정책 시사점이 교육과 훈련에 대한 투자라면, 로머 모형이 주는 시사점은 무엇일까? 신기술 개발에 대한 지원일까? 이론에서 바로 도출되는 정책 시사점이지만, 로머는 이에 대해 조심스럽다. 몇몇 특정한 프로그램에 대한 지원이 정치적으로 결정되거나 기득권을 강화하는 방향으로 흐를 수 있기 때문이다. 그는 간접적인 지원을 선호한다. 인적자본이 지식을 생산하는

데 결정적인 투입요소이기 때문에 특정 지식의 생산을 직접 지원하기보다는, 예를 들어 대학이나 연구기관을 지원하는 것이 더 안전한 방법일 것이다.

21세기에도 성장은 지속될까
장기침체론의 귀환

　로머의 신성장이론은 지식낙관론 또는 기술낙관론을 확산시켰다. 신성장이론은 1980년부터 불어닥친 신자유주의적 낙관론과도 잘 맞아떨어졌으며, 이론을 증명이라도 하듯이 1990년대 들어 광범위한 정보통신기술 혁명이 일어났다. 루카스와 로머가 발전시킨 신성장이론은 더욱 정교하게 다듬어져갔으며, 적어도 세계 금융위기가 발생하기 전까지 성장은 영원할 것 같았다.

　샌프란시스코 연방준비은행의 퍼널드[John Fernald]와 스탠포드 대학의 존스[Charles Jones]는 1950년부터 세계 금융위기 발생 직전인 2007년까지 미국 경제의 성장요인을 분석했다.* 이 연구에 따르면 1950~2007년까지 미국의 1인당 소득증가율은 연평균 2%인데, 그 증가요인을 분석하면 자본축적의 기여도는 0에 가까운 반면 인적자본의 기여도는 20%, 연구개발 강도와 인구증가에 따른 부분은 80%를 차지한다. 즉, 미국의 경우에 이미 오래전부터 물적자본

---

* J. Fernald and C. Jones, "The Future of U.S. Economic Growth," *NBER Working Paper* No.19830, 2014.

의 축적에 따른 성장은 끝났고, 그동안 인적자본과 지식 축적의 힘으로 연 2% 성장을 유지해온 것이다.

하지만 2008년 세계 금융위기를 계기로 사람들의 생각이 조금씩 바뀌기 시작했다. 인적자본과 지식이 이끄는 성장이 앞으로도 계속될 수 있을까?

성장 잠재력은 남았는가

최근에는 지식낙관론 또는 기술낙관론에 대한 회의가 또다시 대두하고 있다. 대표적인 비관론자는 미국 노스웨스턴 대학의 고든인데, 그는 미국을 대상으로 한 분석에서 '성장의 종말'the demise of U.S. economic growth을 언급한다. 그의 분석에 따르면 기술혁신의 황금기는 인터넷과 전자상거래가 도입된 1996~2004년의 기간에 국한되며, 그 이후에는 다시 1970~95년의 평범한 수준으로 돌아온다. 사실 역사를 돌이켜볼 때 기술혁신의 진정한 황금기는 1920~70년이다. 오늘날 우리가 누리고 있는 기본적인 과학기술의 혜택, 즉 전기, 자동차, 비행기, TV 등은 대부분 이 시기에 상용화되었다. 최근의 정보통신기술도 놀라운 변화를 가져오기는 했지만, 이 시기의 광범위한 성과에 비견할 만한 정도는 아니다.

고든뿐만 아니라 대부분의 연구 결과는 1970년대 초반 이후 생산성의 증가 추세가 한풀 꺾였다productivity slowdown는 점을 인정한다. 지난 1990년대 중반 이후 수년간은 생산성이 반짝 증가했던 시기에 불과하다. 고든은 1890년부터 2014년까지 100년이 넘는 기간을 기술혁신의 속도에 따라 세 구간으로 나눈다. 1920~70년의 발전 속도가 가장 빨랐고, 1970년 이후의 발전 속도는 1890~

1920년 수준으로 되돌아간 것으로 분류한다.

여기서 주의할 점은, 고든이 성장의 종말이라는 섬뜩한 용어를 쓰는 이유가 기술혁신 비관론에 있진 않다는 것이다. 앞으로도 기술혁신은 어느 정도 속도를 유지할 것이며, 그러기를 희망한다. 그가 장기침체 가능성을 점치는 진짜 이유는 인구 정체와 고령화, 노동 인력의 정체다. 특히 미국의 경우는 베이비 붐 세대(1946~64년생)가 2008년을 기점으로 속속 은퇴의 길로 사라져가고 있다. 그렇다고 루카스가 주목한 인적자본에 대한 기대도 결코 장밋빛이 아니다. 교육의 대중화가 이미 완료된 단계에 근접했기 때문이다. 더구나 공공부채가 많이 누적된 상태여서 정부가 나서서 민간의 부족한 수요를 보충하는 데도 한계가 있다.

지난 100여 년간 미국의 1인당 성장률은 연간 약 2%를 유지할 수 있었으나, 앞으로는 0.8~0.9%에 그칠 것이라고 전망한다. 이것 역시 평균적인 수치일 뿐, 지난 수십 년의 추세로 보아 하위 90%의 생활수준은 거의 정체상태에 머물지 모른다. 과거 100여 년간 누렸던 눈부신 성장은 뒤로 가고 앞으로는 거북이걸음이 예고되어 있다.

다시 기술혁신의 문제로 돌아가보자. 고든에 비해서는 낙관적이지만 퍼널드와 존스도 비관론에 한발 담그는 견해를 취하고 있다. 특히 존스는 로머의 뒤를 이어 성장에서 지식의 중요성을 누구보다 강조한 소장 학자다. 하지만 그도 과거의 지식낙관론에서 조심스럽게 후퇴하고 있다. 새로운 지식도 점차 고갈되어가는 것은 아닐까 하는 의문을 품기 시작한 것이다.

로머의 지식생산함수로 되돌아가 보자.

과연 우리는 새로운 지식을
얼마나 더 만들어낼 수 있으며,
그것은 경제 전반의 생산성을 올리는 데
얼마나 더 기여할 수 있을까?

$$\Delta A = G(L_A, A)$$

지난 100여 년간 인구도 비약적으로 증가했지만 연구 인력(L_A)은 그보다 훨씬 빠른 속도로 증가했다. 하지만 이 같은 추세는 영원히 지속될 수 없을 것이다. 과다한 연구 인력은 그 자체가 결국에는 경제적 부담으로 작용할 것이고 점점 로봇과 컴퓨터로 대체되어간다.

더 중요한 것은 새로운 지식(ΔA)을 계속 생산할 수 있는가이다. 역사적으로 관찰할 때 지식생산함수 역시 수확체감의 법칙을 벗어나지 못했다. 아마도 우리는 중요하되 발견하기 쉬운 아이디어부터 먼저 빼먹었을지^{cherry-picking} 모른다. 새로운 지식을 발견하는 것은 점점 어려워진다. 잡을 수 있는 물고기가 점점 줄어드는 현상^{fishing out}에 비유할 수 있다. 이것은 과거에도 그랬고 앞으로도 그럴 것이다. 물론 전체적으로 볼 때 연구 인력의 증가가 부정적 효과를 상쇄하는 역할을 해주었지만 앞으로도 그럴지는 의문이다.

과거의 경제학은 노동 이외의 생산요소로 토지와 자본에 주목했다. 하지만 리카도는 토지의 생산성이, 마르크스는 자본의 생산성이 결국에는 떨어질 것이라고 전망했다. 로머는 토지와 자본 이외에 지식이라는 중요한 생산요소를 추가하는 커다란 기여를 했다.

과연 우리는 새로운 지식을 얼마나 더 만들어낼 수 있으며, 그것은 경제 전반의 생산성을 올리는 데 얼마나 더 기여할 수 있을까? 20여 년이 지나자 로머의 성장이론에도 어두운 그림자가 드리우기 시작했다.

장기침체론의 귀환

미국의 천재 경제학자 서머스$^{Lawrence Summers}$가 2013년 말 국제통화기금^{IMF} 연설에서 한센의 장기침체론을 부활시켰다. 이 짧은 연설은 적지 않은 파장을 일으켰다. 1954년생인 서머스는 부모 모두 경제학자인 데다, 20세기 미국 최고의 경제학자라고 불러도 손색이 없는 새뮤얼슨과 애로를 각각 친삼촌과 외삼촌으로 두었다. 가히 최고의 경제학자가 될 배경을 갖춘 인물로서, 16세에 MIT에 입학했고 28세에 당시 하버드의 최연소 종신 교수가 된다. 짧은 기간에 엄청난 양의 연구를 쏟아낸 그는 37세에 IMF 수석 경제학자, 41세에 재무차관, 45세에 재무장관, 47세에 하버드 대학 총장이 되어 52세에 물러난다. 그는 새 케인스학파$^{New Keynesian}$의 주요 인물이지만, 아이러니하게도 금융자유화에 유보적이었던 케인스와 달리 재무장관 시절에 금융자유화를 밀어붙인 장본인이다. 그랬던 그가 세계경제의 장기침체론을 설파하고 다니는 것을 보면, 다시 제자리로 돌아온 듯한 느낌을 주기도 한다.

금융 부문이 위기에서 벗어나기는 했지만 더디고 우울한 회복 속도는 서머스에게 스승의 스승 격인 한센의 장기침체를 떠올리게 했다. 실제로 일본은 장기침체에 접어든 지 오래다. 서머스는 미국 연방준비은행이 제로금리 정책을 오랫동안 시행했는데도 여전히 저축이 투자를 초과하는 현상에 주목했다. 원래 저축이 투자를 초과하면 금리가 하락해서 균형을 유지해야 한다. 그런데 이미 더 내려갈 곳 없이 제로금리 아닌가? 금융위기가 일어나지 않았더라도 저축과 투자를 일치시켜주는 이자율이 이미 매우 낮은 수준으로 하락한 것임에 틀림없다. 20년 넘게 초저금리 상태인 일본 경제를 보라. 선진 자본주의 경제가 저금리·저물가·저성장의 늪에 빠진 것이 아닐까?

서머스는 세계경제의 장기침체 가능성을 입증하기 위해 다음과 같은 구조적 요인을 지적한다. 첫째, 인구증가율의 둔화가 투자를 위축시키고 있다. 미국은 다소 덜하지만, 일본은 이미 노동 인력이 감소하고 있고 조만간 유럽도 감소 대열에 합류한다.

둘째, 정보통신기술을 포함한 자본재의 가격이 하락하는 추세에 놓이자 기업은 같은 투자 금액으로 더 많은 자본재를 갖출 수 있게 되었다. 즉, 전보다 더 적은 양의 저축을 갖고도 이전과 같은 양의 투자를 할 수 있게 되었으니 저축이 남아도는 현상이 발생한다. 이제 애플이나 구글 같은 기업은 대규모 자본장치가 필요하지 않으며, 내부에 유보해놓은 현금이 넘쳐난다.

셋째, 불평등의 심화는 지출성향이 낮은 부자에게 소득을 집중시켜놓았는데, 이것이 경제 전체의 지출성향을 떨어뜨리고 있다.

넷째, 금융위기 이후 금융기관들이 위험을 회피하는 성향이 높아졌고, 여기에 감독 당국의 건전성 강화 기조가 가세해 안전자산safe assets에 대한 수요가 그 어느 때보다 높아졌다. 안전자산에 대한 수요 증가는 이자율을 하락시키는 요인으로 작용하는데, 가계와 기업의 저축이 국채 같은 안전자산으로 쏠리는 한 저금리에서 벗어나기 힘들다. 게다가 저금리하의 장기침체는 금융 안정을 해칠 확률이 높다. 초저금리로 조달한 자금이 어디로 흘러들어 가 어떤 문제를 일으킬지 예단하기 어렵기 때문이다. 실물 부문의 장기침체와 금융 불안의 공존, 이것은 무서운 시나리오다.

그런데 서머스의 장기침체론은 고든의 관점과는 다소 다르다.

고든의 비관적 전망이 주로 공급 측면에서 본 잠재성장률의 하락에 초점을 둔 것이라면, 서머스의 견해는 케인스·한센의 전통에 따라 유효수요의 부족을 강조한다. 여기에 서머스가 오래전부터 주장해온 이력현상hysteresis이 한몫을 더한다. 이력현상이란 수요 부족으로 인해 경기침체가 길어지는 경우에 그 부정적인 효과가 공급마저 위축시키는 요인으로 작용한다는 가설이다. 경기침체가 만성화되면 장기 실업에 빠진 사람들, 구직과 실직을 반복하는 사람들, 부정기적인 일자리를 이리저리 옮겨 다니는 사람들의 생산성은 자연스럽게 감퇴한다. 사업 전망이 불투명하기 때문에 새로운 상품을 개발하려는 의욕도 감퇴한다. 서머스에 따르면 이제 세이의 법칙은 "수요의 부족이 공급의 부족을 창출한다"로 바뀌어야 한다.

어쩌면 서머스가 강조하는 이력현상보다 훨씬 더 무서운 것은 대규모 투자가 필요하지 않은 현대적 형태의 기술진보다. 이미 한센은 인구의 정체와 고령화로 경제가 자본절약적인 발명과 투자에 치우치게 될 것을 우려한 바 있다. 무엇보다 인구가 정체하거나 감소하면 더 많은 주택, 더 많은 시설이 필요하지 않다. 만성적으로 투자 부족에 빠질 수 있는 것이다. 해로드의 성장이론에 비추어보아도 인구 감소를 결코 낙관적으로 볼 수는 없다. 인구 감소로 인한 판매 부진은 아마도 기업이 자본을 축소 조정하게 할 것이다.

여기에 현대 성장이론이 강조하는 지식기반 성장의 개념을 더해보자. 이제 사람들은 대규모 자본에 대한 투자 대신에 너도나도 작은 아이디어 하나로 돈을 벌려고 한다. 노동절약적인 혁신, 자본절약적인 혁신, 그러나 아이디어가 중심인 혁신, 이것이 현대적 기술혁신의 방향이다. 그러나 많은 사람이 이러한 혁신을 원하고 도전하지만, 실제로 성공할 확률이 높지 않다는 게 문제다. 정보통신기술의 발전은 이미 저숙련 노동에 큰 타격을 주었다.

　일자리를 얻기도 힘든 데다 사업에 도전해 실패를 반복하는 사람이 늘어나고 경제적 패자가 양산되면 이것은 더 큰 사회적·경제적 문제로 돌아온다. 노동절약적이고 아이디어에 편향된 혁신은 임금 정체와 소득불평등 악화라는 부작용을 낳기 쉽다. 이는 민간의 소비수요를 위축시킬 것이고, 투자수요의 만성적 정체와 맞물려 장기침체의 가능성을 한층 더 높인다. 맬서스에 이어 케인스가 예리하게 꿰뚫어 보았듯이 자본주의 경제에는 항상 수요 부족의 문제가 잠재해 있다. 특히 축적한 자본은 꽤 풍부한데 인구는 감소하는 단계에 이르면 이 문제가 극명하게 드러날지 모른다. 물론 우리 앞에 놓인 가까운 미래일지 먼 미래일지는 역사가 판정할 것이다.

4

피케티의 등장

저성장 속의
불평등

경제학이 다루는 핵심 주제는 무엇일까? 맬서스, 리카도, 마르크스 등 19세기의 경제학 대가들은 분배 문제를 경제학이 우선적으로 파헤쳐야 할 문제로 보았다. 그러나 당시에는 분배 상황에 관한 체계적인 자료가 없었기 때문에 논리적 추론에 그쳐야 했다. 핵심 주제인 만큼 분배에 관한 이론들이 다각도로 제시되었지만, 실제 자료와 결합해 설득력 있게 전개한 것은 아니었다.

현대 경제학의 관점에서 볼 때 뚜렷한 성과는 20세기 중반에야 비로소 등장한다. 러시아 출신의 쿠즈네츠Simon Kuznets는 세밀한 통계를 구축함으로써 경제학의 지평을 획기적으로 넓힌 대표적인 학자로, 1971년에 노벨경제학상을 받는다. 그는 특유의 치밀함으로 미국의 국민소득 통계를 1869년까지 거슬러 올라가 집계하는 성과를 거둔다. 게다가 국세청 자료를 바탕으로 소득분포에 관한 자료까지 구축하는 업적을 남긴다.

사실 자본주의 사회에서 성장과 분배에 관한 웅대한 동학이 과연 무엇인지, 경제학자라면 이에 대한 궁금증을 머릿속에서 지울 수 없을 것이다. 경제학자들의 이러한 궁금증이 이론적이고 사변적인 논의에 그치지 않기 위해서는 역사적 사실과 통계 수치들이 필요하다. 성장이든 분배든 수치를 보고 논해야 한다. 바로 이 점에서 쿠즈네츠의 기여는 결정적이었다. 그는 전미경제학회 회장 연설에서 스스로 구축한 세밀한 통계 수치를 바탕으로 그 유명한 역逆U자 가설을 설파한다.*

* 이 연설은 1955년 전미경제학회지에 「경제성장과 소득불평등」이라는 제목의 논문으로 실렸다.

결론은 다음과 같았다. 경제발전 초기에는 불평등이 심화되는 경향이 있지만 산업화 과정에서 생산성이 증가한다. 많은 사람이 그 과정에 참여하면서 혜택이 확산되어 불평등이 점차 줄어든다. 이것은 리카도와 마르크스 등 고전학파 경제학자의 우울한 예측을 뒤엎는 것이었고 개발도상국에는 희망의 메시지였다. 산업화의 시동을 걸고 낙수효과를 기다리면 되기 때문이다. 이러한 가설에 힘입어 현대 경제학은 불평등이라는 문제를 애써 외면할 수 있었고, 역U자 가설을 소득분배에 관한 정설로 여겨왔다.

쿠즈네츠의 가설은 여전히 유효한가? 프랑스의 경제학자 피케티가 의문을 제기하고 나섰다. 피케티는 쿠즈네츠가 노벨상을 받은 1971년에 태어났다. 프랑스에서 박사학위를 받고 22세에 미국 MIT에서 교수 생활을 시작했지만 2년 만에 프랑스로 돌아온다. 파리경제대학Paris School of Economics, PSE 설립(2006년)을 주도한 그는 분배 문제를 파헤치는 데 전념했다. 쿠즈네츠가 그려낸 분배의 역사는 다시 쓰여야 한다. 분배에 대한 이론도 다시 경제학의 중심으로 돌아와야 한다. 수많은 연구 결과를 집대성해서 펴낸 『21세기 자본』은 분배의 역사와 이론을 통합하려는 대담한 도전이었다.

이미 우리는 일본이나 유럽 대륙보다
불평등이 더 심한 나라가 되어버렸다. 적어도
외환위기 이전까지는 그렇게 나쁘지 않았다.
그러나 불과 10여 년이 지난 지금 우리를
비롯한 세계 대부분의 사람들이 1:99는
아니더라도 5:95나 10:90 사회에
살고 있음은 분명하다.

피케티의 발견

*U*자형인가 역*U*자형인가

2013년 프랑스의 피케티는 『21세기 자본』을 통해 쿠즈네츠와 정반대의 결과를 보여준다. 즉, 불평등의 역사적 추세는 역*U*자가 아닌 *U*자 모양이다. 쿠즈네츠도 당시로서는 방대한 자료를 사용했지만, 피케티는 시계열을 앞뒤로 확장해 유럽과 미국 등 주요 선진국에 대해 300년에 걸친 자료를 구축했다. 구축한 데이터만으로도 독자를 압도한다. 주지하는 바와 같이 18~19세기는 불평등한 사회였고, 20세기 초중반(대략 1910년에서 1950년 사이)에 불평등이 상당히 감소하는 모습을 보이기도 했으나 20세기 후반 이후 다시 큰 폭으로 증가했다. 아마도 21세기 중반에 가면, 적어도 불평등에 관한 한 200년 전쯤의 모습으로 되돌아갈지 모른다. 쿠즈네츠가 불평등이 해소되는 시기라고 보았던 20세기 중반은 피케티가 보기에는 예외적인 기간이었다. 시기적으로 쿠즈네츠가 제시한 자료는 바로 이 예외적인 기간에서 끝나고 만다.

미국의 예를 보자. 〈그림 5〉는 지난 100년간 미국의 상위 10%가 전체 소득에서 차지한 비중을 보여준다. 상위 10%의 소득점유율로

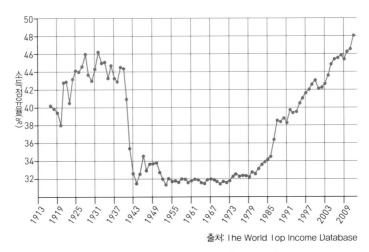

출처: The World Top Income Database

〈그림 5〉 미국 상위 10%의 소득점유율(1913~2012)

본 불평등도는 20세기 초반에 매우 높았지만 1930년대와 1940년대에 대공황과 제2차 세계대전을 겪으면서 크게 감소한다. 그리고 1950년대부터 1970년대까지 거의 변하지 않다가 1980년대 이후에 다시 증가하는 모습을 보인다. 1950년대에 관찰한 쿠즈네츠가 불평등이 감소할 것이라고 예측할 만도 하다.

〈그림 5〉를 20세기 중반까지만 끊어서 보면 쿠즈네츠의 말대로 역U자 모양처럼 보이지만 그 후로 확장해서 전체를 보면 U자 모양이다. 불평등에 관한 한, 20세기 후반과 21세기 초반의 미국은 20세기 초반의 모습으로 되돌아갔다. 2012년 기준으로 상위 10%가 전체 소득의 48%를 차지하고 있으니 대공황 직전의 수준으로 돌아간 것이다.

1:99 사회

2011년 가을 분노한 군중이 뉴욕의 주코티 공원에 모여들어 '월가를 점령하라'는 운동을 시작했다. 당시 컬럼비아 대학의 삭스Jeffrey Sachs 교수는 시위대에 참가해 "우리는 99%다"라고 외치며 미국의 극심한 불평등을 규탄했다. 그는 이렇게 말했다.

> 1980년에는 상위 1%가 전체 소득의 9%를 가져갔지만, 지금은 20%를 가져갑니다. 미국이 이렇게 불평등했던 건 바로 1929년이었습니다. 당시 어떤 일이 일어났는지는 여러분도 잘 압니다. 재앙이 일어났습니다. 또다시 재앙이 일어나지 않도록 막아야 합니다.

상위 1%가 전체 소득의 20%를 가져가는 나라, 미국은 실로 1:99 사회다. 물론 1:99 현상이 선진국에 공통적으로 나타나는 것은 아니다. 피케티와 그의 동료들이 밝혀낸 바에 따르면 1:99 현상은 미국, 영국 등 앵글로색슨 국가들에 두드러진다. 지난 30년 동안 거의 모든 선진국에서 상위 1%의 소득이 차지하는 비중이 상승한 것은 사실이지만 프랑스, 독일, 스웨덴 등의 유럽 국가는 미국만큼 심하지는 않다.

한국은 어떠한가? 최근 김낙년 교수는 피케티의 방식에 따라 한국의 소득분포를 새롭게 추정했다. 결과는 놀라웠다. 상위 10%의 소득점유율은 45%이고 1%의 점유율은 12%나 된다. 미국의 경우 상위 10%의 점유율이 48%이니 거기에 근접한 수치이며 유럽 대륙과 일본보다 높다. 상위 1%의 점유율은 미국에 비해 크게 못 미치지만 역시 유럽 대륙과 일본보다 높은 수준이다. 소득분포가 이

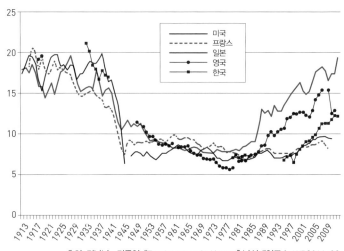

출처: 김낙년 · 김종일, "Top Incomes in Korea," 낙성대연구소, WP2014-03

〈그림 6〉 최상위 1%의 소득점유율(주요 선진국과 한국)

렇게 나빠진 것은 외환위기 이후의 일이다. 미국을 비롯한 주요 선진국에서 1980년대 이후 불평등이 악화된 현상이 한국에서는 1997년 외환위기 이후 압축적으로 발생했다.

단순히 수치상으로만 보면 한국이 미국처럼 1:99 사회가 되었다고 단정하기는 어렵다. 아직까지는 미국보다 상위소득점유율이 낮은 편이기 때문이다. 그러나 이미 우리는 일본이나 유럽 대륙보다 불평등이 더 심한 나라가 되어버렸다. 적어도 외환위기 이전까지는 그렇게 나쁘지 않았다. 그러나 불과 10여 년이 지난 지금 우리를 비롯한 세계 대부분의 사람들이 1:99는 아니더라도 5:95나 10:90 사회에 살고 있음은 분명하다.

또 하나의 *U*자형: 자본/소득비율

왜 이렇게 되었을까? 역*U*자 모양인 것처럼 보이다가 *U*자 모양으로 반전된 이유는 무엇일까? 다시 말해 왜 20세기 중반 불평등이 완화되었다가 20세기 후반에 다시 심화된 것일까? 피케티는 무엇보다 두 차례 세계대전과 대공황의 여파로 자본이 대량으로 파괴된 사실에 주목한다. 물리적인 파괴로 전체적으로 자본의 가치가 감소했을 뿐만 아니라 개별적인 자산의 가치도 폭락했다. 대공황과 전쟁은 여러모로 자본에 불리한 정치적 변화를 가져왔다.

피케티는 불평등도의 변화에서 자본이 얼마나 지배적인 역할을 하는지를 자본/소득비율로 측정했다. 매년 생산해내는 소득에 비해 축적한 자본의 규모가 얼마나 되는지 측정하는 것이다. 그런데 이 비율이 소득불평등과 유사하게 *U*자 모양을 보인다는 것을 발견했다. 표준적인 경제이론에서는 이 비율(자본산출계수라고 부르기도 한다)이 안정적이라고 보는 경향이 있었다. 그러나 피케티는 장기 시계열을 추정해서 이 비율이 결코 불변이 아니라는 놀라운 사실을 밝혀냈다. 자본/소득비율은 불평등이 심했던 19세기 말에 높았고 20세기 중반에 낮아졌다가 20세기 후반에 다시 높아졌다. 〈그림 7〉은 이 중요한 발견을 요약해서 보여준다.

〈그림 7〉에서 유럽은 영국, 프랑스, 독일의 평균값이다. 전체 자본을 민간자본과 공공자본으로 구분했지만 자본/소득비율의 움직임은 대체로 민간자본/소득비율이 좌우한다는 것을 알 수 있다. 민간자본/소득비율을 볼 때, 유럽에서는 20세기 초에 600~700% 정도였던 것이 두 차례 세계대전을 거치면서 200~300%로 급락했지만, 그 후 다시 증가세를 나타내면서 2010년에는 100년 전의 수준

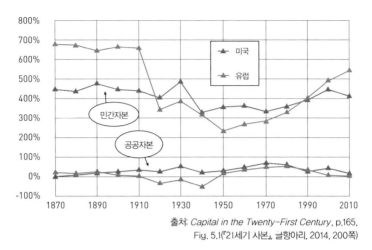

출처: *Capital in the Twenty-First Century*, p.165,
Fig. 5.1(『21세기 자본』, 글항아리, 2014, 200쪽)

〈그림 7〉 국민소득 대비 민간자본과 공공자본의 가치(유럽과 미국, 1870~2010)

에 근접하고 있다. 유럽의 경우 뚜렷하게 U자 모양을 보인다. 미국은 그 정도로 뚜렷하지는 않은데, 19세기 미국은 유럽에 비해 아직 자본을 축적한 정도가 낮았던 데다 전쟁의 충격이 있기는 했지만 그 정도가 상대적으로 작았기 때문이다. 20세기 후반 자본/소득비율의 상승도 유럽에 비해서는 완만한 편이다. 미국은 완만한 U자 모양이지만, 만약 유럽과 미국의 평균을 낸다면 선진 자본주의 경제의 모습은 U자형이라고 결론지어도 무리가 없다.

장기적인 시각에서 자본/소득비율의 역사적 패턴은 소득불평등의 U자형 변화 패턴과 유사하다. 그러면 혹시 자본/소득비율의 변화가 소득불평등을 변화시키는 근본 원인이 아닐까? 피케티는 자본과 불평등의 연결고리를 찾으려고 노력한다. 피케티는 자본을 '어떤 시장에서 소유하고 교환할 수 있는 비인적자산의 합계'로 정의한다. 주류경제학은 불평등의 원인으로 인적자본에 주목하는데,

이를테면 교육을 받은 연수年數와 질이 소득 격차를 설명할 수 있다는 것이다. 물론 교육이 중요하긴 하지만 교육만으로 불평등을 설명하는 데는 한계가 있다.

피케티는 더 중요하고 근본적인 불평등의 동인을 찾는다. 그가 부각시키고자 한 것은 인적자본이 아니라 물적자본이다. 소득에 비해 더 빠른 속도로 축적되는 물적자본이 불평등을 심화시키는 근본 원인이 아닐까? 불평등에 대한 피케티의 거대 담론은 바로 여기서 출발한다.

피케티 모델
자본의 귀환

 피케티가 거의 300년에 걸친 불평등의 역동적인 모습을 정리해
낼 수 있도록 만든 단순하면서도 강력한 모델은 과연 어떤 것인
가? 피케티의 주요 관심사는 분배이지만, 그는 거시경제학에서 출
발해 미시적 불평등, 즉 개인별 불평등으로 가는 과정을 밟아나간
다. 그는 주요 거시변수가 개인별 불평등지표와 높은 상관관계를
맺고 있다는 점을 발견했다. 그는 자본주의 제1법칙, 제2법칙, 중
심모순이라는 근사한 명칭을 붙여가며 논리를 전개한다. 이러한
관계를 차근차근 이해하기 위해 기능적 소득분배의 개념부터 다시
정리해보기로 한다.

노동소득분배율과 자본소득분배율

 생산한 것은 결국에는 소득으로 잡히므로 생산한 것(정확하게는
부가가치)의 양은 소득의 양과 일치한다. 생산을 하려면 무엇을 투
입해야 하는데, 가장 중요한 것은 노동이고 다른 하나는 우리가 자
본이라고 부르는 것이다. 자본의 개념에 대한 논쟁은 앞 장에서 소
개했듯이 실로 경제학의 역사와 함께하지만, 여기서는 노동 이외
에 생산에 투입하는 모든 것을 자본으로 통칭하기로 하자. 경제학

에서는 노동과 자본에 의해 생산물이 산출되며, 동시에 산출물이 생산에 기여한 노동과 자본에 돌아간다는 논리를 적용한다. 정확하게 구분하기는 어렵지만, 일단 국가 전체의 소득을 노동소득과 자본소득으로 양분할 수 있다.

노동과 자본이 각각 생산에 기여한 대가로 얼마씩 가져가는가를 기능적 분배라고 한다. 생산에 투입하는 요소로서의 '기능'에 초점을 둔 분배의 개념인데, 개별 업종이나 사업장 단위로 파악할 수 있지만 국가 전체로도 파악하므로 몇 퍼센트 또는 몇 대 몇 같은 숫자로 제시하는 것이 사람들의 관심을 끈다. 우리가 만들어내는 소득 가운데 노동이 가져가는 몫은 얼마이고 자본이 가져가는 몫은 얼마일까?

그런데 여기서 주의할 점은, 적어도 논리적으로는 기능적 분배와 개인별 분배가 무관하다는 것이다. 개인별로 얻은 총소득에는 노동소득과 자본소득이 섞여 있다. 어떤 사람은 노동소득이 주된 수입원이고 어떤 사람은 자본소득이 주된 수입원일지라도 개인별 소득분배(인적 분배)는 합계가 중요하므로 소득의 기능적 구분을 따지지 않는다. 자본소득이 엄청나게 많아서 소득 상위에 자리매김할 수 있지만 어떤 사람은 노동소득이 많아서 소득 상위에 들 수 있다. 기능적 분배와 개인별 분배는 개념상 이런 차이가 있다.

우리가 기능적 분배에 주목하는 것은 일반적으로 노동소득에 비해 자본소득이 더 불평등하게 분포해 있기 때문이다. 자본소득이란 사업이나 재산을 통해 얻은 소득인데, 이러한 소득은 일을 해서 번 소득에 비해 빈익빈 부익부 경향이 더 심하다. 따라서 경제 전체적으로 노동의 몫이 줄고 자본의 몫이 느는 현상이 발견되면 개인별 불평등도 함께 진전된다.

한국은 외환위기 이후 소득분배가 급속하게 나빠졌지만, 선진국에서는 이러한 추세가 이미 1980년대부터 본격화되었다. 지니계수 등으로 요약되는 개인별 분배지표가 나빠졌을 뿐만 아니라 노동소득분배율이 하락하는 추세를 보였다. 노동과 자본 간의 기능적 소득분배는 1950~60년대까지 경제학의 주요 관심사였으나, 당시에는 노동소득분배율이 정체 또는 약간의 상승 추세를 보였기 때문에 그 후로는 별 주목을 받지 못했다. 소득분배라고 하면 개인별 소득분배만을 의미하는 것으로 여길 정도였다.

그러나 최근에는 기능적 소득분배가 다시 주목을 받고 있다. 지난 30~40년간 노동소득분배율이 하락하고 자본소득분배율은 상승했기 때문이다. 개인별 분배지표가 나빠지는 동안 기능적 분배에도 변화가 발생한 것인데, 이것은 우리에게 근본적인 질문을 던지게 한다. 자본의 역할이 강화되고 노동의 역할은 축소되었다? 이것이 개인별 소득분포를 나빠지게 한 근원적 요인이 아닐까? 이러한 추세가 지속된다면 자본주의의 미래는 어떻게 될까? 어쩔 수 없는 현상인가, 아니면 시급히 교정해야 할 문제인가?

자본주의 제1법칙

피케티 모델은 자본소득분배율을 정의하는 것에서 출발한다. 그러면 그가 '자본주의 제1법칙'이라 부른 식부터 살펴보기로 하자. 자본소득분배율, 자본수익률, 자본/소득비율 간에는 다음과 같은 관계가 있다.

$$\text{자본소득분배율} = \text{자본수익률} \times \text{자본/소득비율}$$

자본소득분배율은 소득 가운데 자본소득이 차지하는 비율로, 용어 정의상 자본소득분배율과 노동소득분배율을 합하면 1이 되므로 '1-노동소득분배율'이다. 자본수익률은 자본이 한 해 동안 어느 정도의 수익을 낳는지 나타낸다. 변수의 정의에 따라 위의 식을 풀어서 쓰면 다음과 같다.

$$\frac{\text{자본소득}}{\text{소득}} = \frac{\text{자본소득}}{\text{자본}} \times \frac{\text{자본}}{\text{소득}}$$

이는 정의상 언제나 성립할 수밖에 없는 항등식이다. 자본수익률의 정의와 관련된 항등식이므로 사실 법칙이란 명칭까지 부여하는 것이 어색하지만, 실은 그동안 주류경제이론에서 크게 중시하지 않았던 변수들을 경제 분석의 핵심에 가져다 놓은 데 그 의의가 있다. 예를 들어 주류경제이론은 자본소득분배율이 일정하다는 가정을 즐겨 사용해왔다. 그러나 주요 선진국에서 지난 30~40년간 자본소득분배율이 상승하는 추세를 보인 사실을 볼 때, 이 값을 더 이상 주어진 값으로 간주해서는 안 된다는 점을 부각시켜준다.

자본수익률은 마르크스 경제학에서 이윤율이라고 부르는 핵심 변수다. 보통 주류 거시경제학의 맥락에서는 이를 이자율 또는 자본의 한계생산성으로 간주하지만, 피케티의 자본수익률은 경제 전체의 자본 총량에 대비해 이윤, 이자, 배당, 지대 등 모든 형태의 자본소득이 차지하는 비중이므로 훨씬 포괄적인 수익률 개념이다.

한편 자본/소득비율은 소득에 대비한 자본스톡의 배율인데, 자본을 축적한 정도를 가늠하는 척도다. 쉽게 말해 자본/소득비율이란 현재까지 축적한 자본의 양이 한 해 동안 버는 소득의 몇 배인가를 나타낸다. 단, 여기서 주의할 것은 피케티가 소득 개념으로 국내총생산[GDP]이 아니라 자본의 감가상각을 제외한 국민소득[NI] 개념을 사용한다는 점이다. 자본 역시 감가상각분을 빼준 순자본 스톡 개념이다.

위의 관계식을 피케티가 표기한 방식에 따라 다시 써보자.

$$\alpha = r \times \beta$$

여기서 α, r, β는 각각 자본소득분배율, 자본수익률, 자본/소득비율을 나타낸다. 세 변수 모두 일종의 거시비율이다. 또 중요한 것은 세 변수 가운데 둘을 알면 하나는 자동적으로 계산되어 나온다는 사실이다.

예를 들어 자본수익률(r)이 연간 5%이고 자본/소득비율(β)이 5라면, 자본소득분배율(α)은 5%×5=25%가 된다. 쉽게 말해 경제 전체의 자본 총량이 국민소득의 5배이고 자본의 평균수익률이 5%라면, 국민소득의 25% 정도가 자본(자본가)에 돌아간다는 뜻이다. 만약 자본수익률은 그대로 5%인데 자본/소득비율이 6으로 오르면 자본소득분배율은 5%×6=30%가 된다.

피케티는 보통 경제학에서 자본이라고 부르지 않는 것들, 즉 개인이나 법인, 정부가 가지고 있는 금융자산은 물론 재화나 서비스 생산에 이용하지 않는 주거용 토지까지도 자본에 포함시킨다. 한마디로 어떤 형태로든 수익을 얻을 수 있는 모든 자산을 가리키는 것이니, 전통적인 경제학 개념으로는 부^{wealth}에 가깝다. 그래서 β를 자본/소득비율이라고도 하고 부/소득비율이라고도 한다.

자본/소득비율은 경제 전체적으로 집계한 변수 간의 비율인데, 이 비율로 개인 간 불평등을 설명할 수 있을까? 엄밀하지는 않지만 다음과 같은 경우를 생각해보자. 자본수익률은 그대로 5%이다 (이 가정의 타당성은 나중에 논의하기로 하자). 이때 자본/소득비율이 6에서 8로 오르면 자본소득분배율은 30%(=5%×6)에서 40%(=5%×8)로 상승한다. 노동소득분배율은 70%에서 60%로 떨어진다. 앞서 말한 대로 자본소득은 노동소득에 비해 더 불평등하게 분포해 있다. 따라서 경제 전체적으로 노동소득분배율이 하락하고 자본소득분배율이 상승하면 개인별 불평등도 함께 나빠지는 경향을 발견한다.

자본주의 제2법칙

제1법칙에 등장하는 자본/소득비율(β)은 어떤 수준으로 결정되는 것일까? 우리는 앞에서 주요 선진국의 β가 20세기 초에 6~7배 정도였던 것이 두 차례 세계대전을 거치면서 2~3배로 급락했지만, 그 후에는 다시 증가세를 나타내고 있다는 역사적 사실을 확인했다. 왜 β는 이런 모습으로 움직인 것일까? β의 크기를 결정하는 요인은 무엇인가? 이에 대한 해답이 다음과 같은 제2법칙이다.

$$\beta \longrightarrow \frac{s}{g}$$

s는 저축성향, g는 국민소득의 증가율이다. 저축성향이란 소득

가운데 평균적으로 몇 퍼센트를 저축하는지를 나타내며, 국민소득의 증가율은 경제성장률과 거의 같은 개념이다(통상적으로 경제성장률은 GDP의 증가율로 나타내지만 여기서는 NI의 증가율이다).

앞에서 주요 국가의 β가 이미 상당히 높은 수준에 도달해 있음을 알았다. 이 비율은 어디까지 올라갈 수 있을까? 아니 너무 많이 올랐다면 얼마나 내려가야 안정될까? 위의 식은 β가 어느 일정한 값으로 수렴할 것이라는 점을 말해준다. 다시 말해 β는 폭발적으로 증가하지도 않고 한없이 내려앉지도 않을 것이다.

여기서 불가피하게 어려운 경제이론이 등장한다. 자본 그리고 자본축적의 의미를 차근차근 생각해보자. 소비하지 않고 남은 것, 즉 저축이 쌓여 자본이 되는데, 이것이 생산에 기여하면서 높은 수익을 추구한다. 자본을 제공한 대가로 얻은 소득(자본소득) 가운데 일부는 소비하지만 나머지는 다시 자본을 증식하는 데 투입한다. 물론 노동을 제공한 대가로 얻은 소득(노동소득) 가운데 일부도 자본을 증식하는 데 투입한다. 이 과정에서 자본은 계속 증가한다.

생산(소득)도 증가하기 때문에, 자본이 소득보다 빠르게 증가할 수도 있고 반대의 경우도 가능하다. 자본이 소득보다 빠르게 증가하면 β는 커지고, 반대로 소득이 자본보다 빠르게 증가하면 β는 작아진다. 단, 자본이 증가하는 속도와 소득이 증가하는 속도가 같은 상태가 존재할 수 있다. 경제가 이 상태에 들어서면 β는 더 이상 변하지 않는다. 그러한 상태에서 β가 얼마인지를 정해주는 것이 위의 식이다.

솔로 모형으로 대표되는 신고전학파 성장이론은 β가 저축률(s)을 소득증가율(g)로 나눈 값, 즉 s/g로 수렴해간다는 것을 보여주었다. 원래 해로드와 도마의 모형에 기초하지만 후에 솔로로 이어진 신고전학파 성장이론이 이룩한 성과인데, 피케티는 이것을 받아들인다.

숫자를 예로 들어 쉽게 풀이해보자. 만약 어느 경제의 성장률이 4%인 상태를 충분히 오랫동안 유지하고, 전체 소득 중에서 소비하지 않고 저축하는 비율도 20%로 유지한다면, 자본/소득비율은 $\beta = s/g = 20/4 = 5$, 즉 자본이 소득의 5배 정도 되는 수준을 계속 유지할 것이라는 뜻이다. 경제가 항상 이런 상태에 있는 것은 아니지만, 일단 여기에 도달하면 이 비율은 변하지 않는다.

예를 들어, 올해 국민소득이 100이고 자본(부) 총량이 500이라고 하자. 이때 β는 5다. 만약 소득증가율이 4%면 내년의 소득은 104가 된다. 저축이 소득의 20%면 올해의 자본 총량 500에 20이 보태져 내년의 자본 총량은 520으로 늘어난다. 따라서 내년의 자본/소득비율(β)은 520/104 = 5가 되는데, 이것은 $s/g = 20/4 = 5$와 같다. β가 계속 5로 유지되는 것이다. 그리고 이때 자본의 증가율은 20/500 = 4%로 소득의 증가율과 같다. 즉, 자본과 소득 모두 g율로 증가한다.

경제학에서는 이러한 상태를 균제상태라고 한다. 즉, 자본이 증가하는 속도와 소득이 증가하는 속도가 같아서 자본/소득비율을 일정하게 유지하는 상태를 가리킨다. 솔로 모형은 경제가 성장하면서 균제상태로 수렴해간다는 것을 보여주었다.

만약 $s = 20\%$로 고정된 상태에서 성장률이 $g = 3\%$, 2%, 1%로 내려가면 그에 상응해 자본/소득비율은 $\beta = 6.7$, 10, 20으로 올라간다. 실제로 피케티는 주요 선진국에서 지난 수백 년 동안 저축률이 10% 내외로 움직였음을 발견했는데, 이 비율을 앞으로도 그대로 유지하는 가운데 성장률이 1.5% 정도로 내려앉는다면(현재 선진국의 장기화된 경기침체를 감안하면 이것도 후한 전망일지 모른다), 경제는 $\beta = 10/1.5 = 6.7$을 향해 가고 있는 셈이다. 피케티는 앞으로 인구증가와 기술진보가 둔화될 가능성이 높은 것으로 보아 β가 올라갈 수 있음을 암시한다. 그런데 흥미롭게도 피케티는 마르크스의 세계를 "$g \rightarrow 0, \beta \rightarrow \infty$"의 상태로 간단히 묘사한다. 이렇게 함으로써 자신이 마르크스보다는 덜 극단적이라는 인상을 준다. 물론 $g = 0$일 수 있으나, 인구증가와 기술진보로 $g > 0$인 상태를 유지할 수 있다고 본다.

여기까지, 즉 제1법칙과 제2법칙만 보아서는 이론적으로 학부 거시경제학 수준과 크게 다를 바가 없다. 사실 피케티가 새로운 이론을 제시한 것은 아니다. 하지만 제1법칙과 제2법칙의 평범함과는 대조적으로 그가 보여주는 데이터는 매우 강렬하다. 그가 구축한 자료에 따르면 미국과 유럽에서 정도의 차이는 있지만 지난 100여 년 동안 β의 추이는 U자형 곡선을 나타내고 있으며, β만큼 뚜렷하지는 않지만 α 역시 U자형이다. 이에 비하면 자본수익률(r)의 추이는 상대적으로 안정적이다. 제1법칙에서 r이 상대적으로 안정적인 가운데 α와 β가 동시에 U자형 추세를 보여주는 것이다.

그러면 제2법칙은 역사적 자료에 부합하는가? 전 세계를 기준으로 경제성장률은 19세기와 20세기 초반에 걸쳐 1~2% 정도였다가 20세기 중반 이후 4~5%까지 올라갔으나 20세기 후반 하락해 3% 내외를 기록하고 있다. 물론 선진국은 이미 그 아래로 떨어졌다. 즉, g는 역U자 모양을 보여준다. 반면 s는 비교적 안정적인 모습을 보여준다. 따라서 $\beta(=s/g)$의 U자형은 g의 역U자형과 잘 대응한다.

그러면 미래의 모습은 어떠한가? 사람들의 저축성향(s)이 크게 변하지 않는다고 가정해보자. 경제성장률이 올라갈 것이라고 예상하는 전문가보다는 내려갈 것이라고 예상하는 전문가가 훨씬 많다. 저축성향이 안정적인 가운데 성장률이 떨어진다면 β는 더 올라가게 될 것이다. 다시 제1법칙을 보자. "$\alpha = r \times \beta$"이므로 β가 올라가는 가운데 자본의 수익률, 즉 r이 상대적으로 안정적이라면 α는 β와 함께 올라가게 된다. 노동소득보다는 자본소득의 불평등이 더 심한 경향이 있으므로 자본이 차지하는 몫(α)이 더 커지면 개인별 소득분배도 나빠지게 되는 것이다.

자본주의 중심모순

마지막으로 피케티가 말하는 '자본주의 중심모순'은 역사적으로 줄곧 성립해온 관계로서 자본수익률이 경제성장률보다 높다는 것이다.

$$r > g$$

이 관계는 이론적으로 성립할 뿐만 아니라 그가 구축한 자료에서도 입증된다. 경제학에서는 이 식이 성립하지 않으면 '동태적으로 비효율적'이라고 하는데, 자본은 과도하게 축적하고 소비는 상대적으로 희생된다는 뜻이다. 사실 이렇게 어렵게 생각하지 않아도 된다. 자본의 수익률은 다른 한편으로는 자본을 조달하는 데 드는 비용이기 때문에, 만약 성장률이 자본을 조달하는 비용보다 높으면 사람들은 차입에 차입을 거듭할 것이고 이 과정에서 자산가격이 폭발적으로 상승할 것이므로 차입이 자유로운 상황에서 $r < g$의 상태는 오래 지속될 수 없다.

중요한 것은 부등식의 성립 자체보다는 r이 g보다 얼마나 크며, 또 그 간격이 시간이 지나면서 벌어지는가 좁혀지는가다. 제1법칙과 제2법칙을 결합해보자. $\alpha = r \times \beta = \dfrac{r}{g} \times s$인데 s가 일정하다면 r과 g의 격차가 커질수록, 즉 r/g의 값이 커질수록 α는 커진다. 여기에서 부등식의 성립($r-g > 0$) 그 자체가 α(와 β)의 증가로 연결되는 것은 아니라는 점에 주의해야 한다. 저축률이 일정할 때, $r-g$가 0보다 크더라도 일정한 값을 가지면 α는 변하지 않기 때문이다.

피케티의 역사 자료에 따르면 $r-g$ 또한 U자형을 보인다. 결국 $r-g$, α, β가 모두 U자형인 것은 매우 인상적이다. 피케티의 연구는 이 값들이 커지는 시기에 개인별 불평등도가 확대되는 것을 보여준다. 18~19세기에는 매우 높은 수준이었고 20세기 중반에 낮아졌다가 20세기 후반에 다시 높아졌다. 피케티는 $r > g$의 논리가 매우 강력해서 불평등의 동학을 대부분 설명할 수 있다고 믿는다. 그는 $r-g$가 커질 때 상위소득자들의 소득점유율이 높아진다는 것을 보여준다. 게다가 $r-g$가 커질 때 경제 전체의 부(자본)에서 상속받은 부가 차지하는 비중이 높아진다는 것까지 보여준다.

사실 r과 g는 기본적으로 거시변수다. 그런데 이 두 거시변수가 미시적 불평등, 즉 개인 간의 불평등까지 설명할 정도로 강력한 힘을 발휘하는 것은 무엇 때문일까?

직관적인 이해를 위해 우선 r이 g보다 충분히 큰 경우를 생각해보자. 축적해놓은 부가 많은 사람은 소비를 충분히 하더라도 부에서 얻은 자본소득의 상당 부분을 저축할 수 있으므로 부가 증가하는 속도를 높게 유지할 수 있다. 반대로 축적해놓은 부가 하나도 없는 사람을 생각해보자. 그의 저축은 오로지 노동소득에서만 나오는데 노동소득은 r보다 낮은 g율로만 증가하니 부가 증가하는 속도가 상대적으로 제한될 수밖에 없다(저축성향이 일정할 때 증가 속도는 g). 즉, $r-g$가 확대되면 개인별로 부의 격차가 더 커지는 경향이 발생한다.

다시 말해 $r-g$가 확대되면 기존에 쌓아놓은 부가 없거나 별로 없는 사람은 느리게, 쌓아놓은 부가 많은 사람은 빠르게 축적한다. 오로지 땀 흘려 일해서 경제성장률 정도로 소득이 증가하는 사람과 운이 좋거나 부를 상속받은 사람의 격차는 자연스럽게 더 벌어진다. 피케티가 강조하는 상위 10% 또는 1%는 소득 가운데 자본소득 비중이 높은 사람들로 재산이 많은 사람들이다. 따라서 이들이 소득을 점유하는 비중은 $r-g$와 함께 확대된다. 이같이 피케티 이론에서 거시와 미시를 연결시켜주는 고리는 바로 $r-g$이다.

$r-g$의 역사와 미래

자본수익률이 경제성장률보다 항상 더 높아야 할 근본적인 이유가 있을까? 표준적인 경제이론에 따르면 그렇다. 그러나 피케티는 여기에 대해 논리적 필연성보다는 역사적 사실을 강조한다. 부등식 $r > g$는 특정한 시기와 정치 환경에서 성립하지만, 다른 시기와 정치 환경에서는 성립하지 않는 불확실한 역사적 명제라고 본다. 역사적으로 볼 때 자본수익률이 자연적이고 지속적으로 2~3% 이

자본수익률이 경제성장률보다 항상
더 높아야 할 근본적인 이유가 있을까?
표준적인 경제이론에 따르면 그렇다.
그러나 피케티는 여기에 대해 논리적
필연성보다는 역사적 사실을 강조한다.

하로 떨어진 적은 없으며 평균수익률은 일반적으로 세전으로 4~5%에 가깝다고 한다. 전통사회에서 농경지에 대한 수익률이나 오늘날의 부동산 수익률을 보더라도 보통은 4~5%를 유지한다. 이는 다른 자본 형태에 비해서는 위험성이 낮은 경우이므로 전체적인 자본의 수익률은 적어도 그 이상이라는 것을 의미한다.

그러면 경제성장률은 어떤가? 경제성장률을 결정하는 장기적 요인은 인구증가율과 1인당 생산성의 증가율이다. 인구증가율은 1700~2012년에 연평균 0.8%를 기록했는데, 이를 기간별로 나누어서 보면 1700~1820년에 0.4%, 1820~1913년에 0.6%, 1913~2012년에 1.4%를 기록했다. 그러나 국제연합의 예측에 따르면 세계 인구증가율은 2030년대까지 0.4%로 떨어지고 2070년대에는 약 0.1%를 기록할 것이다. 1700년까지 세계 인구증가율이 연평균 0.1%였으니, 머지않아 세계는 인구가 거의 증가하지 않았던 과거로 돌아갈 것이다. 인구의 측면에서 볼 때 앞으로 경제성장률은 떨어지게 되어 있다.

인구가 정체하거나 감소하더라도 1인당 생산성이 지속적으로 증가하면 되지 않겠는가? 세계적으로 1인당 생산성 증가율은 1700~2012년에 연평균 0.8%를 기록했는데, 기간별로는 1700~1820년에 0.1%, 1820~1913년에 0.9%, 1913~2012년에 1.6%를 기록했다. 그런데 역사적으로 볼 때 첨단기술을 보유한 선진국이라 하더라도 오랜 기간에 걸쳐 1인당 생산성이 연평균 1.5%를 넘은 사례는 찾기 힘들다. 최근 세계에서 가장 부유한 국가들을 보자. 1990~2012년에 1인당 생산은 서유럽에서 1.6%, 북미에서 1.4%, 일본에서는 0.7% 증가했다. 이것은 현실이다. 물론 연평균 3~4%의 생산성 증가를 보인 사례도 있지만, 이는 선진국을 급속하게 따라잡는 catching up 국가들에서만 한시적으로 있었던 현상이다.

앞으로도 생산성 증가율이 적어도 3~4%는 되어야 한다고 생각하는 것은 역사적으로나 논리적으로나 모두 환상이다. 미국의 원로 경제학자인 고든은 미국을 비롯한 대부분의 선진국에서 2050~2100년에 이르면 생산성 증가율이 0.5% 이하로 떨어질 것으로 전망한다. 고든에 따르면 최근의 정보기술 혁신은 과거 증기기관이나 전기의 발명에 비해 파괴력이 부족하다. 피케티는 고든의 예측이 지나치게 비관적이라는 점을 인정하면서도, 적어도 앞으로 생산성 증가율이 과거에 비해 낮아질 것임은 일종의 철칙으로 받아들인다.

피케티가 추정해 만든 대담한 그래프를 보자. 〈그림 8〉은 세계경제의 자본수익률과 경제성장률을 비교한 것이다. 고대부터 17세기까지는 연평균 경제성장률이 0.1% 정도에 그쳤다. 반면 자본수익률은 4.5%이니 $r-g$가 가장 컸던 시기이다. 18~19세기에 성장률이 높아졌지만 자본수익률과의 격차는 여전히 크다. 피케티의 이론에 따르면 바로 이것이 부와 소득의 불평등을 만들어냈다. 19세기 유럽의 벨 에포크, 미국의 도금시대[1865~93]가 바로 불평등이 절정에 달한 시대다.

일반적으로 4~5%의 자본수익률은 역사를 통틀어 성장률보다 뚜렷하게 높았다. 그러나 20세기, 특히 세계경제가 연간 3~4% 성장률을 보인 20세기 후반에 이 둘의 격차는 크게 줄어들었다. 실제 제2차 세계대전 이후 세계경제는 황금기를 맞이했고 불평등이 현저하게 감소했다. 그러나 21세기에는 성장률이 하락함에 따라 다

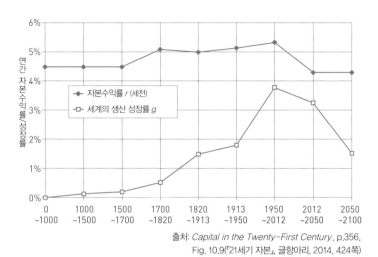

출처: *Capital in the Twenty-First Century*, p.356, Fig. 10.9(『21세기 자본』, 글항아리, 2014, 424쪽)

〈그림 8〉 세계경제의 자본수익률과 성장률(고대~2100년)

시 격차가 커질 것이다. 여기서 가장 중요한 역사적 발견은 성장률에 비해 자본수익률이 상당히 안정적이라는 점이다.

요컨대 중심모순 부등식 $r-g > 0$에서 $r-g$가 커지면 부익부 현상이 강화된다. 그런데 자본에 대한 과세와 다양한 종류의 충격이 자본수익률의 크기에 영향을 준다. 〈그림 8〉에서 자본수익률은 세전 수익률이므로 세후 수익률을 들여다볼 필요가 있다.

〈그림 9〉는 세후 자본순수익률을 표시하고 있다. 실제 부익부의 동학을 만들어내는 것은 세전이 아닌 세후의 자본순수익률과 성장률 사이의 격차다. 고대부터 1913년에 이르기까지 자본에 대한 과세는 아주 미미했다. 그러나 1913~50년 사이에는 극적인 변화가 일어났는데, 고율의 누진소득세와 함께 자본에 대한 과세가 본격화된다. 더욱 결정적인 변화는 자본의 파괴에 따른 엄청난 손실인데, 자본 손실까지 반영한 세후 수익률은 1%를 조금 넘는 수준에

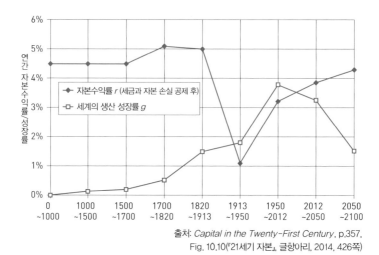

출처: *Capital in the Twenty-First Century*, p.357,
Fig. 10.10(『21세기 자본』, 글항아리, 2014, 426쪽)

〈그림 9〉 세계경제의 세후 자본수익률과 성장률 비교(고대~2100년)

불과하다.

이 시기는 자본주의 역사 전체에서 매우 예외적인 기간이다. 정도는 약하지만 예외적인 기간은 1950년 이후에도 한동안 지속된다. 세후 수익률은 증가하지만 전후 성장의 황금시대를 맞아 성장률이 높아졌다. 세후 수익률이 증가한 것은 20세기 전반의 자본 손실을 극복하고 정상 수준을 회복했기 때문이다. 1980년대 이후 금융세계화가 진전되면서 각국이 경쟁적으로 자본에 대한 과세를 줄인 것도 세후 수익률 상승에 기여했다.

만약 앞으로도 자본에 대한 과세를 계속 줄여나가면 어떻게 될까? 〈그림 9〉는 앞으로 이러한 경향이 지속될 것이라는 가정을 반영한다. 구체적으로 1913~2012년 기간에는 평균 30%, 2012~50년 기간에는 평균 10%, 2050~2100년 기간에는 평균 0%의 세율을 자본수익에 부과한다고 가정한 것인데, 이렇게 되면 다시 $r-g$ 가

19세기 말 수준에 접근할지 모른다. 사실 인구 정체와 생산성 둔화를 감안할 때 성장률에 대한 예측치는 매우 후하게 잡은 것이므로 $r-g$는 그림에서보다 더 커질 수 있다.

다시 강조하지만 〈그림 9〉는 20세기가 예외적인 기간이었음을 말해준다. 유사 이래 $r-g > 0$의 부등식이 20세기 일부 기간에만 역전된 것이다. 두 차례의 세계대전과 대공황을 치르면서 자본의 가치 파괴와 이러한 사태가 불러온 정치적 변화로 인한 강력한 자본과세 그리고 전후 황금시대를 정점으로 하는 20세기 후반의 고도성장이 동시에 작용한 결과였다. 실제로 20세기 초중반에는 전쟁과 공황 그리고 자본소유자들에게 불리한 정치적 변화로 자본이 심각한 타격을 입었고, 전후 성장의 황금시대를 맞아 불평등이 현저하게 감소했다.

그러나 이미 황금시대는 끝난 것 같다. 피케티에 따르면 21세기에는 성장률이 하락해 다시 '중심모순', 즉 부익부의 동학이 가동할 것이다. 만약 조세 경쟁으로 자본과세가 0%까지 하락한다면 $r-g$는 19세기 말 수준에 가까이 갈 것이고, 설사 30% 정도의 과세를 유지하더라도 $r-g$는 상당히 높은 수준까지 올라갈 것이다. 이는 불평등이 19세기 말 수준 또는 그 이상으로 높아질 수 있음을 암시한다. '21세기 자본의 귀환'은 불평등을 심화시킬 것이다.

상속받은 부: 과거가 미래를 삼켜버린다?

피케티는 책에서 다음과 같이 말한다.

(19세기까지 대부분의 역사가 그러하였으며 21세기에 아마도 다시 그

러할 것처럼) 자본수익률과 경제성장률의 차이가 유의미하게 커지면, 논리적으로, 상속받은 부가 산출이나 소득보다 더 빨리 성장할 것이다. 상속받은 부를 가진 사람들은 그들의 소득 중에서 일부만을 저축하더라도 자본이 경제 전체보다 더 빨리 성장하는 것을 보게 된다. 그러한 조건하에서는 거의 불가피하게 상속받은 부가 평생의 노동으로 축적한 부를 큰 차이로 압도하게 될 것이며, 자본의 집적은 매우 높은 수준, 즉 현대 민주주의 사회에 근본적인 능력주의 가치 및 사회정의의 원칙과 잠재적으로 양립 불가능한 수준으로까지 도달할 것이다.*

경제성장률이 0.5~1% 정도로 낮은 세계를 생각해보자. 19세기와 19세기 이전에는 모든 나라가 그랬다. 따라서 연 4~5% 정도인 자본수익률이 경제성장률보다 높았다. 이는 과거에 축적된 자본이 경제성장보다 빠른 속도로 다시 자본으로 축적된다는 것을 뜻한다.

예를 들어 g가 1%이고 r이 5%인 경우, 자본소득의 5분의 4를 소비하면서 5분의 1을 저축하면 물려받은 자본은 경제성장과 정확히 같은 비율로 증가한다. 만약 5분의 2를 소비하고 5분의 3을 저축한다면 자본은 경제성장률보다 더 빠른 속도로 증가한다.

이는 '상속 사회'가 번창하기에 이상적인 조건이다. 만약 상속받은 자본이 있다고 할 때, 이 자본은 매년 3%씩 증가해 30년 후면 2.42배(=$(1.03)^3$)가 된다. 30년이 지난 시점에서 이렇게 불어난 재

---

* 토마 피케티, 앞의 책, 2014, 39쪽.

산은 후대에게 유산이나 증여의 형태로 대부분 대물림된다. 반면 성장률은 1%이므로 30년 후의 경제규모는 1.35배($=(1.01)^3$)에 지나지 않는다. 상속 부자의 자본은 경제규모에 비해 더 빨리 증가한다.

실제로 상속의 중요성이 점점 커지고 있다. 그러면 상속한 자본 inheritance stock이 경제 전체의 축적된 자본에서 차지하는 비중은 얼마나 될까? 이 비중을 계산하기 쉽지 않기 때문에 피케티는 『21세기 자본』에서 자신 있게 제시하지 못했다.

그러나 그는 최근 동료 연구자들과 함께 비중을 계산해냈다. 〈그림 10〉은 프랑스, 영국, 독일에서 전체 자본에서 상속한 자본이 차지하는 비중을 보여준다. 20세기 초 영국과 프랑스에서 상속자본이 차지하는 비중은 80%에 육박했으며, 독일의 경우는 그보다 조금 낮았다. 전반적으로 이 비중은 1970년대 초까지 낮아지는 추세를 보였으며, 전쟁의 피해가 컸던 프랑스와 독일의 경우에는 하락 폭이 더 커서 한때 20~30%대까지 낮아지기도 했다. 그러나 최근에는 다시 50~60% 정도로 높아졌다.

체제에 큰 변화가 없는 한 이 비중은 더 올라갈 확률이 높다. 자본의 귀환(β의 상승)을 넘어 상속자본의 귀환이다. 이것이 의미하는 바는 분명하다. 피케티의 표현을 빌리면, 능력주의의 가치는 훼손되고 과거가 미래를 삼켜버리는 것이다.

자본의 귀환

피케티는 분배의 동학에 대해 거대 담론을 제시했다. 방대한 자료를 구축하고 그것을 해석하는 이론적 틀까지 제시한 것이므로

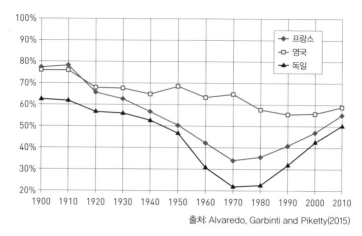

출처: Alvaredo, Garbinti and Piketty(2015)

〈그림 10〉 유럽의 상속자본 비중(1900~2010)

정확히 말하면 분석적인 역사 담론이다. 그는 분배 문제를 경제학의 중심으로 되돌려놓았다. 피케티의 표현에 따르면 마르크스는 종말론적이며, 쿠즈네츠는 상당히 낙관적이다. 이에 비해 그는 우울한 균제상태gloomy steady state를 예견하고 있다. 극단으로 치닫지는 않지만 리카도와 마르크스를 떠올리기에 충분하다.

사실 피케티가 그들처럼 획기적인 이론을 내놓은 것은 아니다. 그의 업적은 역사 자료를 구축해놓은 데 있다. 이것만으로도 그의 책은 고전의 반열에 오를 것이다. 복잡한 수식과 이론보다는 시계열사를 통해 법칙을 찾아내려고 노력했다. 단, 그는 역사적 데이터를 가급적 기존 주류경제학의 틀로 설명하려고 한다. 이론적으로 완벽하다고 할 수는 없으나, 대체로 성공적이며 미시와 거시를 아우르는 경제이론부터 경제사까지 결합시키려고 한 대작이다.

피케티는 주류경제학의 틀을 벗어나지 않으려고 애쓴다. 그러면서도 한계생산력설 같은 주류경제학의 핵심 명제에 대해 회의를 드러낸다. 정치와 제도의 중요성을 자주 언급하며 이것이 불평등의 방향을 결정짓는 동인이라고 되풀이해서 말한다. 부유세와 최고세율의 인상을 주장하는 것도 같은 맥락일 것이다. 불평등이 악화되고 소수에게로 자본이 집중되어 능력주의, 민주주의, 사회정의를 해치는 단계까지 가서는 안 된다고 주장한다. 인적자본이 결코 물적자본의 위력을 당해낼 수 없다고 본다. 앞으로 성장이 둔화되더라도 자본의 수익률은 떨어지지 않을 것이라고 믿는다.

그의 경제 분석은 주류경제학에 의존하지만 그것을 어디까지나 실용적으로만 활용한다는 인상을 준다. 남은 21세기가 '18~19세기의 모습으로 되돌아갈지 모른다'(Capital is back: 자본의 귀환)고 자신 있게 경고한다. 마르크스를 비판한다고는 하지만 여전히 그를 떠올리게 할 만한 대목이 많다. 피케티의 진심은 무엇일까. 주류경제학자들을 설득하는 동시에 주류경제학의 한계를 드러내는 고도의 전략일지 모른다.

5

불평등을 넘어

평등한 성장은
가능한가

피케티는 『21세기 자본』을 통해 불평등의 역사를 분석했고, 불평등 문제를 경제학의 중심으로 복귀시키려 했다. 피케티는 불평등이 여기서 더 이상 악화되면 능력주의 원칙이 크게 훼손되고 민주주의와 사회정의마저 위협할 것이라고 경고한다. 그러나 사실 피케티의 분석은 소득과 자산의 분배에 집중되어 있고 그가 제시하는 정책 대안은 누진 과세의 강화와 부유세 같은 조세정책이다. 치밀한 경제 분석은 여기에서 끝나고 불평등이 초래하는 다양한 문제에 대해서는 세세한 분석을 덧붙이지 않았다.

왜 불평등이 문제가 되며 불평등이 초래하는 결과는 무엇인가? 특히 불평등이 초래하는 좀더 구체적이고 경제적인 문제들은 무엇일까? 불평등이 능력주의, 민주주의 등 사회적 가치를 훼손한다면 순수하게 경제적 성과에 미치는 영향은 무엇일까? 신고전학파의 전통적인 사고대로 효율과 형평이 상충하는 관계라면 불평등은 경제성장을 위해 어쩔 수 없는 것 아닌가? 불평등을 해소하려는 노력은 성장을 해치지 않을까?

성장을 위해 불평등이 불가피하다는 견해부터 언급해보자. 이 견해는 저축이 자본축적과 성장으로 이어지는 연결고리를 강조한다. 솔로 모형으로 대표되는 신고전학파 성장이론에서 물적자본의 축적으로 이어지는 저축은 경제성장에 절대적인 영향을 준다. 그런데 저소득층에 비해 고소득층의 저축성향이 높기 때문에 평등한 소득분배보다는 불평등한 소득분배가 경제 전체의 저축과 물적자본을 증대시킨다. 여기서 저축성향이 높은 고소득층에는 이윤을 통해 자본을 축적하는 기업이 포함된다(기업 저축). 저축보다 소비가 미덕이라고 주장한 케인스조차 19세기 말부터 20세기 초의 엄청난 물적자본의 축적은 평등한 소득분배하에서는 불가능했을 것이라고 인정한 바 있다.

물적자본은 누가 축적하든 누가 사용하든 상관없이 경제 전체의 공급능력을 확대하고 노동생산성을 증가시키는 속성이 있다. 대부분 경제학자의 머리에는 이러한 그림이 그려져 있다. 자본축적이야말로 성장의 가장 강력한 동인이다. 자본을 충분히 축적하려면 그 재원, 즉 저축이 필요하다. 저축은 어디서 나오는가? 저축은 주로 기업의 이윤, 고소득자의 저축에서 나온다. 대부분의 임금노동자는 저축할 여력이 거의 없다. 경제발전의 초기 단계에는 더욱 그렇다. 하지만 자본축적과 산업화 단계에 이르면 성장의 과실이 일반 노동자에게도 흘러들어 간다.

이러한 시나리오는 언제나 타당한 것일까? 여기서 우리는 불평등이 초래하는 중요한 문제들을 살펴보기로 한다. 불평등은 그 자체로도 문제이지만, 불평등이 심해지면 경제적 성과에도 도움이 되지 않는다는 점을 부각시켜보고자 한다. 특히 불평등이 심해지면 경제를 침체에 빠뜨리고 효율성과 역동성을 제약하는 측면이 있다는 점을 짚어본다.

물론 미리 말해둘 것은 '정도의 문제'다. 완전평등을 전제로 하는 사회에서는 기업가 정신과 혁신이 촉발되지 않기 때문에 경제가 스스로 도약하기 어려울 것이다. 사실 물적자본이 축적되기까지는 어느 정도 불평등이 불가피한 측면이 있다. 문제는 자본이 고도로 축적된 이후에도 평등을 희생하면서 지속적으로 성장할 수 있는가이다. 그것이 바람직한가를 떠나서 말이다.

결론은 불평등도가 높을수록 성장이
지속되는 기간이 짧다는 것이다. 즉,
불평등한 사회는 성장 국면으로
접어들더라도 그것이 지속되는 기간이 짧다.

불평등은 왜 성장을 제약하는가

불평등과 인적자본

현대 경제이론은 경제성장의 원동력으로 인적자본의 역할을 강조한다. 선진국은 과거 19세기부터 20세기 중반에 이르기까지는 물적자본을 축적하고 이를 효율적으로 사용해나가는 방식으로 성장했다. 그러나 그러한 방식이 점차 한계에 도달함에 따라 최근에는 인적자본의 역할이 상대적으로 중요한 위치를 차지하고 있다. 그런데 불평등이 인적자본 축적에 부정적인 영향을 미친다고 알려져 있다. 왜 그럴까?

인적자본은 교육과 훈련에 따라 증가한다. 그런데 중요한 것은 교육을 받을수록 인적자본의 수준이 올라가지만 결국에는 체감적으로만 증가한다는 점이다. 한 개인의 인적자본 수준이 교육비에 비례해서 한없이 증가하면 얼마나 좋겠는가? 실은 그렇지 않다. 사교육비의 효능을 생각해보면 쉽게 이해할 수 있을 것이다. 바로 여기서 중요한 시사점이 나온다.

예를 들어, 이미 교육비를 충분히 지출하고 있어 생산성 증가가 둔화된 고소득층 자녀에게 1,000만 원을 더 투자하는 것보다는 저소득층 자녀에게 1,000만 원을 투자하는 것이 사회 전체의 인적자본 수준을 높이게 된다. 그런데 물적자본과 달리 인적자본은 개인에게 체화되는 특성이 있으며 다른 사람에게 쉽게 이전되지 않는다. 교육과 훈련으로 쌓은 인적자본은 개인 고유의 특성으로 남는다. 물적자본과 달리 고소득층이 축적한 인적자본을 저소득층이 함께 사용할 수 있도록 하기는 어렵다. 따라서 소득의 재분배는 경제 전체의 인적자본 총량을 늘리는 데 기여하고, 그럼으로써 성장에 기여한다.

경제발전 초기 단계에는 소득수준이 높고 저축성향이 높은 계층에 자원이 집중될 수밖에 없기 때문에 경제성장과 불평등이 동시에 진행되는 경향이 있다. 그러나 경제가 성숙 단계에 진입하면 추가적인 성장을 위해 물적자본에 비해 인적자본의 역할이 상대적으로 더 중요해진다. 이 단계에서는 불평등이 성장을 저해하는 요인으로 작용할 수 있다. 사회 전체의 관점에서 볼 때, 불평등이 심하면 상위계층에서는 인적자본에 대한 과잉투자, 하위계층에서는 과소투자가 일어나기 쉽다. 아무리 공교육을 강화한다고 해도 저소득층의 인적자본 축적은 상대적으로 제약될 수밖에 없고, 바로 이것이 성장을 제약하는 요인이 된다.

불평등과 경제적 이동성

상위계층은 자녀에게 인적자본 투자를 충분히 할 수 있는 반면 하위계층은 그렇지 못하다. 상위계층은 과잉투자라고 할 정도로 자녀의 인적자본을 축적하는 데 돈을 쏟아붓는다. 하위계층은 어떠한가? 빚을 내서라도 자녀를 교육시키고 싶지만 빚을 얻기도 어렵다. 가난한 사람은 인적자본 축적에 필요한 자금을 충분히 조달하지 못한다. 게다가 재산은 세대 간에 이전된다. 그렇다면 경제적 지위는 대물림되는 것일까?

캐나다의 경제학자 코락^{Miles Corak}은 이에 대해 흥미 있는 연구 결과를 발표했다.* 결론은 일반적으로 예상할 수 있는 것이었다. 경제적 불평등이 높은 사회에서는 세대 간의 이동성도 낮은 편이다. 여기서 세대 간 이동성이란 자식의 경제력이 부모의 경제력과 얼마나 상관관계가 있는지를 나타낸다. 세대 간 이동성이 높다는 것은 자식과 부모의 경제력 간에 상관관계가 낮은 것이고, 세대 간 이동성이 낮다는 것은 자식과 부모의 경제력 간에 상관관계가 높다는 것이다. 활기 넘치는 경제에서는 세대 간, 계층 간 이동성이 높아야 한다.

〈그림 11〉은 지니계수로 측정한 소득불평등이 높은 국가일수록 세대 간 이동성이 낮다는 것을 보여준다. 여기서 세대 간 이동성은 소득의 세대 간 탄력성으로 측정한 것이다. 소득이 대물림되는 정도를 재는 하나의 척도인데, 예를 들어 이 값이 0.5라면 부모의 소득이 부모 세대의 평균에 비해 100%(2배) 높으면 자식의 소득은 자식 세대의 평균에 비해 50%(1.5배) 높은 것이다. 만약 이 값이 0이라면 자식의 소득은 부모의 소득과 아무런 상관관계가 없다.

그림을 보면 북유럽 국가에서는 소득불평등이 낮고 이동성은 높은 반면 남미 국가에서는 소득불평등은 높고 이동성은 낮다. 불평등 수준이 비슷하더라도 이동성이 높으면 역동적인 사회일 것이

---

* M. Corak, "Income Inequality, Equality of Opportunity, and Intergenerational Mobility," *Journal of Economic Perspectives* 27(3), 2013, pp.79~102.

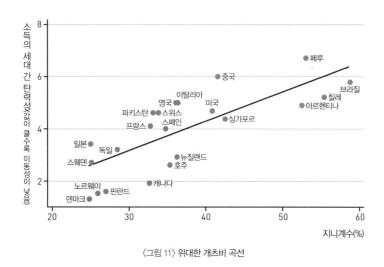

〈그림 11〉 위대한 개츠비 곡선

다. 그러나 불평등한 사회일수록 역동성도 낮은 경향이 있음을 보여준다.

미국 프린스턴 대학의 크루거Alan Krueger는 코락이 제시한 그래프에 '위대한 개츠비 곡선'이라는 멋진 이름을 붙여주었다. 크루거는 오바마 정부에서 백악관 경제자문회의 의장을 맡았던 경제학자이기도 하다. 『위대한 개츠비』는 미국 작가 피츠제럴드의 대표작이다. 황금만능주의 시대의 신분상승에 대한 열망, 상류층 연인과의 실패한 사랑, 사회적 억눌림, 도덕성의 타락 등을 잘 묘사한 작품이다.

피케티의 『21세기 자본』에는 프랑스 사실주의 문학의 거장인 발자크의 소설 『고리오 영감』이 나온다. 여기에는 청운의 뜻을 품고 파리의 하숙집에서 쓰라린 면학의 길을 걷는 시골 출신의 가난한 청년 라스티냐크가 등장한다. 그는 오직 능력과 정직으로 입신출

세할 수 있는지를 놓고 고민한다. 미국의 크루거가 아니라 프랑스의 피케티가 이 그래프에 이름을 붙였다면 아마도 '라스티냐크 곡선'이라고 했을 것이다.

불평등과 수요

> 우리가 살고 있는 경제사회의 두드러진 결함은 완전고용을 달성하지 못한다는 점, 그리고 부와 소득의 분배가 자의적이고 불평등하다는 점에 있다.*

케인스는 『일반이론』의 마지막 장인 「일반이론이 도출하는 사회철학에 대한 제언」에서 자본주의 경제의 큰 문제 두 가지를 이렇게 지적했다. 물론 케인스는 불평등이 성장을 제약하는 요인이 된다는 것을 본격적으로 분석하지는 않았다. 다만 그는 '수요' 측면을 강조하는 관점에서 한계소비성향이라는 개념을 도입함으로써 소득분배 악화가 사회 전체의 평균소비성향을 감소시킬 수 있다는 점을 적절히 지적했다. 저소득층의 한계소비성향은 높고 고소득층의 한계소비성향은 낮다. 한계소비성향이 낮은 부자에게 소득이 몰릴수록 전체적인 소비성향이 떨어지게 된다. 케인스의 관점은 『일반이론』의 마지막 장에 나오는 다음 구절에서 명백하게 드러난다.

국가가 상속세의 수입을 통상적인 지출에 충당하고, 그 결과 소득

---

* 존 메이너드 케인스, 조순 옮김, 『고용, 이자 및 화폐의 일반이론』, 1985, 376쪽.

세 및 소비세가 그만큼 감소 내지 철폐된다고 가정한다면, 상속세를 중과하는 재정정책은 사회의 소비성향을 증가시키는 효과를 가져온다는 것은 물론 틀림이 없다.*

소비는 경제활동의 궁극적인 목표이자 경제에 활력을 불러일으키는 가장 중요한 덕목이다. 투자는 경제 전체의 생산성을 향상시키는 중요한 항목이지만 소비가 제약되는 현실에서는 별 의미가 없을 것이다. 즉, 소비 잠재력이 없으면 투자도 없다. 케인스는 다음과 같이 말한다.

"관습적인 소비성향의 증가는 일반적으로 (즉, 완전고용의 경우를 제외하고는) 투자 유인을 증가시키는 데 도움이 되는데……."

요컨대 고소비가 고투자로 이어진다는 것이다.

"저축은 필요 이상으로 많으며, 소비성향을 증가시킬 수 있도록 소득의 재분배를 도모하는 제방안은 자본의 성장에 적극적으로 기여하게 될 것이다."

이 대목에서는 고전학파와 전혀 다른 견해를 보인다. 궁극적으로는 고저축이 아니라 고소비가 자본축적에 기여한다고 본다.

사실 주류경제학이라고 부르는 신고전학파 이론에서는 일반적으로 소득분배 변수를 성장 동력으로 중요하게 취급하지 않는다. 오히려 불평등이 노력, 투자, 성공의 동기를 유발한다고 생각해서 불평등을 합리화하는 경향을 보인다. 불평등이 일종의 유인으로 작용한다는 것이다. 아주 틀린 이야기는 아니다. 하지만 케인스는

---

* 같은 책, 377쪽.

이러한 사고에 대해서 다음과 같이 덧붙인다.

나 자신으로서는 소득과 부의 상당한 불평등을 정당화하는 사회
적 및 심리적 이유가 있다고 생각하지만, 그것이 오늘날 존재하는
것 같은 큰 격차를 정당화할 수는 없다.
그러나 이들 행동을 위한 자극이나 성벽의 만족을 위한 경기는
꼭 현재와 같은 높은 현상금을 걸고 연출되어야 할 필요는 없다.
경연자들이 익숙해지기만 한다면 훨씬 더 낮은 현상금으로도 그
목적이 똑같이 잘 달성될 수가 있다.*

이리하여 우리의 논의는 다음과 같은 결론을 도출하게 된다. 즉,
현대적 상황에서 부의 성장은, 일반적으로 상정되고 있는 바와 같
이 부자의 절제에 의존하는 것이 전혀 아니고, 오히려 그것에 의
하여 저해될 가능성이 크다는 것이다. 그러므로 부의 큰 불평등을
사회적으로 정당화하는 하나의 큰 이유가 제거되게 된다.**

케인스는 더 나아가 직관적인 정책 제언을 덧붙인다.

자본이 희소하지 않게 될 때까지 자본량을 증가시켜서 기능 없는
투자자가 더 이상 보너스를 받지 않도록 지향하여야 할 것이며,
또 직접과세의 방법을 통하여 금융가, 기업가 및 기타 등등(그들은

---

* 같은 책, 378쪽.
** 같은 책, 377쪽.

확실히 그들의 기능을 그렇게도 좋아하기 때문에 그들의 노동은 현재에 있어서보다 훨씬 싼값으로 얻을 수 있을 것이다)의 지능과 결단과 행정기술이 합리적인 보수 조건으로 사회의 봉사적 사업에 이용될 수 있도록 지향하여야 할 것이다.*

불평등과 장기적 성장: 실증적 증거

고전학파의 견해가 맞는가, 케인스의 견해가 맞는가? 불평등이 경제의 장기적 성장에 어떤 영향을 주는지는 두고두고 논란거리였다. 사실 중요하고 학자들이 관심을 가지는 문제인데도 기존의 연구들, 특히 실증 분석 결과들은 불평등이 경제성장에 미치는 전반적인 영향을 파악하는 데 별로 성공적이지 못했다.

여기서 우리는 '불평등 → 성장'의 관계 대신 '재분배 → 성장'의 관계로 논의를 좁혀볼 필요성을 느끼게 된다. 불평등의 정도를 파악하는 것도 중요하고, 불평등이 성장에 미치는 영향을 분석하는 것도 중요하지만, 이것과 별도로 불평등을 해소하려는 노력, 즉 재분배가 성장에 어떤 영향을 주는지가 정책적인 면에서 현실적으로 맞닥뜨리게 되는 주제이기 때문이다. 불평등을 교정하기 위한 노력은 성장에 긍정적인가 부정적인가?

효율과 형평이 상충관계를 이룬다는 것이 주류경제학계의 정설이기 때문에 성장을 위해서는 어느 정도 형평을 희생하는 것이 불가피하다고 받아들였다. 따라서 재분배는 사회적 가치의 측면에서 정당성이 부여될지 몰라도 경제적 효율성을 제고하는 데는 부정적

---

* 같은 책, 381쪽.

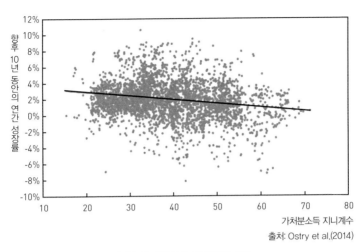

〈그림 12〉 가처분소득 지니계수와 성장

이라고 인식했다.

그러나 최근에는 이러한 인식에 반전을 가져올 만한 흥미로운 결과들이 나오고 있다. 특히 최근 IMF가 내놓은 한 연구는 그간의 혼란을 잠재울 정도로 분명한 결과를 보여준다. 2014년 오스트리와 두 명의 동료 경제학자가 내놓은 「재분배, 불평등 그리고 성장」이 바로 그것이다. 수많은 우수한 연구자가 포진해 있지만 그동안 분배 문제에 별다른 관심을 보이지 않았던 IMF에서 나온 연구 결과라 더 주목할 만하다.

이들이 수십 년간의 국가별 데이터를 분석해 발견한 사실은 다음과 같다. 첫째, 불평등한 사회일수록 더 재분배하는 경향이 있으므로 시장소득의 불평등과 가처분소득의 불평등을 구분할 필요가 있다. 가처분소득의 불평등이란 세금과 이전지출 후의 불평등, 즉 순불평등net inequality이다. 정도의 차이가 있을 뿐이지 대부분의 국가는 재분배 정책을 펴기 때문에 사람들에게 실질적으로 중요한 것은 순불평등이다. 둘째, 순불평등도가 낮을수록 경제가 성장하는 속도가 빠르고 성장이 지속되는 기간도 길다. 셋째, 다른 요인이 일정할 때 재분배가 성장에 미치는 효과는 중립적이다.

이 연구의 결정적 기여는 시장소득 불평등과 가처분소득 불평등을 구분해 분석한 점이다. 시장소득 불평등과 가처분소득 불평등은 각각 지니계수로 측정할 수 있다. 이와 관련해 〈그림 12〉는 가처분소득 지니계수로 표시한 순불평등도가 높은 국가일수록 성장률이 낮다는 것을 잘 보여준다.

시장소득 지니계수에서 가처분소득 지니계수를 뺀 것을 재분배의 정도로 정의한다. 무엇보다 시장소득 불평등의 증가가 재분배를 증가시킨다는 점에 주목하자. 이때 재분배가 시장소득 불평등에는 영향을 주지 않는다고 가정하면, 재분배가 성장에 미치는 경로는 두 가지로 구분할 수 있다. 하나는 직접적인 경로인데, 경제주체의 인센티브를 저해함으로써 성장률을 떨어뜨리는 경로다. 다른 하나는 간접적인 경로다. 재분배는 가처분소득 불평등, 즉 순불평등을 완화한다. 그런데 순불평등의 완화는 인적자본의 축적이나 정치·사회적 안정성 등에 미치는 긍정적 효과를 통해 성장률을 높일 수 있다. 이 경로가 강하게 작동하면 재분배에 따른 순불평등의 완화가 성장에 긍정적인 역할을 하게 된다.

만약 재분배가 경제의 효율을 떨어뜨리는 효과가 아주 크다면 완화된 불평등이 성장을 올리는 효과를 상쇄하고 남을 것이다. 그러나 실증 분석 결과는 그렇지 않았다. 순불평등이 성장을 저해하는 것은 분명한데, 재분배 자체가 성장에 미치는 효과는 중립적으로 나타났기 때문이다.

과거같이 단순히 '시장소득 불평등 → 성장'의 관계를 분석하면 직간접 또는 단계별 효과를 구분할 수 없다. '가처분소득 불평등 → 성장'의 경로가 더 중요하다. 오스트리와 동료 연구자들은 한 걸음 더 나아가 불평등이 성장이 지속되는 기간에 미치는 효과도 분석한다. 결론은 불평등도가 높을수록 성장이 지속되는 기간이 짧다는 것이다. 즉, 불평등한 사회는 성장 국면으로 접어들더라도 그것이 지속되는 기간이 짧다. 이들이 내린 결론은 재분배와 성장이 상충관계를 이룬다는 과거의 통념이 더 이상 유효하지 않다는 것이다.

불평등을 좀더 적극적으로 해소하는 것이 바람직하다는 주장은 이제 진보 진영이나 국제노동기구[ILO] 같은 기관만 주장하는 것이 아니다. 물론 불평등이 장기적 성장에 미치는 효과는 세부 경로별로 더욱 엄밀하게 분석해야 할 것이다. 그러나 분명한 점은, 불평등이 능력주의와 민주주의에 해가 된다는 것과는 별개의 차원으로 경제 성과 자체에도 부정적인 영향을 준다는 것이다.

불평등과 금융위기

금융위기가 불평등과 무관할까

금융위기가 반복적으로 발생했다. 우리에게 너무 큰 피해를 주었고, 복구하는 데도 너무 많은 시간이 걸렸다. 혹시 금융위기가 '불평등 → 저성장'의 연결에 어떤 역할을 하는 것은 아닐까? 불평등이 성장에 미치는 영향과는 별도로, 2008년 세계 금융위기를 계기로 위기의 근본 원인이 불평등의 심화에 있다고 보는 연구들이 등장했다. 만약 소득불평등이 금융위기가 발생하는 원인이라면 이는 불평등이 지속가능한 성장을 저해하는 요인이라는 또 하나의 증거가 될 것이다. 이러한 시각은 대체로 소득이 하락하거나 정체한 빈곤층과 중산층이 소비 수준을 유지하기 위해 가계부채를 증가시켰고, 금융자유화와 맞물려 부채가 지속가능하지 않을 정도로 팽창했다는 사실에 주목한다.

세계 금융위기의 파고 속에서 인도의 중앙은행 총재로 전격 발탁된 라잔Raghuram Rajan은 『폴트 라인』*Fault Lines*에서 소득분배의 악화가 금융위기로 이어진 과정을 적절히 지적했다. 시카고 대학 교수와 IMF 수석 경제학자를 거친 라잔은 사전에 금융위기를 감지한 경제학계의 주요 인사였다. 그는 정부가 취약계층의 신용수요를

부추겼다고 보는데, 소득분배의 악화가 정치적으로 부담이 되자
이를 정면 돌파하는 대신 신용을 느슨하게 관리하는 것으로 대응
했다고 주장한다. 물론 금융자유화의 분위기를 타고 금융기관들이
신용을 과잉공급한 것도 한몫을 더했다.

　이러한 시각을 부자와 빈자 간의 금융 중개 확대로 요약해 극적
으로 단순화한 이론도 등장했다.* 대침체·대공황 발생 이전에 공
통적으로 발견되는 사실로, 초고소득층(예를 들어 상위 1% 또는
5%)의 소득은 비약적으로 증가한 반면 그 이하 계층의 소득은 정
체하거나 하락했다. 그런데 고소득층은 급증한 소득을 소비나 실
물투자 형태로 지출하는 대신 금융자산을 매수하는 데 치중했고,
그 이하 계층은 소득 정체 또는 하락에 대응해 차입을 늘림으로써
경제규모에 비해 신용공급의 비중이 급증해 금융 부문이 취약해졌
다. 그 결과 채무불이행default 사태로 이어졌다는 것이다.

　포스트 케인스주의 시각에서 출발해 이 문제를 좀더 구조적으로
파악하려는 연구도 있다. 대체로 영국을 비롯한 유럽에서 활동하
는 포스트 케인스주의자들은 케인스의 전통을 이어받되 자본주의
경제의 불안정성, 분배 문제, 나아가 분배가 경제적 성과에 미치는
영향 등을 더 깊게 파헤친다. 사실 케인스가 보수주의자인가 진보
주의자인가에 대해서는 논란이 많지만, 이들에게는 진보적 색채가
더 진하다. 이들 가운데 최근 왕성한 연구활동을 벌이고 있는 스톡
햄머Engelbert Stockhammer는 다음 네 가지 경로를 통해 분배의 악화가

* M. Kumhof and R. Rancière, "Inequality, Leverage and
　Crises," *IMF Working Paper* 10/268, 2010.

금융위기로 이어진다고 주장했다.

첫째, 불평등 심화로 내수, 특히 소비수요가 정체했다. 둘째, 금융자유화로 국가 간 자본 이동이 증가함에 따라 경상수지에 대한 제약이 완화되어 크게 두 가지 형태의 성장 모형이 등장했는데, 일부 국가는 소비 붐과 경상 적자를 동반하는 부채주도 성장으로, 일부 국가는 내수 침체에 수출주도 성장으로 대응했다. 셋째, 부채주도 성장 모형에 속하는 국가에서는 가계부채가 급증했고, 특히 저소득층의 DTI$^{부채/소득, \text{ Debt To Income}}$가 급증했다. 넷째, 부유층의 투기성향이 증가했다. 일반적으로 한계저축성향이 높은 부유층의 경우, 증가한 소득의 상당 부분을 금융자산의 형태로 보유하는데 자산규모가 커짐에 따라 위험자산$^{\text{risky asset}}$의 비중도 증가한다. 분배의 악화로 소득과 자산이 부유층으로 쏠리면 경제 전체적으로 위험자산에 대한 수요가 더 증가한다. 금융자유화는 이러한 환경에서 위험을 관리하고 전가하는 형태의 다양한 금융상품을 개발하는 데 치중해 대량으로 공급했으나, 결국 차입의 근원인 저소득층의 채무불이행으로 이어지면서 금융위기가 발생한 것이다.

불평등을 방치하는 경제정책: 규제 완화와 구조개혁의 두 얼굴

보수적인 전통의 주류경제학은 대체로 규제 완화를 옹호한다. 여기서 규제 완화의 양면성을 분명하게 인식할 필요가 있다. 규제 완화를 주장하는 목소리에는 규제는 나쁜 것이어서 성장을 해치고 발전을 해친다는 인식이 배어 있다. 물론 지대추구형$^{\text{rent-seeking}}$ 규제는 적극적으로 완화해야 할 대상이다. 지대추구 행위란, 자신의 이익과 기득권을 수호하기 위해 경쟁적으로 로비, 약탈, 방어 같은 비생산적인 일에 자원을 낭비하는 행위를 말한다. 여기서 말하는 지대란 한 사회 안에서 누구에게도 귀속되지 않은 이권이므로 지대추구 행위는 자신이 기여한 것 이상의 몫을 챙기려는 행위를 말한다. 이러한 행위는 다른 사람들에게 좌절과 실패의 원인으로 작용한다. 따라서 독점적이고 관료적인 지위를 수호하고 남용하는 방향으로 흐르는 지대추구형 규제는 당연히 완화해야 한다. 그러나 안정성·건전성·환경 등 사회적 목적을 위한 규제를 완화하려 할 때는 신중을 기해야 한다.

많은 경우에 불안정을 초래하는 핵심적인 요인은 규제 완화다. 노벨경제학상 수상자인 스티글리츠는 70세가 넘은 나이에도 왕성한 활동을 하고 다닌다. 그는 『불평등의 대가』*The Price of Inequality*에서 기업, 특히 금융 부문에 무제한의 자유를 허용한 것이 부유층의 근시안적인 이익을 도모한 것이라고 주장한다. 부유층은 규제가 없어야 수익이 늘어난다고 보는데, 장기적인 시각에서 사회와 경제에 미치는 전반적 영향을 생각하는 것이 아니라, 협소하고 단기적인 시각에서 자신들의 목전에 놓인 수익만 생각한다. 그리고 거기에 자유경쟁 원리라는 이념적 포장지를 두른다.

이들은 정치적 영향력과 여론을 형성하는 힘을 활용해서 규제 완화를 밀어붙였다. 특히 1980년대 이후 규제 완화의 바람은 거셌다. 그리고 마지막으로 가장 위험한 분야인 금융 부문에서 이루어졌다. 이상적인 규제란 공정한 경쟁을 보장하고 힘의 남용을 막으며 스스로 보호할 능력이 없는 사람들을 보호하기 위해 마련한 규칙이다. 규제가 없으면 이를테면 금융 부문에서는 도를 넘는 행위들, 즉 과도한 대출, 과도한 차입 투자, 과도한 위험 감행 그리고 거품이 발생한다.

대공황 이전에도 그러했다. 당시 과도한 행위들이 있었기 때문에 미국은 대공황이 끝난 후 1933년에 글래스 스티걸 법을 제정했다. 이는 은행의 건전성을 유지하고 투기적 행위를 규제할 목적으로 상업은행과 투자은행의 업무를 엄격히 분리하는 것을 골자로 한다. 그러나 오랜 세월이 흘러 1999년에 이 규제를 폐지하자 금융 부문은 다시 불안정한 성장의 소용돌이에 휘말리게 되었다.

그 결과는 금융위기의 재현과 대침체였다. 금융 부문 종사자, 그 가운데에서도 특히 고위 관리자들은 규제 완화와 그에 따라 금융을 혁신하는 과정에서 이득을 챙겼지만, 사회 전체에 어마어마한 손실을 입혔다. 그들은 금융혁신이 경제의 생산성을 높여주기 때문에 천문학적인 보수를 받는 것이 당연하다고 뽐냈다. 하지만 결국 아무 잘못이 없는 수많은 사람에게 희생을 안겨주었다. 금융 부문의 규제 완화, 아니 정확히 말하면 허술해진 규제는 경제의 장기적인 성과를 크게 위축시켰다.

불평등의 악화는 금융위기 발생에 분명히 일조를 했다. 그런데 금융위기를 수습하고 극복하는 일련의 과정에서 펼치는 정책들은 불평등 문제를 또다시 외면한다. 믿기 어려운 일이지만, 1929년 대공황의 한가운데에서도 중앙은행은 여전히 인플레이션을 걱정하고 있었다. 정부도 마찬가지였다. 당시 미국의 재무장관 멜런^{Andrew Mellon}은 후버 대통령에게 다음과 같은 조언을 했다. 경제를 재건하기 위해 "노동을 청산하고, 주식을 청산하고, 농민을 청산하고, 부동산을 청산하고, ……경제체제의 썩어빠진 부문을 도려내야 한다."*

구조개혁을 통해서만 위기를 극복할 수 있으며 위기를 도리어 기회로 만들자는 '청산론' 또는 '구조개혁론'이다. 물론 어느 한 가구나 기업의 관점에서 본다면 구조개혁은 위기를 극복하기 위해 마땅하고 유일한 대안이다. 그러나 경제 전체적으로는 다르게 보아야 한다. 특히 정책 당국자는 더욱 그렇다. 돈을 더 풀고 재정을 확대해 불평등을 적극적으로 교정하려는 노력을 하지 않으면 '절약의 역설' '비용의 역설'이 경제를 더 악화시킨다.** 실제로 미국을 포함한 주요 국가들이 대공황에서 빠져나올 수 있었던 것은 금본위제를 폐지해 통화를 확대하고, 사회보장과 정부 재정의 역할을 강조한 일련의 정책 때문이었다.

한국의 1997년 외환위기는 경제에 엄청난 충격을 주었다. 그런데도 비교적 빨리 위기를 극복할 수 있었던 것은 환율이 엄청나게 급등해 불행 중 다행으로 수출주도형 경제가 일종의 안정장치 역할을 했기 때문이다. 그러나 외환위기는 구조개혁 바람을 불러일으켰다. 물론 그것은 경제의 체질을 강화하는 데 필요했다. 그러나 구조개혁과 시장만능 사조가 빠르게 확산하는 반면, 이에 대응해

---

* B. Eichengreen and P. Temin, "The Gold Standard and the Great Depression," *Contemporary European History* 9(2), 2000.

** 절약의 역설이란, 개인으로서는 소비를 자제하고 저축을 늘리는 노력이 정당하더라도 경제 전체적으로는 이것이 총수요 침체를 가져오기 때문에 도리어 해가 된다는 것이다. 비용의 역설이란, 개별 기업으로서는 가급적 임금비용을 최소한으로 억제하는 것이 바람직해 보이지만, 그 결과 경제 전체의 임금소득이 부족해져 총수요 침체를 가져오기 때문에 도리어 해가 된다는 것이다.

불평등의 악화는 금융위기 발생에
분명히 일조를 했다. 그런데
금융위기를 수습하고 극복하는
일련의 과정에서 펼치는 정책들은
불평등 문제를 또다시 외면한다.

사회안전망을 구축하고 불평등을 교정하려는 정부의 노력은 너무나 미흡했으며, 그사이에 불평등은 걷잡을 수 없이 악화되었다.

금융이 자유화되고 세계화되어 있는 현대 경제는 마치 금융에 포획되어 있다는 느낌마저 준다. 정부는 사회안전망에 투자하는 대신에 금융 부문을 복구하는 데 너무 많은 돈을 써야 했다. 미국 월가에서 2008년 금융위기가 발생하자 중앙은행의 특급 소방수 버냉키Ben Bernanke는 화폐금융론 교과서에 없는 '양적 완화' 정책을 폈다. 일단 금융 부문을 살려내는 게 급했기 때문이었다. 대공황 전문가인 그는 인플레이션을 걱정하기에는 상황이 너무 급박하다는 것을 잘 알고 있었다. 이것은 분명히 창의적이고 진일보한 정책이었지만, 당장 급한 불을 끄는 것이 시급했기 때문에 고장 난 자본주의를 어떻게 고쳐 써야 할지, 불평등 문제에 어떻게 대응해야 할지는 우선순위에서 밀려날 수밖에 없었다.

통화정책에 대한 과도한 기대와 의존 그리고 구조개혁이라는 명분에 대한 지나친 집착, 이러한 조류는 불평등 문제를 뒷전으로 밀려나게 만들었다. 빈번하게 발생하는 금융위기는 그 자체로써, 나아가 위기에 대응하는 과정에서 전형적으로 등장하는 구조개혁의 물결 속에서 불평등을 한층 더 악화시켰다. 불평등 문제에 정면으로 도전하지 않고 이를 외면하려는 태도는 우리에게 매번 비싼 대가를 치르게 하고 있다.

임금주도 성장인가 이윤주도 성장인가

임금주도 성장론의 등장

세계 금융위기 이후 국제연합무역개발회의^{UNCTAD}, 국제노동기구 등에서 대안적 성장 모델로 제시하는 임금주도 성장 또는 소득주도 성장이 관심을 끌고 있다. '소득주도'라는 용어를 쓰는 것은 자영업자의 소득 등 임금 형태 이외의 노동소득까지 범위를 확장하기 위해서인데, 여기서는 일단 '임금주도'로 용어를 통일하기로 하자.

생산함수의 분석에 치중하는 주류경제학의 성장이론에는 소득분배 변수가 등장하지 않는다. 한계소비성향의 개념을 도입한 케인스의 유효수요 이론은 소득분배 악화가 평균소비성향을 감소시킬 수 있다는 점을 적절히 지적하지만 투자의 불안정성을 더 강조하는 그의 이론에서 분배 변수가 성장에 결정적 역할을 하는 것은 아니었다. 그러나 포스트 케인스주의자는 임금주도 성장인가 이윤주도 성장인가의 구분을 핵심적인 연구 주제로 다룬다.[*]

포스트 케인스주의 이론에서 분배와 성장을 연결하는 고리는 노

---

[*] 대표적인 연구로는 Bhaduri and Marglin(1990)를 참조.

동소득분배율이다. 일반적으로 자본소득이 노동소득에 비해 더 불평등하게 분포해 있으므로 노동소득분배율의 하락(자본소득분배율의 상승)은 소득불평등을 심화시킨다.

단, 노동소득분배율은 생산비용과도 관련된다는 점에서 지니계수 같은 소득불평등 지표와 차별화된다는 것에 주의해야 한다. 노동소득분배율은 비용 측면에서는 단위노동비용의 의미를 갖고 있으므로, 노동소득분배율의 하락은 기업의 관점에서 보면 경쟁력 제고를 의미하기도 한다.

$$\text{단위노동비용} = \frac{\text{노동 1단위당 비용}}{\text{노동생산성}} = \frac{\text{노동비용/노동투입량}}{\text{산출량/노동투입량}} = \frac{\text{노동비용}}{\text{산출량}} = \text{노동소득분배율}$$

포스트 케인스주의자들은 분배가 유효수요와 성장에 영향을 준다는 관점을 견지하는데, 소득을 노동소득과 자본소득으로 구분할 때 소비에는 노동소득이, 투자에는 자본소득이 미치는 영향이 상대적으로 더 크다는 점을 강조한다. 따라서 노동소득분배율이 개선되면 소비에는 정(+)의 효과, 투자에는 부(−)의 효과를 미치게 된다. 노동소득분배율이 생산비용이라는 점을 감안할 때 국제수지에 미치는 영향도 (−)이다. 따라서 이론적으로는 노동소득분배율이 국민소득에 미치는 효과는 불확실하다.[*]

분배가 종합적으로 경제의 소득수준에 어떤 영향을 주는지는 결국 실증적으로 확인해보아야 할 문제로 남는다. 포스트 케인스주

---

[*] 지출 측면의 GDP는 소비+투자+정부지출+순수출로 정의함을 상기하자.

의자에 따르면 노동소득분배율의 상승이 소비에 미치는 정(+)의 효과가 투자와 순수출에 미치는 부(−)의 효과를 압도하면 임금주도 성장 국면에 있고, 그 반대 경우면 이윤주도 성장 국면에 있다고 구분한다.

피케티의 『21세기 자본』에서도 확인한 바 있듯이 OECD 국가들의 경우 1980년대 이후에 노동소득분배율이 하락하는 추세를 보였다. 그런데 최근 연구들은 대부분의 국가에서 노동소득분배율의 하락이 국민소득에 부정적인 영향을 주었음을 보여준다.* 즉, 대부분이 '임금주도 성장' 특성을 보이고 있다.** 따라서 경제가 임금주도 성장 국면에 있는데 막연히 투자만 강조하는 정책은 경제를 제대로 활성화시킬 수 없을 것이다.

임금주도 성장론은 소비의 주된 원천인 노동소득의 정체, 소득의 불안정이 내수경기를 지속적으로 침체시키고, 결국 잠재성장률마저 떨어뜨릴 수 있다고 본다. 보통 주류경제학은 임금을 비용으로만 보기 때문에 투자를 촉진하는 자본친화적 정책이 성장에 도움을 줄 것이라고 기대한다. 하지만 많은 경우에 기업의 이윤 동기를 자극하는 정책이 잘 먹히지 않는데, 이것도 결국 수요처인 가계의 소득이 부진하기 때문이다.

투자는 경제 전체의 생산성을 향상시키는 중요한 항목이지만 소비가 제약되는 현실에서는 별 의미가 없을 것이다. 경제가 지속적

---

* Onaran and Galanis(2012), Stockhammer(2013) 등 참조.
** 물론 모든 국가가 '임금주도 성장'은 아니다. Onaran and Galanis
   (2012)에 따르면 '이윤주도 성장'의 대표적인 예는 중국이다.

으로 성장하려면 무엇보다 일하는 사람들의 소득과 생활이 안정되어 소비를 꾸준히 유지하는 것이 중요하다. 불평등이 심화되는 추세가 지속되면 소비의 성장이 위축되어 성장을 지속할 수 없는 상황에 다다를 수 있다. 안정적이고 지속가능한 성장을 담보하기 위해서는 좀더 적극적으로 분배를 개선할 필요가 있다는 것이 임금주도 성장론의 주장이다.

한국의 경우는 어떠한가? 굳이 포스트 케인스주의자나 국제노동기구에 속한 진보적 학자들의 연구를 동원할 필요조차 없어 보인다. 세계적 컨설팅 업체인 맥킨지조차도 임금주도 성장론과 같은 맥락의 주장을 펴고 있기 때문이다. 외환위기 이후 야멸차게 한국 경제의 구조조정 필요성을 역설하던 맥킨지 연구소는 2013년에 발간한 「제2차 한국 보고서: 신성장 공식」에서 수출주도 성장 모델이 한계에 도달했으며 국가경제와 가계경제 간의 탈동조화脫同調化 현상이 본격화되고 있다고 지적하고, 이 같은 추세가 지속될 경우 불평등이 심화되고 소비의 성장이 위축되어 성장을 지속할 수 없는 상황에 다다를 수 있다고 경고하고 있다.

임금주도 성장은 가능한가

그렇다면 임금주도 성장이 최선의 방책일까? 이 질문에 대답하기는 어렵다. 임금주도 성장론이 실제로 하나의 가능성으로 부상한 지 얼마 되지 않은 데다, 그동안 주류경제학은 이를 무시해왔다. 임금주도 성장론이 버텨내야 할 비판은 너무나 많아 보인다.

제한적이지만, 크게 두 가지 측면에서 접근해볼 수 있다. 첫째는 임금주도 성장론이 이론적으로 얼마나 견고한가이며, 둘째는 실천

가능한 성장 전략으로 활용할 수 있는가이다.

먼저 이론적인 측면을 볼 때, 과연 고임금이 고생산성으로 연결될 수 있는지가 가장 큰 문제다. 분배의 형평 또는 적절한 재분배가 경제의 총수요를 유지하고 끌어올리는 데 도움이 된다는 사고는, 케인스를 비롯해 꽤 오래전부터 명맥을 이어왔다. 남은 문제는 공급 측면이다. 즉, 높은 임금과 형평에 맞는 분배가 경제의 공급 능력을 장기적으로 확대하는 데도 기여할 것인가이다.

이제까지의 논의로 볼 때 임금주도 성장론은 이에 대한 해답을 '칼도어-버둔 효과'에서 찾고 있는 듯하다. 원래 헝가리 출신인 칼도어는 로빈슨과 함께 영국의 케인스주의 전통을 잇는 대가로 추앙받는 학자다. 네덜란드 출신의 버둔Petrus Johannes Verdoorn은 비록 칼도어에 비할 만한 업적을 쌓지는 못했지만, 1949년에 이탈리아어로 쓴 논문「노동생산성 증가를 결정하는 요인들에 관하여」로 유명해졌다. 그는 이 논문에서 노동생산성이 다른 무엇보다 생산 규모에 크게 의존한다는 주장을 폈다. 실증 분석을 통해 구체적인 수치도 제시했다. 생산이 10% 증가하면 노동생산성이 4.5% 증가한다. 이러한 수치에 버둔 계수라는 명칭을 붙였고, 1966년에 칼도어도 비슷한 값을 제시함으로써 칼도어-버둔 효과라는 용어로 자리 잡았다.

칼도어는 여기에 새로운 해석까지 덧붙였다. 노동생산성이 주로 지식과 과학기술의 진보에 따라 결정된다는 신고전학파적 시각에 반론을 제기한 것이다. 성장은 누적되는 인과관계의 산물이어서, 수요가 늘면 생산이 늘고 생산이 늘면 그에 따라 노동생산성도 증가한다. 노동생산성의 증가는 곧 임금의 증가로 이어지고 임금의 증가는 총수요를 증가시키는 요인으로 작용한다. 이러한 가설은, 수요와 공급을 철저히 분리해서 보는 가운데 생산성이야말로 공급 측면에서 결정되는 대표적 변수라는 신고전학파적 사고에 도전장을 내민 것이었다.

생산성이 수요와 무관하지 않다는 사고는 일찍이 스미스가 강조한 것이었다. 수요가 늘어 생산이 증가하면 분업이 확산되고 생산성이 올라간다. 1960년대에 애로가 주장한 '일을 통한 학습'learning by doing도 이러한 사고와 연관되어 있다. 업무량이 늘어나면 자연스럽게 생산성이 증가하는 측면이 있는데, 이것도 일종의 지식 증가다.

게다가 노벨상 수상자 애컬로프George Akerlof가 제시한 효율임금efficiency wage 가설에 따르면 고임금이 근로 의욕을 고취하는 긍정적 효과를 발휘한다. 물론 생산성 증가분의 얼마만큼이 과학기술의 진보에 따른 것이고, 얼마만큼이 실제로 일하는 사람들이 자연스럽게 터득한 지식의 결과이며, 또 얼마만큼이 고취된 근로 의욕 때문인지는 영원히 밝혀내지 못할 블랙박스인지 모른다.

다만, 임금주도 성장론이 주장하는 바에 따라 고임금이 고생산성으로 연결된다고 주장하거나 둘 간의 누적적 인과관계를 지나치게 강조하다 보면, 정치한 모형을 수립하고 통계적으로 분석하고자 할 때 한계에 부딪히기 쉽다. 원래 전형적인 경제이론의 구조상 독립적이고 외생적인 변수의 도입이 필요한데, 과연 임금을 그러한 변수로 처리할 수 있는지에 대해 특히 주류경제학은 처음부터 받아들이려 하지 않을 것이다.

물론 임금주도 성장론은 임금이 제도와 협상에 따라 외생적으로 결정된다는 가정과 관점을 유지한다. 게다가 임금이 상승해 이윤에 압박이 가해진 기업은 이것을 기술혁신으로 극복하고자 한다는 가정을 추가한다. 즉, 임금상승이 기술혁신을 유발하는 긍정적인 측면이 있음을 강조하는 것이다. 그러나 과연 임금상승에 직면한 기업이 그것을 고스란히 떠안으면서 오로지 기술혁신의 길로 갈지를 입증하기는 쉽지 않은 문제다. 게다가 과연 임금이 제도와 협상에 따라 외생적으로 결정되는 변수인지, 아니면 결국 노동의 수요와 공급이라는 시장 전반의 여건에 따라 결정되는 변수인지 판가름하는 것도 쉽지 않다.

무엇보다도 자본은 끊임없이 노동비용을 절약하려 하고, 불필요하고 부담스러워 보이는 노동을 자본으로 대체하려고 하며, 가급적 노동을 적게 쓰는 새로운 기술로 갈아타려는 것은 아닐까? 경제 전반의 임금수준을 정책적·제도적·인위적으로 높이는 것도 쉽지 않거니와, 설사 고임금 정책을 도입한다 하더라도 기업은 실제로 부담하는 임금 총액이 늘어나지 않도록 고용을 줄이거나 내부적으로 임금을 차별화하는 등 고임금을 회피하려는 노력을 게을리하지 않을 것이다. 더 결정적인 것은 싼 임금을 찾아 해외로 나간다는 것이다. 따라서 임금주도 성장론이 실천가능한 성장 전략으로 유효할지는 여전히 불투명하다. 실제로 장기침체를 타개하려고 안간힘을 쓰는 일본의 '아베노믹스'Abenomics에도 임금상승을 통한 유효수요의 증대가 들어가 있지만 실효를 거두지 못하고 있다.

임금주도 성장론은 진보적 가치를 보존하되, 그것을 성장 전략으로까지 끌어올리려는 시도다. 그러면 실제 성공한 사례는 있는가? 여기서 우리는 분배와 성장이라는 두 마리 토끼를 슬기롭게

잡아온 것으로 평가받는 북유럽형 경제체제를 떠올리지 않을 수 없다. 스웨덴을 비롯한 북유럽 경제체제의 두 가지 축은 첫째, 노사정의 협상으로 노동시장에서 일차적으로 임금 격차를 축소하며, 둘째로 노동시장에서 해소하지 못한 격차는 복지제도를 통해 이차적으로 축소한다는 것이다.

그런데 여기에도 유의할 점이 있다. 북유럽 국가들은 기본적으로 소규모 개방경제다. 소규모 개방경제의 특성상 국제경쟁력을 유지하기 위해서는 임금을 무작정 높은 수준으로 유지할 수 없다. 그야말로 '적절한 수준'을 넘어서면 안 되는 것이다. 북유럽형 경제가 성공한 것은 적절한 수준의 임금과 임금 격차 축소wage compression가 공동 번영의 요소라는 데 오래전부터 사회적 합의를 형성했기 때문이다.

사실 임금을 노사정이 협상해 적절한 수준으로 책정하는 것은 결코 쉬운 일이 아니다. 무엇보다 중요한 것은 북유럽 국가에서 중상위계층의 이타심이 발현되고 있는 점인데, 그 어느 선진국보다 임금 격차가 작다는 것이 핵심이다. 만약 시장의 힘이 주도한다면 심해질 수밖에 없는 임금 격차를 노사정의 타협으로 억제하고, 이를 바탕으로 경제 전체의 임금비용을 적절한 수준으로 관리하는 지혜를 발휘하고 있는 것이다.

불평등은 해소할 수 있는가

교육과 기술 간의 경주: 숙련 편향적 기술진보

기술변화는 노동에 대한 수요에 변화를 불러일으켰다. 이러한 현상은 특히 20세기에 두드러지게 나타났다. 단순노동이 아니라 교육을 잘 받은 숙련노동[skilled labor]에 대한 수요가 상대적으로 늘어났다. 이 같은 현상에 숙련 편향적[skill-biased] 기술진보라는 근사한 학술용어를 붙였다. 쉽게 말해서 스마트한 기계는 스마트한 인력이 필요하다. 기술변화가 숙련노동에 대한 수요를 증가시키는 한편, 교육 발전은 숙련노동의 공급을 증가시켰다.

그러나 숙련 편향적인 기술진보는 불가피하게 숙련노동(H)과 미숙련노동(L) 간에 소득 격차를 발생시킨다. 이 같은 현상은 인적자본이 충분히 공급되지 못할 때 더욱 두드러지게 나타난다. 하버드 대학의 골딘[Claudia Goldin]과 카츠[Lawrence Katz]는 20세기 전반에 걸친 자료 조사를 통해 교육과 기술 간의 경주가 경제적 불평등의 수준을 올리기도 하고 내리기도 했다고 주장한다. 골딘과 카츠는 이에 대한 연구를 모아 2008년에 『교육과 기술 간의 경주』[The Race between Education and Technology]라는 명저를 발간했다.

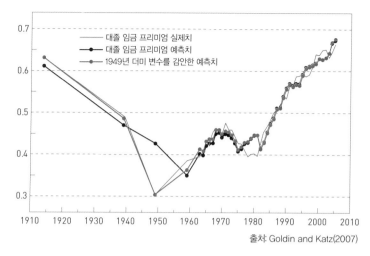

출처: Goldin and Katz(2007)

〈그림 13〉 미국의 대졸 임금 프리미엄 실제치와 예측치(1915~2005)

골딘과 카츠는 대졸 임금 프리미엄, 즉 대졸 이상의 학력을 가진 사람들이 고졸 이하의 학력을 가진 사람들에 비해 몇 퍼센트나 임금을 더 받는가로 경제적 불평등의 정도를 측정한다. 미국의 경우 20세기 전반에 걸쳐 대졸 임금 프리미엄의 수치는 큰 변동을 보였다. 대략 1950년 이전까지 대졸 임금 프리미엄은 빠르게 감소하는 추세를 보였지만, 1980년 이후로는 반대로 빠르게 증가하는 추세를 보였다. 크게 보아 U자 모양이다. 21세기 초반에 이르자 대졸 임금 프리미엄은 연구의 시작점인 1915년의 값을 넘는 수준으로 다시 높아졌다.

그러면 20세기 초반에 매우 높았던 대졸 임금 프리미엄이 한동안 낮아졌다가 다시 높아진 이유는 무엇일까? 골딘과 카츠는 그 원인을 교육을 받은 숙련노동의 상대적 공급(H/L)에서 찾는다. 특히 1980년 이후에 대졸 임금 프리미엄이 급속히 증가한 이유는 무엇일까? 1960년부터 1980년까지 대졸 인력의 상대적 공급은 매년 3.8% 증가했는데, 1980년부터 2005년까지는 매년 2% 증가하는 데 그쳤다. 즉, 1980년 이후 대졸 임금 프리미엄이 급속히 증가한 것은 교육받은 인력이 증가하는 속도가 크게 둔화되었기 때문이다. 숙련 편향적인 기술진보로 인해 숙련노동에 대한 수요는 거의 일정한 속도로 증가해왔지만 숙련노동의 공급은 그렇지 않았다. 골딘과 카츠는 지난 90년(1915~2005) 동안 대졸 임금 프리미엄을 숙련노동의 상대적 공급에 따라 거의 정확히 예측할 수 있다는 놀라운 결과를 보여주었다.

골딘과 카츠는 장기적으로 교육과 기술이 임금 격차를 결정한다고 설명한다. 고임금은 기술 또는 고숙련의 정당한 대가이며 저임금은 미숙련에 대한 대가다. 수요와 공급이라는 분석틀이 그러한 논지를 잘 뒷받침하고 있는 듯하다. 어떤 경제 현상이 시장의 수요와 공급으로 잘 설명된다고 할 때, 우리는 그것을 마치 어쩔 수 없는 자연의 법칙처럼 받아들이게 된다. 그런데 과연 숙련노동에 대한 수요와 그 상대적 공급이라는 단순한 도식으로 임금 격차를 모두 설명할 수 있을까?

일자리 양극화: 숙련 편향으로만 설명할 수 없는 현상

골딘과 카츠의 주장대로 숙련 편향적 기술진보가 임금 불평등을 낳는 주요인일까? 일리 있는 주장임에는 틀림이 없지만, 혹시 너무 단순한 이야기는 아닐까? 만약 우리가 지난 오랜 세월 줄곧 숙련 편향적 기술진보의 지배를 받아왔다면, 고용의 양상은 저숙련 일자리 비중이 줄고 고숙련 일자리 비중이 느는 쪽으로 일방적으로 변했을 것 아닌가? 물론 대체로 그러했지만 20세기 후반과 21세기 초반의 자료에 집중해 보면 반드시 그런 것은 아니라는 또 하나의 중요한 사실을 발견한다. 최근에는 저숙련-고숙련의 단순한 도식에서 벗어나 일자리의 세세한 성격에 초점을 맞춘 연구 결과들이 나오고 있다.

전통적으로 경제학은 노동을 숙련과 비숙련 또는 고숙련과 저숙련 노동으로 간단히 분류해왔다. 그런데 최근에 주목하는 것은 이른바 업무 접근법task approach이다. 이 접근 방법은 개별 직업마다 필요한 숙련도 또는 교육 수준이 다르며, 다양한 직업을 필요한 숙련의 정도에 따라 연속적으로 분류할 수 있다고 가정한다. 실제 자료에 이러한 개념을 적용하는 것은 쉬운 일이 아니지만, 몇몇 실증 분석은 놀라운 결과를 보여준다. 호스Maarten Goos, 매닝Alan Manning, 살로몬스Anna Salomons는 유럽에 대해, 오터David Autor는 미국에 대해 대표적인 연구 결과를 내놓았다.* 단지 노동을 숙련과 비숙련으로 나누고 그것을 각각 대졸자와 고졸 이하로 연결 짓는 방식으로는 노동시장에 어떠한 변화가 일어나고 있는지 충분히 설명하기 어렵다.

이들은 1980년대 또는 1990년대 이후의 변화에 주목한다. 대략 이 시기를 기점으로 최고의 숙련도를 요하는 직업군, 예를 들어 전문직과 관리직의 고용은 증가했다. 그러나 청소, 돌봄, 건설 현장 노동 등 숙련도가 가장 낮은 직업군의 고용도 동시에 증가했다. 최고숙련과 최저숙련 직업군은 고용이 증가했을 뿐만 아니라 임금도

---

* Goos, Manning and Salomons(2014)와 Autor and Dorn(2013)
  을 참조.

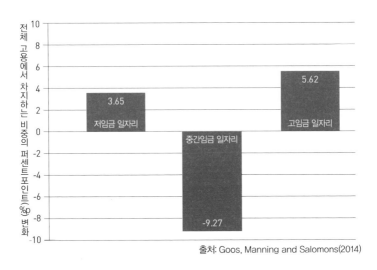

출처: Goos, Manning and Salomons(2014)

〈그림 14〉 유럽 16개국의 일자리 양극화(1993~2010)

꽤 올라갔다. 반면 중간 정도의 숙련으로 분류할 수 있는 직업군, 예를 들어 단순히 기계를 조작한다거나 사무직 또는 유통 업무에 종사하는 직업군은 고용이 줄었고 임금은 줄거나 정체했다. 즉, 고숙련과 저숙련 노동에 비해 중간숙련middle skill 노동은 고용과 임금 면에서 모두 열등한 위치로 내려앉았다. 이러한 현상은 최근 20~30년간 두드러지게 나타났는데, 이것이 바로 일자리 양극화다.

〈그림 14〉는 1990년대부터 유럽에서 일자리 양극화 현상이 얼마나 급격하게 일어났는지 잘 보여준다. 1993년에 고임금-고숙련에 속했던 일자리와 저임금-저숙련에 속했던 일자리는 그 후 17년 동안 전체 고용에서 차지하는 비중이 각각 5.62%p, 3.65%p 올라갔지만, 중간임금-중간숙련에 속했던 일자리의 비중은 9.27%p나 내려갔다. 중간 정도의 숙련도를 요하는 일자리의 비중이 크게 줄

었다는 것인데, 일부는 고숙련 노동으로 이전했지만 일부는 저숙련 노동으로 흡수되었다.

미국에서도 같은 현상이 발견된다. 오터와 돈$^{David Dorn}$은 1980년 이후를 볼 때 대부분의 저숙련 노동은 고용과 임금이 정체하거나 감소하는 추세를 보이고 있지만, 최저숙련 노동의 경우에는 고용과 임금이 모두 상승했다는 것을 보여준다. 특히 고졸 이하이면서 최저숙련 서비스직에 종사하는 경우에는 고용이 무려 50%나 증가했고 임금도 적지 않게 상승했다. 만약 골딘과 카츠의 논리를 따른다면 대학을 졸업하지 않고 단순 서비스직에 종사하는 사람들의 임금이 전체 평균임금보다 더 높이 올라갈 이유는 없을 것이다.

도대체 유럽과 미국에서 왜 이런 일이 일어났을까? 1980년 이전에는 어떠했을까? 기술이 연속적으로 발전하고 있다면 1980년 이전에도 내내 같은 현상이 일어났어야 하지 않을까? 호스, 매닝 등 영국 런던정경대학의 전통을 잇는 학자들은 1980년 이전과 이후를 구분해서 설명한다. 이른바 산업혁명의 역사는 크게 보아 1820~1980년의 오랜 시기와 1980년 이후로 구분할 수 있다. 1980년 이후의 기술혁신은 정보통신기술이 주도한 것으로서 그 이전의 기술혁신과 구분된다. 정보통신기술 이전의 시대에는 전기, 철도, 자동차, 관개시설, 그 밖의 다양한 기계 설비의 도입과 확산이 사람들의 생산성과 숙련도를 전반적으로 크게 향상시켰다. 게다가 20세기 들어 공교육이 확대되면서 많은 사람이 교육을 받고 숙련도가 높아졌으며 불평등도 축소되었다. 그러나 1980년 이후 기술혁신은 그 양상이 다르게 나타나고 있다. 핵심은 자동화며 이에 대해서는 미국 MIT의 오터도 같은 생각이다.

이제 정보통신기술 또는 로봇 기술은 일상적이거나 코드화할 수 있는 업무를 사람 대신 수행한다. 앞으로도 그런 방향으로 더 나아갈 것이다. 단순히 기계를 조작하거나 일상적인 사무 처리에 종사하는 사람들에 대한 수요는 지속적으로 줄어든다. 그 대신 추상적이고 전문적인 일을 하거나 총괄적인 관리를 수행하는 업무에 대한 수요는 상대적으로 증가한다.

그렇지만 이야기는 여기서 끝나지 않는다. 움직일 수 없는 사실은 로봇이 사람을 완전히 대체할 수 없다는 점이다. 예를 들어 음식점이나 미용실에서 하는 서비스, 청소, 돌봄 등은 사람의 손과 서비스 정신으로 세세하게 마무리해야 하는 작업들이다. 무언가 제품을 만들거나 단순 조작하는 일은 쉽게 자동화되지만, 아무리해도 자동화되지 않는 일은 여전히 많다. 허드렛일에 가깝지만 사람끼리 대면해서 충성심을 발휘해야 하는 일들, 이런 분야는 쉽게 사라지지 않는다. 사람들은 편리하게 자동화된 서비스도 원하지만 충성스러운 대면 서비스도 원한다.

자동화가 됨으로써 평범한 수준의 교육과 숙련도를 요하는 일자리는 점점 줄어든다. 상대적으로 전문직과 고급 관리직 등 엘리트 교육과 최고의 숙련을 요하는 일자리는 늘어난다. 이들은 스마트한 기계와 시스템을 만들고 관리하거나, 부를 효율적으로 관리하고 증식하는 데 기여하므로 자본과 보완적인 관계를 유지해나간다. 하지만 중간 정도의 숙련노동은 점점 자본으로 대체된다. 물론 자본으로 완전히 대체할 수 없는 노동도 있으며, 이는 쉽게 사라지지 않는다. 그 결과 일자리는 고임금직과 저임금직에 집중되고 중간임금 지대는 점점 얇아진다.

이러한 양극화 양상을 단순히 숙련 편향적 기술진보라는 용어로 요약하기는 충분하지 않다. 여기에는 일상 업무 편향적 기술진보 routine-biased technological change라는 다소 역설적인 명칭을 붙였다. 단순한 일상 업무에 의존하는 일자리는 점차 사라지며, 이로 인해 임금 불평등은 더욱 가속화된다. 1980년대 이후 불평등이 심화된 데는 숙련 편향적이면서 동시에 일상 업무 편향적인 기술진보라는 무서운 흐름이 자리 잡고 있다.

수요와 공급 그리고 생산성으로만 설명할 수 없는 현상

숙련 편향적이고 일상 업무 편향적인 기술진보는 임금 불평등이 어디에서 비롯된 것인지를 설명하는 훌륭한 개념이다. 그런데 임금 통계를 자세히 들여다보면 또 다른 이야기를 할 수 있다. 상위계층의 임금이 전반적으로 상승했다기보다는 특히 최상위 1%의 임금이 폭발적으로 증가했다. 미국의 경우, 최상위 1%가 가져가는 임금이 경제 전체의 임금 총액에서 차지하는 비중은 1970년에 5%였지만, 1980년에 6%로 올라갔고 그 이후 더 빠르게 증가해 2010년에는 12%에 달했다. 이러한 추세는 다른 선진국에 비해 미국에서 훨씬 두드러지게 나타나고 있다. 이것이 과연 최상위 1%의 고숙련 노동에 대한 정당한 대가일까? 신고전학파에 따르면 임금은 노동의 한계생산성에 따라 결정되는데, 유독 최상위 1%의 생산성만 그렇게 폭발적으로 증가했단 말인가?

이에 관해 피케티는 『21세기 자본』에서 아주 흥미로운 정보를 제공한다. 세금 신고 자료를 이용해 미국의 최상위계층에 속하는 사람들의 직업 분포를 추정했는데, 1%만 하더라도 너무 많기 때문에 최상위 0.1%만 조사했다. 그 결과 이들 가운데 60~70%가 천문학적 연봉을 받는 대기업의 최고경영자인 것으로 드러났다.

피케티는 이들을 '슈퍼매니저'라고 부른다. 한계생산성이론, 나아가 '교육과 기술의 경주'라는 이론에 따르면 슈퍼매니저의 보수가 폭발적으로 증가한 것은 이들의 생산성이 폭발적으로 증가했기 때문이란 뜻이다. 과연 그럴까? 피케티는 슈퍼매니저들의 보수에 한계생산성이론을 적용하는 것은 이들을 교묘하게 옹호하는 논리에 불과하다고 비판한다.

따지고 보면 한계생산성이론은 노동의 한계생산성을 측정할 수 있다는 전제하에서 성립하는 것이다. 아마도 조립 라인에서 매번 반복적인 임무를 수행하는 노동은 대략적이나마 한계생산성을 측정할 수 있을지도 모르겠다. 그러나 많은 경우에 이런 전제는 성립하지 않는다. 더구나 대기업 고위 경영진의 한계생산성을 어떻게 측정할 수 있단 말인가? 슈퍼매니저들은 고유의 독특한 일을 수행하기 때문에 사실상 한계생산성을 측정하는 것이 불가능하다.

실제로 슈퍼매니저들의 보수는 스스로 정하거나 보수책정위원회가 결정하는데, 이 위원회의 위원들은 대체로 비슷한 부류의 사람들이다. 물론 보수를 무한정 높게 책정하는 것은 아니지만, 개개인의 생산성을 객관적으로 측정할 수 없으니 친분관계와 개인의 협상력에 따라 자의적으로 결정할 소지가 다분하다.

여기에 기업의 지배 구조를 포함한 사회적 규범이 영향을 미친다. 사실 어떤 기업이 사회 전반의 규범에 어긋나는 결정을 내리기는 어렵다. 그런데 나라마다 사회적 규범에 차이가 있다. 나라마다 최고경영진의 보수에도 차이가 있는데, 이는 나라마다 사회적 규범이 다르기 때문이다. 냉혹한 자본주의의 민얼굴을 가진 나라라고 할 수 있는 미국은 다른 어느 선진국보다 친자본·친기업적이다.

사회적 규범의 형성과 변화를 설명하기 위해서는 정치의 중요성을 빼놓을 수 없다. 실제로 미국의 경우, 상위 10%에서 1% 사이의 계층만 해도 임금상승이 크게 눈에 띄지 않는데, 반면 상위 1%의 임금은 급등한 데다 상위 0.1%는 훨씬 더 폭발적으로 올라갔다. 이런 사실을 수요와 공급, 생산성에 근거한 경제 논리로만 설명하기는 쉽지 않다. 기술변화가 그렇게 불연속적으로 발생했고, 또 유독 1% 또는 0.1%의 생산성만 그렇게 폭발적으로 증가했단 말인가?

피케티는 1980년대 이후 미국과 영국에서 일어난 '보수화'의 정치적 물결이 큰 영향을 미쳤다고 본다. 부자 감세와 규제 완화가 이루어지고 시장만능의 사회적 분위기가 조성되었기 때문에 슈퍼매니저들의 연봉이 마구 올라가는 것도 일종의 사회 규범으로 용인한 것이다. 유럽이나 일본에서도 유사한 변화가 나타나기는 했으나 그 정도는 훨씬 약했다. 실제로 프랑스와 미국을 비교할 때, 1950~60년대에는 미국에 비해 프랑스가 임금 불평등이 더 심했으나 지금은 완전히 역전되었다. 적어도 최근에 두드러진 최상위 계층의 임금 폭등은 한계생산성이론 그리고 교육과 기술의 경주 논리로는 설명하기 힘들다.

임금 분포의 변화에 국가별로 큰 차이가 있다는 사실은 불평등이 증가한 원인을 규명하는 데 중요한 단서가 된다. 물론 큰 틀에서는 생산성과 기술이 대략적인 임금수준을 결정한다고 할 수 있겠지만, 임금 결정에는 여러 제도적·문화적 요인이 작용한다.

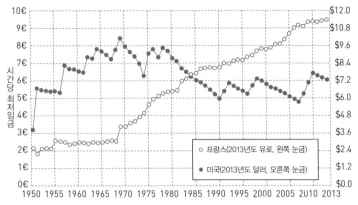

2013년도 구매력으로 환산한 시간당 최저임금은 1950년부터 2013년 사이에 미국에서는
3.8달러에서 7.3달러로, 프랑스에서는 2.1유로에서 9.4유로로 상승했다.

출처: *Capital in the Twenty-First Century*, p.356,
Fig. 9.1(『21세기 자본』, 글항아리, 2014, 372쪽)

〈그림 15〉 프랑스와 미국의 최저임금(1950~2013)

그러면 제도적인 요인의 하나인 최저임금의 예를 들어보자. 〈그림 15〉는 프랑스와 미국의 최저임금이 어떻게 변해왔는지 보여준다. 프랑스는 미국보다 20년이나 늦게 최저임금제를 도입했으며, 실제로 1960년대까지는 최저임금이 미국의 절반도 안 되는 수준이었다. 그러나 1960년대 말부터 꾸준히 올라가 1980년대 중반에는 미국의 수준을 넘어섰고, 최근에는 미국의 1.5배 정도로 올라갔다. 반면 미국은 1970년대 이래 최저임금(실질 기준)이 오히려 지속적으로 하락하는 경향을 보였다. 미국의 최저임금은 노동생산성과 1인당 국민소득의 증가율에 비해 턱없이 낮은 수준으로 추락했다. 슈퍼매니저를 비롯한 최상위계층의 보수가 천정부지로 치솟은 것과는 너무 대조적이다. 이것은 아무리 보아도 정치와 제도의 영역이라고 할 수밖에 없다.

임금 격차의 축소, 이타심에 희망을 걸어야 하나

임금이 외생적으로 결정되는 변수인지, 아니면 결국 시장 전반의 여건에 따라 결정되는 변수인지 판가름하는 것은 쉽지 않다. 그렇지만 무엇보다도 임금이 시장에 의해서만 결정되는 것이 아니라는 사실을 인식하는 것이 중요하다. 여기서 특히 중요한 것은 임금 격차다. 비록 사회적 평균임금수준은 시장 전반의 노동 수급 조건에서 크게 벗어나지 못한다 하더라도, 시장의 힘이 주도한다면 심해질 수밖에 없는 임금 격차를 줄여나가는 것은 정책·제도·협상의 영역이다. 임금 불평등에는 엄연히 사회·정치적 요인이 작용한다.

북유럽 국가는 노사정 타협으로 임금 격차를 축소하되 경제 전체의 임금비용을 적절한 수준으로 관리하고 있다. 이기심과 시장을 이타심과 제도로 보완하는 지혜를 발휘하고 있는 것이다. 북유럽 국가는 투명성이 가장 높고, 부패 수준은 가장 낮으며, 타인에 대한 신뢰도가 가장 높은 곳이다. 이타심과 배려 그리고 자신들이 갖추어놓은 제도에 대한 자부심, 이런 것들이 선순환을 이끌어내고 있다. 이러한 조건하에서는 임금을 정책 변수이자 제도 변수로 취급해도 무방할 것이다. 임금의 하한선$^{wage\ floor}$은 물론이고 평균적인 임금수준, 나아가 임금의 상한선$^{wage\ ceiling}$마저 정책과 제도의 영향을 받는다. 물론 사회 구성원의 이타적 동의가 이러한 제도를 지속할 수 있게 만든다.

그러나 문제는 이타심과 사회적 타협에만 희망을 걸 수 없다는 데 있다. 대표적 북유럽 국가인 스웨덴의 예를 보자. 인구가 900여

시장의 힘이 주도한다면 심해질 수밖에
없는 임금 격차를 줄여나가는 것은
정책·제도·협상의 영역이다.
임금 불평등에는 엄연히
사회·정치적 요인이 작용한다.

만 명인 스웨덴은 대기업 취업자가 근로자의 대다수를 차지하며 '대기업-공공부문' 위주의 작고 단순한 경제구조를 갖고 있다. 임금근로자 가운데 대기업에 고용된 비중이 50%를 넘는다. 근로자의 절대다수를 조직화하기 쉬운 구조인 것이다. 스웨덴은 높은 조직률을 가진 노동조합과 각종 이해 당사자 그리고 단체들이 공공정책 결정에 참여해온 전통, 즉 사회적 자본을 축적해온 오랜 전통이 있다.

그러나 인구가 많거나 경제규모가 크고 근로자의 절대다수가 조직화되기 힘든 중소기업 근로자와 자영업자인 경우, 특히 정부와 정치에 대한 신뢰가 약한 상태에서는 사회 전반의 이타적 동의를 얻거나 대타협 방식으로 임금 격차를 축소하는 것이 쉽지 않다. 또 다른 북유럽 국가 덴마크는 스웨덴과 달리 대기업 중심이 아닌 중소기업 위주의 경제구조를 가진 곳이지만, 덴마크 역시 시민들 간의 상호 신뢰도가 높고 청렴한 국가다. 스웨덴보다도 작은 규모의 국가로서, 사회적으로 갈등을 조정하고 타협을 이루어나가는 데 유리한 여건을 갖추고 있다.

일반적으로 규모가 크고 이질적·복합적인 경제구조와 갈등 구조를 안고 있는 국가의 경우에는 이타심에 기초한 사회적 대타협이 쉽지 않다. 시장에서 결정되는 임금에 일일이 정책과 제도를 적용하기 어렵다. 그런데도 임금 격차를 축소하기 위해 국가가 나서서 할 수 있는 것은 적어도 임금의 하한선과 임금의 상한선에 일종의 가이드라인을 제시하는 일일 것이다. 임금의 하한선은 최저임금제를 통해 대부분의 국가가 도입하고 있다. 경제에 큰 타격을 가하지 않는 선에서 최저임금을 올려나가는 것은 임금 격차를 축소하는 데 매우 중요한 역할을 한다.

최저임금 못지않게 중요한 역할을 하는 것은 관대한 실업급여다. 관대한 실업급여 또는 실업보험(고용보험)의 확충은 일반적으로 실업률을 상승시키는 요인으로 알려져 있다. 주류경제학의 전통적인 사고는 '실업보험 → 고용 감소(실업 증가) → 산출 감소'의 부정적 측면을 강조한다. 노동-여가의 선택에서 실업보험이 사람들을 일하지 않고 놀게 만든다는 것이다.

그러나 실업보험의 강화는 근로 의지를 약화시키는 것이 아니라, 도리어 위험을 감수하며 새로운 기회(재기의 기회)에 도전하게 하는 순기능이 있다. 만약 실업보험이 없거나 보장하는 수준이 미미하다면 어떻게 될 것인가? 근로자는 일자리를 잃을 위험이나 실업에 대한 공포 때문에 찾기 쉬운 저임금 일자리를 선택할 확률이 높다. 게다가 이른바 안정 부문과 불안정 부문의 격차가 지나치게 커서 불안정 부문에 속한 근로자가 안고 있는 위험이 클 경우에, 이들은 늘 일자리를 잃을 수 있는 위치에 있기 때문에 어쩔 수 없이 저임금 일자리에 만족할 수밖에 없다. 이는 임금상승을 억제하는 요인으로 작용한다.

기업의 관점에서 보면 저임금·비정규직의 인력 풀이 넓은 것이 유리할 수 있겠으나, 경제 전체적으로 보면 그렇지 않을 수도 있다. 저임금·저숙련 노동에 의존하는 관성은 자본 투자에 소홀하게 만든다. 고용보험의 수준이 지나치게 높아서도 안 되겠지만, 그것이 낮다고 경제성장에 도움이 되지는 않는다. 적절한 수준의 고용보험과 적절한 실업 위험하에서 근로자는 저임금 일자리에 만족하는 대신 고임금 일자리를 탐색하는 노력을 병행하게 된다. 이러한 상황에서 기업은 장기적으로 고임금 일자리를 만들어내는 것으로 대응하지 않을 수 없다. 기업은 자본 집약도를 높이는 방식이나 숙련노동 집약적인 방식으로 대응할 것이다.

물론 고용보험의 강화가 고용 자체를 증가시키기는 어렵다. 그러나 주류경제학의 통념과는 달리 경제 전체적으로 생산성 증가에 기여할 가능성이 있다. 고용보험의 존재는 소비를 진작시키는 효과도 있는데, 그것이 없을 때에 비해 소득이 안정되기 때문이다. 게다가 저소득층은 고소득층에 비해 노동-여가 선택에서 대체효과가 낮은 계층이기 때문에, 고용보험이 강화되더라도 쉽게 실업 상태를 선택할 가능성은 높지 않다. 물론 근속 기간이 단축되고, 실업급여를 부정하게 수급하는 등 부작용도 있겠지만, 노동 의지가 강한 사람들에게는 재충전과 새로운 기회 탐색이라는 순기능이 작용할 가능성이 더 크다.

언뜻 기업에 유리한 것처럼 보이는 인색한 최저임금과 고용보험은, 사회적으로 볼 때 많은 사람을 생산성이 낮은 부분에 지나치게 오래 머무르게 하는 부작용을 낳기 쉽다. 생산성이 낮은 한계부문이 낮은 최저임금을 지급하고 고용보험의 적용을 피해가며 오래 버틸 수 있게 만들기 때문이다. 최저임금 인상과 고용보험 확충은 저숙련 노동에 주로 의존하는 한계사업의 퇴출을 가속화시킬 것이다.

이는 불편한 진실이기도 한데, 선진형 고임금 복지국가로 진입하기 위해 불가피하게 감내해야 할 과정일지 모른다. 장기적으로는 경제 체질을 강화하는 데 도움이 될 수 있다. 고용보험 확충, 특히 수급 기간 연장은 실직자가 섣불리 영세 자영업자로 전락하거나 그로 인해 파산할 확률을 낮추어준다는 장점도 있다. 적절한 수준으로 설계하면 중산층 이하의 소득이 안정되어 내수가 안정적으로 성장하는 데도 기여한다.

그러면 임금 상한선을 억제하는 데는 어떠한 제도적 장치가 필요할까? 이는 임금 하한선에 관한 최저임금, 보수의 안정성에 관한 실업수당과 달리 제도적으로 접근하기 매우 어려운 영역이다. 이 문제에 피케티는 서슴없이 최고소득세율 인상을 주장한다. 5억 원이 넘는 소득에 30%의 세금을 매기는 경우와 60%의 세금을 매기는 경우를 비교해보자. 예를 들어 현재 5억 원의 연봉을 받는 대기업 임원의 관점에서 볼 때, 추가 소득에 대해 60%가 아닌 30% 정도의 세금만 낸다면 보수 인상을 추진하려는 유인이 훨씬 강해진다.

실제로 1980년대 이후 선진국을 포함한 거의 모든 국가에서 최고세율은 급속하게 낮아졌다. 게다가 성과보수제가 확산되었는데, 이러한 시대 조류를 타고 특히 슈퍼매니저나 금융인들에게 일확천금의 기회가 늘어나게 되었다. 하지만 그것이 능력에 걸맞은 정당한 보수인지 탐욕의 결과인지 경계가 모호해져버렸다.

그래도 낮은 세율을 유지하고 성과보수를 확대해서 적용하면 재능 있는 사람들이 자신의 능력을 맘껏 발휘하고 또 혁신에 혁신을 이끌어내서 결과적으로 사회 전체에 이득으로 돌아오지 않을까? 확실하게 대답하기 어려운 문제다. 그러나 이미 언급했듯이 케인스는 이들에게 반드시 천문학적인 보상을 주어야만 그러한 재능을 발휘하는 것은 아니며 익숙해지기만 한다면 훨씬 더 낮은 보상으로도 가능하다고 했다. 우리가 만든 제도에 우리가 익숙해지기만

한다면 성장을 해치지 않는 범위 내에서 충분히 분배를 개선할 수 있다는 말이다.

불평등을 넘어

지난 수십 년간 소득과 부의 분배가 모두 악화되었다. 소득을 노동소득과 자본소득으로 나누어 볼 때, 그 배분 비율은 자본소유자에게 유리한 방향으로 변했다(노동소득분배율 하락). 상대적으로 줄어든 노동소득(대부분 임금으로 구성된다) 내에서의 불평등도 증가했다. 부의 분배도 악화되었다. 자동화로 대표되는 새로운 기술혁신 추세는 어중간한 능력이 있는 사람의 일자리를 서서히 없애버렸다. 반면 고숙련 노동에 속하는 일부 사람들은 상대적 지위를 강화하는 동시에 자본과 보완적인 관계를 유지하면서 소득점유율을 높여갔다.

경제가 성장하고 부를 축적하는 과정에서 부가 증가하는 속도는 소득이 증가하는 속도를 앞질렀다(부/소득비율의 상승). 상속·증여되는 부의 비중도 올라갔다. 물려받은 것 없이 평균적인 소득을 벌어 평균적인 부에 도달하는 데 걸리는 시간은 더 길어졌다. 소득과 부를 집중적으로 소유한 사람들은 자동화의 혜택을 충분히 누리는 동시에 비숙련 노동이 제공하는 충심 어린 인적 서비스를 제공받는다. 여기서 비숙련 노동은 부자에게 제공하는 서비스를 대가로 그나마 최악의 상태를 비켜간다.

부/소득비율의 상승은, 부를 상대적으로 많이 점유한 사람들에게는 소비와 여가를 한층 더 즐길 수 있게 해주지만, 그렇지 않은 사람들에게는 단지 주거비용의 상승으로 다가올 뿐이다. 참으로 우울한 시나리오지만, 지난 수십 년간 실제로 벌어진 현상이다. 그 것도 미국과 유럽 등 대부분의 선진국에서 말이다.

시장의 힘과 기술변화 그리고 세계화가 소득과 부의 불평등을 키웠다는 점은 부인할 수 없다. 보이지 않는 손, 자연의 법칙과도 같은 수요와 공급의 원리, 효율을 위해 희생해야 하는 평등, 아마 도 이러한 사고는 1950~60년대 자본주의 황금기에는 유효했을지 모른다. 그러나 이러한 사고에서 조금이라도 빠져나오지 못한다 면, 불평등은 어쩔 수 없는 것이고 마땅한 대안도 없으며 대세를 거스를 수도 없다는 무기력한 결론에 도달할 뿐이다.

성장으로 파이를 키워서 분배한다는 경제 논리는, 이제 더 이상 유효하지 않은 낡고 틀에 박힌 패러다임이다. 실제로 지난 수십 년 간 드러난 성장과 분배의 추세는, 이러한 사고가 고도성장 시기에 잠시 먹혔던 패러다임이라는 점을 일깨워주고 있다.

주요 선진국을 중심으로 성장 속도는 이미 크게 둔화되었고, 불 평등 심화는 경제적 효율성을 제약하는 단계에 이르렀다. 게다가 피케티가 적절히 지적했듯이 소득과 부의 집중, 특히 부의 지나친 집중과 상속은 민주주의 사회의 기본인 능력주의 가치 그리고 사 회정의의 원칙과 양립할 수 없는 정도가 되었다.

따라서 어떤 측면을 보아도 불평등이 여기서 더 악화되는 것은 바람직하지 않다. 이제 주류경제학과 그 사고에 지배를 받아온 사 람들은 분배에 더 많은 관심을 쏟아야 하며, 형평을 강조하던 비주 류경제학과 그 사고의 지배를 받아온 사람들은 분배 문제를 해결 하기 위해 구체적이고 실현가능한 대안이 무엇인지 더 깊게 고민 해야 한다.

앞에서 살펴보았듯이 정체상태 또는 장기침체를 예견한 경제학의 대가는 맬서스-리카도-밀-한센-서머스로 이어져 내려온다. 이 가운데 현대 경제학의 관점에서 볼 때 주류와 비주류의 시각을 동시에 갖고 있으면서 인문학적으로도 탁월했던 인물을 꼽는다면 아마도 밀일 것이다. 이미 150년 전에 이 탁월한 사상가의 머리를 괴롭힌 것도 정체상태가 도래할 가능성이었다. 그는 리카도와 마찬가지로 이윤율이 내려가고 자본이 더 이상 축적되지 않는 미래를 내다보았다. 다만 정체상태를 끔찍한 상황으로 묘사하는 데는 반대했다. 도리어 정체상태를 찬미했다.

그는 후발국에는 생존을 위해 치열한 경쟁과 경제성장이 필요하지만 당시 영국 같은 선진 자본주의 국가에는 합리적이고 공평한 분배가 더 중요하다고 보았다. 선진국이 되고 나면 더 이상 부를 축적하는 데 혈안이 되기보다 인간의 에너지를 좀더 가치 있는 방향으로 돌려야 한다. 밀은 건전한 사회기풍을 확립한 이상향을 꿈꾸었으며, 지나치게 실리에 치우친 자본주의 사회에 비판적이었다. 그는 분배의 법칙은 생산 또는 기술의 법칙과는 달리 인간이 만든 제도의 산물이라고 했다. 자본주의가 미래에 정체상태에 이를 것을 예견하면서도 불평등이 축소된 사회를 꿈꾸었다.

만년에는 하원의원이 되어 국회로 진출해 한 개인이 평생에 걸쳐 취득한 모든 증여와 상속에 무겁고 누진적인 세금을 매겨야 한다는 당시로서는 파격적인 주장을 한다. 결과의 불평등이 출발점의 불평등을 낳는다는 사실을 이미 잘 알고 있었고 그것을 교정할 대안을 제시했던 것이다.

사실 시장의 힘과 기술변화 그리고 세계화 흐름을 거스르는 것이 결코 쉽지 않다. 최근에는 그 어느 때보다 불평등에 관한 논쟁이 뜨거워지고 있지만 대안을 제시하고 행동에 나서는 일은 쉽지 않다. 거대한 흐름을 거슬러 올라가야 하기 때문이다. 피케티의 멘토이자 불평등 연구의 대가인 영국의 앳킨슨Anthony Atkinson은 50년에 걸친 연구 끝에 71세에『불평등을 넘어: 정의를 위해 무엇을 할 것인가』Inequality: What Can Be Done?라는 명저를 2015년에 내놓는다. 그는 불평등을 해소하기 위해서는 행동하려는 욕구가 있어야 하며, 여기에는 정치적 리더십이 있어야 한다고 주장한다. 그는 대안이 없는 것은 아니며, 특히 실제로 불평등이 줄어든 과기의 시기에서 교훈을 얻으라고 조언한다. 아무리 백지에다 선험적으로 최적의 상태를 그려도 상황을 개선하는 데 별 도움이 되지 않는다. 그 대신 조금이라도 더 나은 삶을 위해 개혁 방안을 찾아야 한다고 주장한다.*

밀이 정체상태를 예견하면서도 역설적으로 그것을 찬미했듯이 앳킨슨 역시 미래를 비관적으로 보지는 않는다. 인류가 정체와 불평등이라는 숙명에서 벗어날 길은 있다. 그는 이렇게 말한다.

"미래는 우리 손에 달려 있다."

---

* 앳킨슨은 체계적 제안 15가지를 내놓았다. 이 가운데에는 평생자본취득세 도입이 있는데, 이는 150년 전 밀의 주장을 받아들인 것이다. 그는 한 걸음 더 나아가 조달한 세금으로 일정한 연령에 이른 모든 성인에게 최저상속을 지급하자는 파격적인 제안을 내놓는다.

에필로그

비극을 비극으로 만드는 것은 그것이 반복되지 않는다는 사실에 있다. "만약 비극이 구조에 있다면, 언제라도 쓰여질 수 있을 것이나 그렇지 않다."*

권력자가 '죽은 권력'을 부관참시함으로써 자신의 '살아 있는 권력'을 과시하고(실은 자기 확신을 얻기 위함이다!) 다시 시간이 지나면 새로운 '살아 있는 권력'에 죽임을 당할 수밖에 없는 구조. 그것은 마치 주인공의 비장한 죽음을 향해 치달아가는, 그러나 이미 관객은 그것을 알고 있고 결국 관객을 만족시키는 방법은 죽음의 비장미를 극대화하는 것밖에 없는 홍콩 누아르의 구조와도 같다. 비유하자면 주윤발은 죽었다가도 (다른 영화에서) 다시 태어나는 것이며, 관객은 그가 죽을 것을 알면서도, 아니 알고 있기 때문에 거리감(브레히트가 말한 '소격' 또는 '낯설게 하기'가 그것이다)을 유지하며 편안하게 영화를 즐길 수 있는 것이다.

카사노바의 이별이 슬플 수 없는 것은 '만나고 헤어짐'의 구조가 곧이어 반복될 것임을 누구나 알기 때문이다. 마르크스가 역사는

---

* 가라타니 고진, 조영일 옮김, 『언어와 비극』, 도서출판b, 2004, 67쪽.

되풀이되지만 그 두 번째는 비극이 아니라 소극이라 한 것도 바로 이 때문일 것이다.

정치적으로는 보수주의자였던 위고^{Victor Hugo}는 마르크스도 논평한 바로 그 역사적 사건, 즉 나폴레옹 3세의 해프닝에 대해 "그^{나폴레옹 1세}가 역사에 남긴 최대 해악은 스스로 독수리인 줄 아는 칠면조^{나폴레옹 3세}를 키운 것이었다"며 마르크스 못지않은 냉소를 보낸 바 있다.

그렇다면 로빈슨이 진단한 '경제학 제2의 위기'가 첫 번째, 즉 비극이었다면 2015년의 피케티는 소극인 것일까? 아니면 맨큐로 상징되는 보수적 경제학자 그룹은 위고가 말한 '스스로 독수리인 줄 아는 칠면조'인 것일까? 로빈슨의 사자후는 곧 잊혔고 분배에 대한 관심을 촉구한 그녀의 강연은 오히려 미국 자본주의, 더구나 자신의 조국인 영국 자본주의까지도 이른바 신자유주의적 조정을 거쳐 분배의 불평등을 심화하는 새로운 시대가 열림을 알리는 신호탄이 되고 말았다.

과연 피케티는 로빈슨의 전철을 밟을 것인가, 아니면 경제학과 경제 현실에 새로운 물꼬를 트는 계기가 될 것인가? 로빈슨은 케인스가 유효수요 이론을 제시하기 전에 이미 히틀러는 그 방법을 찾아 실천해냈다고 냉소적으로 평가했다. 그렇다면 마찬가지로 피케티가 입증하기 전에 이미 대중은 불평등 심화라는 현실을 깨달았다고 표현할 수 있을 것인가? 아니면 그는 대중의 막연한 직관을 방대한 데이터와 명쾌한 논리로 재현함으로써 판도라의 상자를 열어버린 것일까? 고백하건대 현재로서는 뭐라 단정적으로 말할 수 없다.

피케티는 2015년 1월 예의 토론회 결과를 출간한 전미경제학회지 논문에서 자신의 저작이 "분배에 관한 연구 그리고 장기에 대한 연구를 경제학적 사고의 중심으로 다시 불러오는 것에 기여하기를 희망한다"고 썼다. 책 제목이 마르크스를 연상하도록 만들고 곳곳에 마르크스에 대한 라이벌 의식이 드러나지만, 피케티가 다시 불러내려는 것이 마르크스의 이론이 아님은 분명해 보인다.

피케티가 발 딛고 서 있는 곳은 정확하게 150여 년 전 밀이 서 있던 바로 그곳이다. 밀은 경제학 저서인 『정치경제학원리』*Principles of Political Economy*에서 다음과 같이 말한다.

> 생산의 법칙과는 달리 분배의 법칙은 부분적으로 인간 제도의 소산이다. 어떤 주어진 사회에서라도 부가 분배되는 방식은 성문법 또는 그 사회 안에서 자리를 잡은 관행에 의지하기 때문이다. ……정부나 민족이 부의 분배에 관해서 갖는 권력이 어떤 조건에 따라서 어떻게 가변적인지, 각 사회가 적합하다고 여겨서 채택하는 다양한 행동의 양식이 실제로 이뤄지는 부의 분배에 대해서 어떤 방식으로 작용하는지와 같은 주제들은 자연에 관한 어떤 물리적 법칙과 마찬가지로 과학적 탐구의 주제이다.*

---

* 존 스튜어트 밀, 박동천 옮김, 『정치경제학원리 1』, 나남, 2010, 55쪽. 밀이 하원의원으로서 하고자 했던 일은 은수저를 물고 태어나는 이와 그렇지 않은 이 사이의 출발점에서의 격차를 줄여주려는 노력이었다. 그 자신은 은수저를 물고 태어났으면서도 이렇게 할 수 있었던 데 그의 인간적 아름다움이 있을 것이다. 그는 만년에 온건한 형태의 사회주의를 지지하기까지 한다. 아마도 그에게 평생에 걸친 구원의 여인이었던 테일러(Harriet Taylor)가 페이비

로빈슨이 경제학 이론의 혁신을 요구했다면, 그러나 마땅한 대안을 제시하지는 못했다면, 피케티는 경제 현실을 고발하며 제도적 대안을 통해 분배를 평등화할 것을 요구한다. 피케티는 어떤 의미에서는 로빈슨보다 약하며 다른 의미에서는 더 강하다. 경제학 이론 전체의 혁명적 변화를 요구하지 않는다는 점에서 피케티는 로빈슨보다 약하다. 마르크스처럼 자본주의 체제 자체를 부정하거나 그 전복을 꿈꾸지도 않는다는 점에서 피케티는 온건하다.

그러나 그 어떤 보수적인 경제학자도 쉽사리 무시할 수 없는 불평등한 현실을 방대한 데이터로 입증한다는 점에서 그는 로빈슨, 심지어는 마르크스보다도 강하다. 새뮤얼슨이나 솔로는 자본논쟁에서 로빈슨의 비판을 충분히 이해하면서도 비켜갈 수 있었다. 하지만 돈이 돈을 버는 속도가 일해서 돈 버는 속도보다 빠른 현실을 지적하는 피케티의 실증 연구를 대놓고 부정할 수 있는 경제학자는 그리 많지 않을 것이다.

피케티는 제도가 결국은 '사람의 일'이며 지금 여기에서 '무엇을 할 것인가'를 생각한다는 점에서 로빈슨이나 마르크스보다 온건하지만 훨씬 더 현실적이다. 마치 오래전 밀이 같은 런던 하늘 아래 살았던 마르크스보다 한편으로는 온건하면서 다른 한편으로는 현실적이었던 것과도 같다. 40여 년의 시간 간격을 두고 두 번 되풀이된 경제학의 역사적 사건에 관해 우리가 틀릴 염려 없이 말할 수

언 사회주의자였던 점에서 영향을 받았을 것이다. 밀은 이미 아이가 둘이나 딸린 유부녀였던 테일러를 만나, 오랜 세월 동안 플라토닉한 관계를 유지하다가 그녀의 남편이 죽고 난 뒤에야 결혼한다. 그러나 결혼생활은 그녀의 죽음으로 일찍 끝나버린다.

있는 것은 정확하게 여기까지다. 우울한 과학의 귀환, 그 역사를 살펴보는 우리의 작업은 이렇게 끝을 맺는다. 그 이후의 전개는 언젠가 등장할 더욱 야심차고 더욱 능력 있는 경제학자들의 노력에 맡길 따름이다.

부록

한국의 피케티 비율

피케티의 이론에 등장하는 주요 변수는 자본/소득비율, 자본소 득분배율, 자본수익률 그리고 자본수익률과 성장률의 차이다. 이 는 모두 거시경제 변수인데, 그가 규정한 자본주의 제1법칙과 제 2법칙에다 역사적으로 자본수익률이 성장률보다 높았다는 사실을 결합하면 자본주의 체제 자체에 불평등을 심화시키는 메커니즘이 작동하고 있다는 결론이 나온다. 그러면 한국에서도 이러한 메커 니즘이 작동할까?

한국에서는 특히 외환위기 이후에 불평등이 심화되었다. 어떤 통 계를 보더라도 그렇다. 지난 10여 년 사이에 급격하게 일어난 변화 를 피케티의 이론으로 설명할 수 있을까? 지은이들은 비록 제한적 이긴 하지만 피케티의 분석틀을 한국 경제에 적용해보기로 했고, 이른바 '피케티 비율'이라고 할 수 있는 수치들을 계산해보았다.

주요 선진국의 경우 자본소득분배율은 1970~80년대부터 상승 하는 추세를 보였다. 한국은 외환위기 이후 자본소득분배율이 급 격하게 올라갔으며, 현재는 이미 선진국을 상회하는 수준에 와 있 다. 자본소득은 노동소득에 비해 훨씬 더 불평등하게 분포해 있으

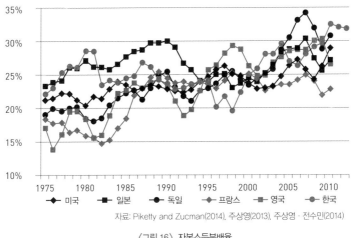

자료: Piketty and Zucman(2014), 주상영(2013), 주상영 · 전수민(2014)

〈그림 16〉 자본소득분배율

므로 생산과 분배 과정에서 자본의 몫이 증가하는 것은 결국 개인별 소득분배의 악화로 나타나게 된다. 실제로 지니계수와 상위소득점유율은 외환위기 이후 크게 올라갔다. 앞서 언급한 대로 상위 10%가 차지하는 소득점유율은 45%로 미국 다음으로 높다.

한편 최근 발표한 국민대차대조표를 포함한 한국은행의 국민계정 체계를 이용해 추계한 결과, 한국의 자본/소득비율은 민간 부기준으로 이미 7배에 달하며, 국부 기준으로는 9배 수준으로 나타났다. 민간 부 기준으로는 이미 선진국 수준으로 올라갔고, 국부기준으로는 그 어느 선진국보다도 높다. 여기서 국부란 민간이 소유한 부(순자산)에다 정부가 보유한 순자산까지 다 합한 것이다.

현재 한국의 자본/소득비율은 피케티가 계산한 19세기 말부터 20세기 초 불평등이 극에 달했던 영국과 프랑스의 수준 또는 그이상이다. 즉, 자본/소득비율의 상승과 자본소득분배율의 상승을

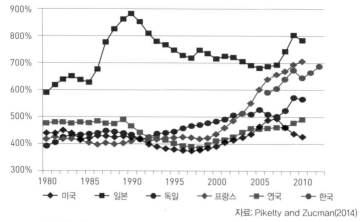

자료: Piketty and Zucman(2014)
한국은 한국은행 국민대차대조표를 이용해 저자가 추계함.

〈그림 17〉 민간 부 기준의 자본/소득비율

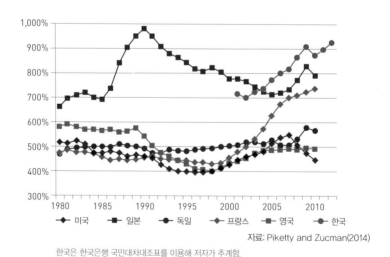

자료: Piketty and Zucman(2014)
한국은 한국은행 국민대차대조표를 이용해 저자가 추계함.

〈그림 18〉 국부 기준의 자본/소득비율

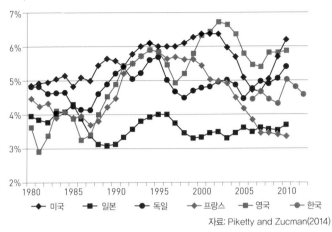

자료: Piketty and Zucman(2014)

한국은 한국은행 국민대차대조표를 이용해 저자가 추계함.

〈그림 19〉 자본수익률

동시에 관찰할 수 있다. 선진국에서 1980년대 이후 나타난 변화가 한국에서는 지난 10여 년간 압축적으로 일어났다.

자본/소득비율이 높다는 것은 한 사회에서 평균적인 소득을 올리는 사람이 평균적인 부를 쌓는 데 그만큼 더 오랜 시간이 걸린다는 뜻이다. 이는 대부분의 경우에 자산 분포가 불평등하다는 것, 즉 소수가 고가의 자산을 많이 점유하고 있는 상황임을 말해준다. 자본/소득비율이 높은 상태에서 성장이 정체하면 보통 사람이 노동소득만으로 충분히 저축해 부를 쌓는 것은 역부족이다.

한국에서도 자본수익률이 소득증가율을 초과하는 것으로 나온다. 피케티에 따르면 자본수익률과 소득증가율의 차이가 클수록 부의 불평등이 더 확대된다. 자료의 한계로 장기 추세를 볼 수는 없지만, 지난 수년간 민간 부의 수익률은 4.5~5% 정도인 것으로 나타났다. 아직은 경제성장률이 선진국보다 높은 상태이므로 두 변수 간의 차이가 선진국에 비해 크다고 볼 수는 없다. 최근에 급격하게 악화된 소득과 자산의 불평등은 자본수익률과 소득증가율 차의 확대보다는 자본/소득비율과 자본소득분배율의 급격한 상승과 관련성이 더 깊어 보인다. 물론 분석 기간이 짧기 때문에 이는 잠정적인 해석이다.

피케티는 소득 분포뿐만 아니라 부의 분포, 나아가 전체 부에서 상속한 부와 저축으로 쌓은 부가 차지하는 비중에도 주목한다. 그러나 한국에는 부의 분포에 대한 믿을 만한 통계가 없다. 누락과 축소 응답 때문에 가계조사만으로 상위층의 순자산점유율을 파악하는 것은 불가능에 가깝다. 가계조사로 파악한 순자산 규모는 한국은행이 집계한 국민대차대조표상의 순자산 규모에 훨씬 못 미친다. 누락되고 축소된 부분 그리고 상위층 개인이 '실질적'으로 소유하고 있는 법인·준법인·비영리단체의 순자산까지 감안하면, 상위순자산점유율은 가계조사에 나타난 것보다 훨씬 높은 수준일 것이다.

사실 한국의 경우 아직 $r-g$가 높다고 할 수는 없다. 그러나 부의 집중을 강화하는 요인으로 $r-g$ 이외에 저축률 격차에 주목할 필요가 있다. 부의 축적은 기본적으로 저축에서 나온다. 그런데 저축률은 소득계층에 따라 다르다. 일반적으로 고소득층의 저축성향은 높고 저소득층의 저축성향은 낮다. 높은 소득은 높은 저축, 낮은 소득은 낮은 저축으로 이어지는데 고소득자는 저축성향이 높아서 고소득자와 저소득자의 저축 격차는 소득에 비해 훨씬 더 크게 벌어진다. 사에즈와 주크만은 미국에서 부의 집중이 심화된 요인으로 저축률 격차를 꼽는다.* 한국도 예외가 아니다.

자료: 통계청, 가계동향조사, 「소득10분위별 가구당 가계수지」(도시, 2인 이상)

〈그림 20〉 한국의 평균저축성향 변화 추이

〈그림 20〉은 소득 상위 10%의 저축성향과 하위 90%의 저축성향을 보여준다. 상위 10%의 저축성향은 40%가 넘지만 나머지 90%의 저축성향은 20% 내외에 불과하다. 저축률 격차는 이미 1990년대 중반부터 발생했는데, 외환위기 이후 본격화되었다. 이같이 소득의 집중과 함께 저축의 집중이 오래 지속된다면 결국 부의 집중이 강화될 수밖에 없다. 게다가 앞으로 인구마저 정체하면 부의 집중은 더 강화될 것이다. 세습이 분산되지 않고 집중되어 일어나기 때문이다. 부의 집중도는 더 올라가고 동시에 전체 부에서 상속한 부가 차지하는 비율도 올라갈 가능성이 높다.

---

* E. Saez and G. Zucman, "Wealth Inequality in the United States since 1913: Evidence from Capitalized Income Tax Data," *NBER Working Paper* No.20625, 2014.

한국의 마르크스 비율

마르크스는 이윤율을 다음과 같이 나타낸 바 있다.

$$r = \frac{S}{C+V} = \frac{\frac{S}{V}}{\frac{C}{V}+1} \quad (1)$$

마르크스는 자본이 축적됨에 따라 자본의 유기적 구성$\left(\frac{C}{V}\right)$이 점점 커지는 쪽으로 기술진보가 일어난다고 생각했다. 따라서 (1)에서 분모의 크기는 시간이 지날수록 커진다. 결국 분자에 있는 잉여가치율 또는 착취율을 나타내는 $\frac{S}{V}$가 일정하거나 $\frac{C}{V}$가 증가하는 속도보다 덜 증가하는 한, 분수 전체의 크기인 이윤율은 하락하게된다. 이것이 마르크스가 말하는 이윤율 저하 경향의 법칙이다.

그런데 (1)은 마르크스의 노동가치로 표현한 것이므로 일상적으로 관찰할 수 있는 가격으로 바꿔보면 다음과 같다.

$$r = \frac{P}{K} = \frac{Y}{K} \times \frac{P}{Y} = \frac{Y}{K}\left(1 - \frac{W}{Y}\right) \quad (2)$$

(2)에서 K, Y, P, W는 각각 총자본스톡, 부가가치, 총이윤, 총임금을 나타낸다. 부가가치는 이윤과 임금의 합계(즉, $Y = P + W$)이므로 우변에 있는 마지막 식을 얻을 수 있다. 이때 $\frac{P}{Y}$와 $\frac{W}{Y}$는 자본소득분배율과 노동소득분배율인데, 정의상 둘을 더하면 1이 된다. $\frac{Y}{K}$는 자본생산성이라고도 부른다. 자본생산성은 자본 한 단위당 얼마만큼의 부가가치를 생산했는지를 나타낸다.

간단히 하기 위해 자본은 모두 같은 종류의 기계 10대뿐인 기업에서 10억 원의 부가가치를 생산했다고 하자. 자본생산성은 기계한 대당 1억 원이 된다. 이때 자본소득분배율이 30%라면, 자본가는 부가가치 10억 원 중에서 3억 원을 이윤으로 가져가는 것이다. 기계 한 대의 가격이 3억 원이라면, 자본 전체의 가격은 30억 원이다. 따라서 이윤율은 이윤 3억 원을 자본 전체의 가격인 30억 원으로 나눈 값인 10%가 된다. 이 관계를 (2)를 통해 확인해보면, '이윤율(10%)=자본생산성(1억 원/3억 원)×자본소득분배율(30%)'이 된다.

그런데 $\frac{Y}{K}$는 최대이윤율이라고 할 수도 있다. 이윤율이 최대가 되는 경우는 노동자에게 임금을 하나도 지급하지 않고 모든 부가가치를 자본이 가져가는 경우일 것이다. 물론 이는 현실적으로 불가능하지만, 이론상 이윤율의 최댓값이 된다. 즉, $W = 0$이어서 $Y = P$라면, $r = \frac{P}{K} = \frac{Y}{K}$가 되는 것이다.

그러므로 결국 (2)에 따르면, 이윤율은 자본생산성$\left(\frac{Y}{K}\right)$과 노동소득분배율$\left(\frac{W}{Y}\right)$이라는 두 가지 요인에 따라 결정된다. (1)과 비교해보면, 자본생산성$\left(\frac{Y}{K}\right)$은 자본의 유기적 구성$\left(\frac{C}{V}\right)$에 대응하고 자본소득분배율, 즉 1−노동소득분배율$\left(1-\frac{W}{Y}\right)$은 잉여가치율(착취율)에 대응함을 확인할 수 있다. 따라서 (2)에서 자본생산성 또는 최대이윤율인 $\frac{Y}{K}$의 하락을 자본소득분배율인 $\frac{P}{Y}$의 상승 또는 노동소득분배율 $\frac{W}{Y}$의 하락으로 상쇄하지 못할 때 이윤율(r)이 하락한다. 즉, 기술진보의 성격 때문에 자본생산성 또는 최대이윤율은 지속적으로 떨어지는 경향이 있는데, 이를 저지하기 위해서는 부가가치 중에서 자본이 더 많은 몫을 가져가야 하는 것이다.

자본이 더 가져간다는 것은 그만큼 자본의 힘이 세지고 노동의 힘은 약해진다는 것을 전제로 한다. 결국 마르크스의 이윤율 저하

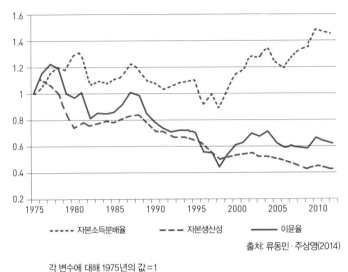

출처: 류동민·주상영(2014)

각 변수에 대해 1975년의 값=1

〈그림 21〉 마르크스 비율의 상대적 변화 추이

경향의 법칙은 기술적 요인인 자본생산성과 계급 간 힘의 관계를 나타내는 지표인 자본소득분배율(또는 노동소득분배율)이라는 두 가지 요인의 상호작용을 통해 형성되는 것이다.

〈그림 21〉은 1975년 이후 한국의 자본생산성, 자본소득분배율 그리고 이윤율의 추이를 살펴본 것이다.* 추세를 확인하기 위해 1975년도의 변수 값을 1로 놓았다. 여기에서 다음과 같은 사실을 알 수 있다.

첫째, 자본생산성 또는 최대이윤율은 지속적으로 하락하는 추세를 나타낸다. 둘째, 이윤율은 1997~98년 외환위기 이전까지는 하

* 자세한 추계 방법에 관해서는 류동민·주상영(2014) 참조.

락하는 추세였으나, 그 후 반등해 7~8% 수준을 회복했다. 셋째, 자본소득분배율은 1980년대 이후 하락하는 추세를 보였으나, 외환위기를 기점으로 가파르게 상승하는 추세로 돌아섰다.

이상의 사실을 종합하면, 외환위기 이전까지는 자본생산성과 이윤율이 함께 하락하다가, 외환위기 이후부터는 자본생산성이 지속적으로 하락하는데도 자본에 유리한 분배가 일어남으로써 이윤율 하락을 저지하고 있음을 알 수 있다. 적어도 외환위기 이후 한국경제에서는 자본과 노동 사이의 계급관계가 기술적 요인인 자본생산성의 변화를 누르고 있는 셈이다.

참고문헌

국내문헌

고진, 가라타니, 조영일 옮김, 『언어와 비극』, 도서출판b, 2004.

김공회 외, 『왜 우리는 더 불평등해지는가』, 바다출판사, 2014.

김낙년, 「한국의 소득분배」, 낙성대연구소, WP2013-06, 2013.

김낙년·김종일, "Top Incomes in Korea, 1933-2010," 낙성대연구소, WP2014-03, 2014.

나사르, 실비아, 김정아 옮김, 『사람을 위한 경제학』, 반비, 2013.

뒤메닐, 제라르·레비, 도미니크, 김덕민 옮김, 『현대 마르크스주의 경제학』, 그린비, 2009.

류동민·주상영, 「피케티 이후의 마르크스비율」, 『사회경제평론』 제45호, 2014.

리카도, 데이비드, 정윤형 옮김, 『정치경제학 및 과세의 원리』, 비봉출판사, 1991.

마르크스, 칼, 김수행 옮김, 『자본론』 제1권, 비봉출판사, 1990.

_____, 김수행 옮김, 『자본론』 제3권, 비봉출판사, 1990.

밀, 존 스튜어트, 박동천 옮김, 『정치경제학원리 1』, 나남, 2010.

박만섭, 「케인스 '일반이론'의 일반화-조앤 로빈슨, 《자본축적론》」, 홍훈 외, 『경제의 교양을 읽는다: 현대편』, 더난출판, 2014.

브린욜프슨, 에릭·맥아피, 앤드루, 이한음 옮김, 『제2의 기계시대』, 청림출판, 2014.

스노든, 베인, 박만섭 외 옮김, 『현대거시경제학: 기원, 전개 그리고 현재』, 서울경제경영, 2009.

스미스, 애덤, 김수행 옮김, 『국부론』, 비봉출판사, 2003.

신형철, 「마르크스, 프로이트, 그리고 봉준호」, 『정확한 사랑의 실험』, 마음산책, 2014.

아리기, 조반니, 강진아 옮김, 『베이징의 애덤 스미스: 21세기의 계보』, 길, 2009.

앳킨슨, 앤서니, 장경덕 옮김, 『불평등을 넘어』, 글항아리, 2015.

유종일, 「자본주의와 불평등—토마 피케티의 21세기 자본에 대하여」, 『사회경제평론』 제44호, 2014.

이상헌, 「소득주도성장: 이론적 가능성과 정책적 함의」, 『사회경제평론』 제43호, 2014.

장하성, 『한국 자본주의: 경제민주화를 넘어 정의로운 경제로』, 헤이북스, 2014.

정운영, 『저 낮은 경제학을 위하여』, 까치글방, 1990.

주상영, 「노동소득분배율 변동이 내수에 미치는 영향」, 『경제발전연구』 제19권 2호, 2013.

――――, 『거시경제학』, 무역경영사, 2014.

주상영·전수민, 「노동소득분배율의 측정: 한국에 적합한 대안의 모색」, 『사회경제평론』 제43호, 2014.

칼레츠키, 미하우, 조복현 옮김, 『자본주의 경제 동학 에세이: 1933~1970』, 지만지, 2010.

――――, 강기춘 옮김, 『경제동학이론: 자본주의경제에서 순환 및 장기 변화에 관한 에세이』, 한국문화사, 2014.

케인스, 존 메이너드, 조순 옮김, 『고용, 이자 및 화폐의 일반이론』, 비봉출판사, 1985.

통계청·한국은행·금융감독원, 『가계금융복지조사』, 2013.

폴리, 던컨, 김덕민·김민수 옮김, 『아담의 오류』, 후마니타스, 2011,

피케티, 토마, 장경덕 외 옮김, 『21세기 자본』, 글항아리, 2014.

한국은행, 『국민대차대조표 공동개발 결과: 잠정』, 2014.

홍장표, 「한국의 노동소득분배율 변동이 총수요에 미치는 영향: 임금주
　　　도 성장모델의 적용 가능성」, 『사회경제평론』 제43호, 2014.

홍훈, 『경제학의 역사』, 박영사, 2007.

국외문헌

井上義明, 「P.H.ウイクスティードにおける「資源配分」と「所得分配」の原
　　　意」, 塩沢由典·有賀裕二編著, 『経済学を再建する』, 中央大学出版
　　　部, 2014.

都留重人, 『現代経済学の群像』, 岩波書店, 2006.

Acemoglu, D. and Robinson J.A., "The Rise and Fall of General
　　　Laws of Capitalism," *Journal of Economic Perspectives*
　　　29(1), 2015.

Akerlof, G.A., "Gift Exchange and Efficiency Wage Theory: Four
　　　Views," *American Economic Review* 74(2), 1984.

Alvaredo, F., Garbinti, B. and Piketty, T., "On the Share of
　　　Inheritance in Aggregate Wealth: Europe and United
　　　States, 1900-2010," Working paper, 2015(http://piketty.
　　　pse.ens.fr/fr/recent).

Arrow, K., "The Economic Implications of Learning by Doing,"
　　　The Review of Economic Studies 29(3), 1962.

Autor, D. and Dorn, D., "The Growth of Low-Skill Service Jobs
　　　and the Polarization of the US Labor Market," *American
　　　Economic Review* 103(3), 2013.

Bhaduri, A. and Marglin, S., "Unemployment and the Real Wage:

The Economic Basis for Contesting Political Ideologies," *Cambridge Journal of Economics* 14(4), 1990.

Brenner, R., "The Economics of Global Turbulence," *New Left Review* 229, 1998.

Burman, L., Rohaly, J. and Shiller, R., "The Rising-Tide Tax System: Indexing (at Least Partially) for Changes in Inequality," The Institute for the Study of Labor, Discussion Paper No.7520, 2006.

Chirinko, R.S., "The Long and Short of It," *CESifo Working Paper* Series No.2234, 2008.

Corak, M., "Income Inequality, Equality of Opportunity, and Intergenerational Mobility," *Journal of Economic Perspectives* 27(3), 2013.

Dobb, Maurice H., *Theories of Value and Distribution since Adam Smith: Ideology and Economic Theory*, Cambridge: Cambridge University Press, 1973.

Domar, E.D., "Capital Expansion, Rate of Growth, and Employment," *Econometrica* 14(2), 1946.

Eichengreen, B. and Temin, P., "The Gold Standard and the Great Depression," *Contemporary European History* 9(2), 2000.

Ferguson, C.E., *The Neoclassical Theory of Production and Distribution*, Cambridge: Cambridge University Press, 1969.

Fernald, J. and Jones, C., "The Future of U.S. Economic Growth," *NBER Working Paper* No.19830, 2014.

Foley, Duncan K. and Michl, Thomas R., *Growth and Distribution*, Cambridge: Harvard University Press, 1999.

Galor, O., *Unified Growth Theory*, Princeton University Press, 2011.

Goldin, C. and Katz, L., "The Race between Education and Technology: The Evolution of U.S. Educational Wage Differentials, 1890 to 2005," *NBER Working Paper* No. 12984, 2007.

———, *The Race between Education and Technology*, Harvard University Press, 2008.

Goos, M., Manning, A. and Salomons, A., "Explaining Job Polarization: Routine-Biased Technological Change and Offshoring," *American Economic Review* 104(8), 2014.

Gordon, R., "Is U.S. Economic Growth Over? Faltering Innovation Confronts the Six Headwinds," *NBER Working Paper* No.18315, 2012.

———, "The Demise of U.S. Economic Growth: Restatement, Rebuttal, and Reflections," *NBER Working Paper* No.19895, 2014.

Graeber, D. and Piketty, T., "Soak the Rich," *The Baffler* No.25, 2014.

Hansen, A., "Economic Progress and Declining Population Growth," *American Economic Review* 29(1), 1939.

Harrod, R., "An Essay in Dynamic Theory," *Economic Journal* 49(193), 1939.

Jones, C., "Sources of U.S. Economic Growth in a World of Ideas," *American Economic Review* 92(1), 2002.

Kaldor, N., "Alternative Theories of Distribution," *Review of Economic Studies* 23(2), 1956.

Karabarbounis, L. and Neiman, B., "The Global Decline of Labor Share," *Quarterly Journal of Economics* 129(1), 2014.

Keynes, J.M., "Economic Possibilities for Our Grand Children,"

The Nation and Athenaeum, 1930.

―――, "Some Economic Consequences of a Declining Population," *The Eugenics Review* 29(1), 1937.

Krueger, A., "The Rise and Consequences of Inequality in the United States," The Center for American Progress, 2012.

Kumhof, M. and Rancière, R., "Inequality, Leverage and Crises," *IMF Working Paper* 10/268, 2010.

Kurz, H. and Salvadori, N., "On the "vexata questio of value": Ricardo, Marx and Sraffa," eds. by Taylor, L., Rezai, A. and Michl, T., *Social Fairness and Economics: Economic Essays in the Spirit of Duncan Foley*, Routledge, 2013.

Kuznets, S., "Economic Growth and Economic Inequality," *American Economic Review* 45(1), 1955.

Lucas, R.E. Jr., "On the Mechanics of Economic Development," *Journal of Monetary Economics* July, 1988.

Machlup, F., "Reply to Professor Takata," *Osaka Economic Papers* 4(2), 1955.

Mankiw, N. Gregory, "Yes r > g, So What?," *American Economic Review: Papers & Proceedings* 105(5), 2015.

Okishio, N., "Technical Changes and the Rate of Profit," *Kobe University Economic Review* 7, 1961.

―――, "Notes on Technical Progress and Capitalist Society," *Cambridge Journal of Economics* 1(1), 1977.

Onaran, O. and Galanis, G., "Is Aggregate Demand Wage-led or Profit-led?: National and Global Effects," *Conditions of Work and Employment* Series No.40, International Labor Office, 2012.

Ostry, J.D., Berg, A.G. and Tsangarides, C.G., "Redistribution, Inequality and Growth," *IMF Staff Discussion Note*, 2014.

Perri, Stefano, "The Standard System and the Tendency of the (Maximum) Rate of Profit to Fall—Marx and Sraffa: There and Back," eds. by Bellofiore, R. and Carter, S., *Towards a New Understanding of Sraffa: Insights from Archival Research*, Palgrave Macmillan, 2014.

Piketty, T., trans. by A. Goldhammer, *Capital in the Twenty-First Century*, The Belknap Press of Harvard University Press, 2014.

———, "On the Long-Run Evolution of Inheritance: France 1820–2050," *Quarterly Journal of Economics* 61(3), 2011.

———, "About *Capital in the Twenty-First Century*," *American Economic Review: Papers & Proceedings* 105(5), 2015.

Piketty, T. and Saez, E., "Inequality in the Long Run," *Science* Vol.344 Issue 6186, 2014.

Piketty, T. and Zucman, G., "Capital is Back: Wealth-Income Ratios in Rich Countries 1970-2010," *Quarterly Journal of Economics* 129(3), 2014.

———, "Wealth and Inheritance in the Long Run," *Handbook of Income Distribution* Vol.2, 2015.

Rajan, R., *Fault Lines: How Hidden Fractures Still Threaten the World Economy*, Princeton University Press, 2010.

Robinson, Joan, *The Accumulation of Capital*, London: Palgrave Macmillan, 1956.

———, "The Second Crisis of Economic Theory," *The American Economic Review* 62(1/2), 1972.

————, "Michal Kalecki on the Economics of Capitalism," *Oxford Bulletin of Economics and Statistics* 39(1), 1977.

Robinson, Joan and Eatwell, John, *An Introduction to Modern Economics*, Maidenhead: McGraw Hill, 1974.

Romer, P.M., "Increasing Returns and Long-Run Growth," *Journal of Political Economy* 94(5), 1986.

————, "Endogenous Technological Change," *Journal of Political Economy* 98(5), 1990.

Samuelson, P., "Understanding the Marxian Notion of Exploitation: A Summary of the So-Called Transformation Problem Between Marxian Values and Competitive Prices," *Journal of Economic Literature* 9(2), 1971.

Saez, E. and Zucman, G., "Wealth Inequality in the United States since 1913: Evidence from Capitalized Income Tax Data," *NBER Working Paper* No.20625, 2014.

Shenk, T., *Maurice Dobb: Political Economist*, Palgrave Macmillan, 2013.

Solow, R., "A Contribution to the Theory of Economic Growth," *Quarterly Journal of Economics* 70(1), 1956.

————, "Technical Change and the Aggregate Production Function," *Review of Economic Studies* 39(3), 1957.

Sraffa, P., *Production of Commodities by Means of Commodities: Prelude to a Critique of Economic Theory*, Cambridge: Cambridge University Press, 1960.

Stiglitz, J., *The Price of Inequality: How Today's Divided Society Endangers Our Future*, W.W. Norton & Co., 2012.

————, "Biographical," nobelprize.org, 2002.

Stockhammer, E., "Why Have Wage Shares Fallen? Panel Analysis of the Determinants of Functional Income Distribution," *Conditions of Work and Employment* Series No.35, International Labor Office, 2013.

Summers, L., IMF Research Conference Speech, 2013. 11. 8.

Walras, Léon, trans. by W. Jaffé, *Elements of Pure Economics: Or the Theory of Social Wealth*, Illinois: Richard D. Irwin Inc., 1954[1874].

Walsh, J., "Radicals and the Universities: "Critical Mass" at U. Mass.," *Science* Vol.199, No.4324, 1978. 1. 6.

Walsh, Vivian and Gram, Harvey, *Classical and Neoclassical Theories of General Equilibrium*, New York and Oxford: Oxford University Press, 1980.

Warsh, D., *Knowledge and Wealth of Nations*, W.W. Norton & Co., 2006.

주요 인명 찾아보기